休 闲 译 著 系 列

休闲哲学：通往美好生活

【荷兰】约翰·鲍尔 马克·范·莱文 著

刘慧梅 等 译

上海交通大學出版社
SHANGHAI JIAO TONG UNIVERSITY PRESS

内容提要

　　这是一部从哲学角度探讨休闲的学术著作。作者既从历史维度概述了休闲思想的演变，又从哲学角度深入解析了休闲的属性，包括休闲与自由、有意义体验、认同、伦理等议题的关系，还探讨了休闲研究的未来方向，比较了具身性与虚拟休闲，剖析了休闲与精神性、幸福感的内在联系，提出休闲是一种生活艺术，既能提升个人的自我实现，也能增进共同体的幸福。

　　本书为休闲研究提供了哲学思考和理论支撑，具有极强的开创性、体系性和延展性。本书适用于休闲学、哲学、社会学、心理学和伦理学等学科的学生和学者，既可以用作高等院校休闲、文化、艺术、旅游、体育以及会展等专业师生的参考教材，也适合作为政府相关部门、企事业单位和其他社会机构的参考用书。

图书在版编目(CIP)数据

　　休闲哲学：通往美好生活／(荷) 约翰·鲍尔
(Johan Bouwer)，(荷) 马克·范·莱文
(Marco van Leeuwen)著；刘慧梅等译. —上海：上
海交通大学出版社，2023.12
　　书名原文：Philosophy of Leisure：Foundations
of the goodlife
　　ISBN 978 - 7 - 313 - 28940 - 7

　　Ⅰ. ①休… Ⅱ. ①约… ②马… ③刘… Ⅲ. ①休闲娱
乐-哲学-研究 Ⅳ. ①C913.3

　　中国国家版本馆 CIP 数据核字(2023)第 115206 号

Philosophy of Leisure／by Johan，Bouwer；Marco，van Leeuwen／ISBN：9781138369108
Copyright© Taylor & Francis Group LLC
Authorized translation from English language edition published by Routledge，part of Taylor &
Francis Group LLC；All Rights Reserved.
本书原版由 Taylor & Francis 出版集团旗下 Routledge 出版公司出版，并经其授权翻译出版。版
权所有，侵权必究。
Copies of this book sold without a Taylor & Francis sticker on the cover are unauthorized and
illegal.
本书贴有 Taylor & Francis 公司防伪标签，无标签者不得销售。
本书中文简体版专有出版权属于上海交通大学出版社版权所有，侵权必究.
上海市版权局著作权合同登记号：09 - 2022 - 467

休闲哲学：通往美好生活
XIUXIAN ZHEXUE：TONGWANG MEIHAO SHENGHUO

著　　者：	[荷] 约翰·鲍尔　马克·范·莱文	译　者：	刘慧梅　等
出版发行：	上海交通大学出版社	地　址：	上海市番禺路 951 号
邮政编码：	200030	电　话：	021 - 64071208
印　　制：	常熟市文化印刷有限公司	经　销：	全国新华书店
开　　本：	710 mm×1000 mm　1/16	印　张：	15.75
字　　数：	264 千字		
版　　次：	2023 年 12 月第 1 版	印　次：	2023 年 12 月第 1 次印刷
书　　号：	ISBN 978 - 7 - 313 - 28940 - 7		
定　　价：	98.00 元		

简　介

什么是休闲？休闲与过上美好生活有何关系？本书从批判视角仔细考察了休闲的基本原则，并阐明了这些原则与当今社会的持续联系。它不仅探讨了作为休闲研究核心的传统哲学概念，而且还从社会、技术和更广泛的哲学学科本身的最新发展中寻求重新认识休闲的可能性。

本书从哲学角度探究休闲，认为休闲的核心是追求幸福、人类繁盛和福祉，它既是一种心态，也是一种存在状态。本书对休闲意义的探讨涉及一些关键问题，如认同、伦理、精神性、人类体验、自由、技术、具身、幸福感、休闲的基本属性，以及定义休闲的难题。

《休闲哲学：通往美好生活》一书极具原创性，为休闲研究激发了活力，对研究休闲学、哲学、社会学、心理学和伦理学的所有学生和学者来说，这是一本引人入胜的专著。

约翰·鲍尔（Johan Bouwer）是荷兰布雷达应用科技大学的商业和职业伦理学教授。此前，他曾任该校休闲学院的"意义与休闲"研究的高级研究员和研究主任兼代理校长。1992 年，他在阿姆斯特丹自由大学获得博士学位。1997 年至2008 年，他担任荷兰格罗宁根大学和位于坎彭①的新教神学大学的健康研究所的精神关怀教授（professor of spiritual care）。

马克·范·莱文（Marco van Leeuwen）是荷兰布雷达应用科技大学休闲学院的哲学高级讲师和休闲研究项目负责人。2009 年，他在拉德堡德大学（或称"奈梅亨大学"）获得博士学位，主要研究心理哲学中的具身（embodied）和嵌入

---

① 格罗宁根大学位于荷兰北部的格罗宁根市（格罗宁根省的首府，荷兰第五大城市）。坎彭（Kampen）位于荷兰东部的上艾瑟尔省（Overijssel）。（包括本条在内的所有本书脚注，均为译者补充，后面不再一一说明。）

(embedded)认知范式①。他在动态系统理论、有意义体验、健康和福祉、互联网和社交媒体、伦理和休闲理论等领域发表过同行评议文章。

当代世界对我们称之为"休闲"的活动非常着迷。今天的休闲并非"工作"的简单对立，而可以被视为一种社会和文化生活形式，在这种生活中，"工作"和"休闲"相互交叉并相互影响。

本书是"劳特里奇批判休闲研究丛书"之一，本套丛书旨在确定休闲的研究议程，审视当代的休闲世界。它不仅强调描绘个人和集体休闲活动的当前发展状况，而且还强调从不同视角挑战我们对这些活动的理解。这套丛书以扎实的理论和翔实的论据，探讨了21世纪初支撑人们休闲生活的重要问题。

虽然这套丛书致力于研究休闲，但其中一些著作还涉及其他学科领域，这有助于跨学科研究，并吸引了社会科学和人文科学领域的广大读者。

本丛书目前确定的书目包括下面两本著作。

1.《重构休闲研究》

作者：托尼·布莱克肖

2.《休闲哲学：通往美好生活》

作者：约翰·鲍尔，马克·范·莱文

劳特里奇批判休闲研究丛书主编

托尼·布莱克肖

谢菲尔德哈勒姆大学

---

① 认知是个体认识客观世界的信息加工活动，是概念在大脑中的形成过程。具身认知（Embodied cognition），从最初的哲学思辨，逐渐发展成为心理学中一个新兴的研究领域，主要观点是生理体验与心理状态之间有着强烈的联系。人的心理状态会被人的生理状态所塑造。具身认知包括大脑在内的身体的认知，身体的解剖学结构、身体的活动方式、身体的感觉和运动体验，这些决定了我们认识和看待世界的方式，解释了身体及其活动塑造我们认知的方式与过程。嵌入认知（Embedded recognition）认为认知是身体和环境之间的持续互动。嵌入性指的是身体和世界之间的物理互动强烈地制约着有机体的可能行为，这反过来又影响着（事实上，部分地构成了）有机体在与世界互动时所产生的认知。

序

2017 年 5 月，我和同事 潘立勇、刘慧梅及九位休闲学博士研究生一起，应邀赴荷兰布雷达应用科技大学休闲学院与旅游学院访问交流。第一天参观休闲学院图书室时，看到这本刚刚出版的 *Philosophy of Leisure*，不禁两眼放光，这不是一直希望能看到的这类国外休闲研究的书么！现在，所期待的书就在自己手上，自然是欣喜不已，迫不及待地捧起书翻阅起来。后来，这本书便成了休闲学研究生的常用教材与读物，刘慧梅老师在使用此书作教材的同时，组织学生一起边研读边翻译。译稿基本完成并计划出版时，她曾几次约我写几句话作为序，我则因没想好说点什么，踌躇而未敢应允。现在书稿即将付梓了，她又再次邀约，若再不应承，便是对不起她的诚意，也有失礼数了。作为此书的最早读者，就说一点读后感吧。

休闲与人直接相关，休闲的目的是让人过上良好的生活，因而休闲本质上是一种生活艺术。在这个意义上，休闲学也是一种生活艺术哲学。哲学本来是研究人，研究人的生活的。在西方哲学发展中，苏格拉底之前，哲学家们感兴趣的主要是解释周围世界和这个世界的现象，也就是我们现在所说的科学。苏格拉底以后，人们爆发了对哲学的兴趣，很大的原因是他改变了哲学问题的焦点，将哲学从天上拉回了人间，从研究自然转向了研究人，研究人的生命、生活、灵魂和道德，把理论和思考上的关注同人们过良好生活的期盼融为一体。然而，苏格拉底一死，在他身上这种理论与实践统一的哲学似乎就分裂了，一些人继承了他对理论思考的哲学兴趣，一些人则延续了他对生活实践的哲学关注。遗憾的是，此后，哲学在理论上不断兴盛，却在实践上日益枯萎了。与人的生活和实践密切相关的休闲，除了晚希腊的罗马时期的人生哲学中有所论及、文艺复兴时期人文主义者有零星呼吁外，不但很少被哲学家关注和讨论，而且长期处于被贬抑和排斥的境况，直到 20 世纪现代休闲研究的兴起。

西方现代休闲研究从兴起到发展，大约仅有六、七十年的时间。期间，绝大多数研究者从社会学视角进入，将休闲研究置于社会学的理论与方法的基础上，虽然也有从人类学、心理学、社会心理学、经济学、政治学、教育学等视角进入的研究，但占主导的无疑是社会学的研究视角和实证方法，尤其是在北美的休闲学者那里。他们一般认为，现代休闲研究的发展与成功，关键在于其跨学科的特征。的确，休闲几乎涉及人类生活的各个方面，各个学科都可以介入休闲研究。休闲研究的跨学科特征，具有明显的二重性，既促进了其发展的多样性和内容的丰富性，又使休闲领域被各个学科所分割，造成了休闲理论的碎片化，制约了它的深入发展。另有一些研究者认为，这种状况表明休闲研究正面临着危机，也是形成休闲学系统理论的障碍，因为它使休闲研究丧失了自己独立的研究领域和对象，并由此而导致休闲学失去作为独立学科的前提与基础。布莱克肖（Blackshaw, T.）为此专门写了一本题为《重构休闲研究》（*Re-Imaging Leisure Studies*）的书。他认为，休闲研究正处于一种深刻的危机状态，21 世纪给社会各个方面带来了深刻变化，出现了许多新的休闲领域，而传统的休闲研究未能抓住这一丰富的内涵，这就需要改变我们思考休闲和休闲研究的方式。

为了应对和遏制这种危机，休闲研究的视角必须从社会学转向哲学。从哲学的视角看，休闲具有本体论/存在论的意义：休闲是生活世界的重要构成部分，休闲贯穿在人的基本生存状态中，休闲创造新的生活世界。从本体论/存在论上理解休闲，就能全面地理解人们所生活的现实世界，同时也就确定了休闲研究自身的领域和对象，奠定了休闲学的前提与基础。一些休闲研究者在这一研究视角转向中做了许多努力。有的提出应比以往更关注休闲的本体论/存在论研究；有的开始在社会学视角下的休闲研究中尝试并转向运用哲学诠释学的方法思考时代和情境变化与休闲及其意义的关系。从 20 世纪 80 年代至今，休闲基础理论研究方面的著作不多，从哲学视角研究休闲或休闲领域的哲学问题的论著更是屈指可数。除了本书"绪论"中所列举的论著外，还有几本相关著作值得一提。例如：霍尔巴（Holba, A）的《休闲的变革：一种交往哲学》（*Transformative Leisure: A Philosophy of Communication*，2013），该书通过整合伽达默尔，梅洛-庞蒂，阿伦特，列维纳斯，皮珀等人的哲学，阐述休闲的变革本质，跨越了通常对休闲的定义和印象，认为休闲的本质是培养心灵/身体的交往哲学；史密施(B. A. C-Smith)等著的《休闲、伦理与精神性》(Leisure, Ethics, and Spirituality, 2017)考察了休闲与伦理、精神之间的关系，指出伦理和精神是休闲的构成元素，并参与决定休闲的选择；布莱恩·奥康纳(O'Connor, B.)的《闲适：哲学论文集》(Idleness: A Philosophical Essay, 2018)是西方休闲学界第一本对现代哲学反对"闲适"的观点提出挑战的著作，阐述了"闲适"在现代社会和人类生活中的积极意义；由斯普拉克伦(Spracklen, K.)等编著的《帕尔格雷夫休闲理论手册》(The Palgrave Handbook of Leisure Theory, 2017 年)，是第一本专门讨论休闲理论的手册。《帕尔格雷夫休闲理论手册》分传统休闲理论、合理休闲理论、休闲结构理论和休闲后结构理论四个部分，描述了西方社会文化和哲学传统中的休闲理论与观点。然而，现有休闲基础理论研究的论著，即使有从哲学上或运用哲学方法讨论休闲的内容，也基本上只是稍有涉及或仅用很少的篇幅。温尼弗里斯和巴雷特(Winnifrith, T. & Barret, C.)编的同名著作《休闲哲学》(The Philosophy of Leisure, 1988)，是由九位作者撰写的九篇文章组成的论文集，除了一篇题目为《休闲：生活的目的与哲学的性质》(Leisure: The Purpose of Life and the Nature of Philosophy)外，其他各篇几乎没有直接涉及休闲哲学问题。正如本书"绪论"所指出的："上述对休闲的基础或基础原理的大多数'哲学思考'都只关注社会学、人类学、心理学甚至历史，而且主要是'实际操作'性质的。"(原书第六页)约翰·鲍尔和马克·范·莱文合著的这本《休闲哲学》，是在我有限的阅读范围所看到的唯一从哲学角度、运用现象学方法探讨休闲现象、试图突破休闲研究概念混乱与理论碎片化局限和解决当前面临困境的著作，这是此书值得推荐与肯定的根本原因。顺便提一下，国内曾有一本冠以《休闲哲学》的书(中国社会科学出版社，2009 年)，一看目录，方知是对一些与哲学没有多少关系的问题的通俗叙述或理解，比如什么是"后现代"思维，从"距离产生美"说起，缘分和运气等，与休闲、休闲哲学是完全搭不上边的。

说这本《休闲哲学》是从哲学视角探讨休闲现象，是指它以哲学的反思态度与批判精神，运用现象学的原则与方法，肯定休闲与时代的关联，探寻休闲的基础问题，阐释概念中隐含的内涵与意义，发现休闲现象间的联系，预测未来休闲发展的可能。现象学作为严格的科学，要从纯粹意识出发构建一种具有统一性普遍性的哲学，而意识的意向性"构建"即意识对象或意识经验的形成过程是当下化、具体化、多样化和情境化的。现象学的方法则是对这个过程进行无前提的、如其所是的描述。显然，意识的意向性"建构"意味着意识对象或意识经验形成的多种可能性。这表明，现象学的普遍哲学建立在当下化、具体化、多样化和情境化的意识对象或意识经验的基础上，它不是现成的，更不是某种绝对的统一的思维范式或观念理论，它在实际上是开放的多元的，是包含着多种可能性的视域。这种现象学的原则与方法贯穿全书，是这本《休闲哲学》区别于其他休闲研究论著的显著特点。以我个人浅见，以下几个方面比较集中地体现和凸显了这一特点，这也是本书值得推荐与肯定的主要理由。

第一、充分肯定了休闲与时代的密切关联。作者指出，时代精神和社会文化背景是理解休闲的重要解释学坐标。不同时代对休闲的理解，既存在一定程度的重叠，也可能出现很大的差异，休闲的意义和目的只能由"居住在特定时间和地点"的人来决定（原著第 28 页）。"现代（性）"、"后现代（性）"及其相应理论对理解休闲有着密切的关系，本书间章一详细列举了一些休闲学者在这个问题上的有关观点。通常认为，强调理性、逻辑、本质和进步，以科学技术的成就来衡量和推动社会的发展与改革，主张认识论的经验主义，是现代（性）的主要特征。在现代性语境中，休闲一般被认为是一个独立的生活领域，与人的生活周期相平行，与工作相区分，能够促进人的自我实现，提升生活满意度和幸福感。一些学者认为后现代（性）是现代性的断裂，它倡导多元主义、非本质主义，强调社会和事物的变化与流动。从后现代性观念看，与变化流动的社会相适应，休闲也是变化流动的，休闲的流动性表现了休闲的自由性与体验的个体性，表明休闲的意义与个体的自由和体验密切相关，休闲不存在抽象不变的本质，休闲的"本质"就是追求自由、快乐和幸福的实践活动，如布莱克肖（Blackshaw, T.）所认为的那样："休闲已成为一种诠释学的活动（hermeneutical exercise）"。（原书第 31 页）不过，现代性或后现代性，主要指的是一种思维模式而不是某个历史阶段。实际上，"现代性和后现代性作为现实和生活的思维模式是共存的，甚至一个完全现代的人也可能具有后现代的思维。"（原著第 29 页）因此，在当代，休闲的形式和特征及其对个体和社会的作用，也是错综交叉的，具有复杂性和多样性。尽管如此,休闲与时代、与现实的关系密不可分。"时代是休闲寓于其中的历史基石"。（原著第16页）只有在休闲生活中,在特定的社会、文化和经济结构中,在与他人的交往过程中,休闲的功能、意义与价值才会显露出来。

第二、努力探寻休闲的基础问题。追问休闲的基础问题,探寻规范的休闲基础概念,从语义学上分析基础概念的内涵,是从哲学视角研究休闲的内在要求。本书也显示了作者在这个问题上的自觉意识。在作者看来,作为一种交叉的生活现象,休闲具有多面向的丰富内涵。它既包含内在性,也具有超越性,既可以满足身体欲望,也能够滋养心灵需求,既能让人体验纯粹的愉悦和乐趣,又可能引导人追求精神的享受和幸福。休闲不是简单的活动,而是一种生活艺术。这正是本书试图探讨和思考的内容。为此,作者在第二部分批判性地分析和讨论了休闲的四个"基础"问题:自由、有意义体验、认同和伦理。在这里简单地以本书第二章对休闲与自由关系的分析为例,说明其中所体现的哲学原则与方法。人们通常用"自由时间"及在其中的活动来界定"休闲",在某些语言中,也直接把"休闲"翻译为"自由时间",如荷兰语的 *vrijetijd* 和德语的 *Freizeit*。但作者指出,尽管"休闲"和"自由时间"有关,但休闲不等于自由时间。假如着眼于自由时间的"时间"方面,那么,自由"时间"及其相关活动属于社会经济范畴。然而,"作为一个概念,'休闲'在现象学上所包含的内容要比社会经济范畴更加丰富。"（原著第41页）根据作者的分析,休闲着眼于"自由时间"中的"自由"方面。把自由与休闲联系起来,并作为休闲的基础,便使"休闲"成为一个包含更多内容和层次的概念。例如,休闲是可以自由选择进行自己期望的活动,这意味着在休闲中同时可以自由地获得个人体验,但这种"自由"必定会受到某些制约,所以在休闲中,自由与制约是共存的,休闲就是达到自由与制约之间的平衡。这种自由与制约的共存与平衡,在"严肃休闲"形式中表现得极为明显与典型。作者还详细讨论了游戏,指出游戏性是自由在休闲中的重要表现形式之一。近几十年来,一些休闲研究者提出,休闲不一定需要哲学意义上的"自由",只要能获得满足感和幸福感,只要获得的体验体现了自由或有自由的感觉,就可以被视为"良好"或"成功"的休闲。可见,休闲"自由"概念的涵义又是开放的,不断变化和丰富的。与休闲"自由"概念的开放性相关,特别值得一提的是,作者引入了跨文化的观念,肯定不同文化有不同的休闲观念。这与现象学意识构建的可能性、开放性和多元性原则完全一致。

第三、尝试构建一个休闲哲学的理论框架。本书第一部分从历史视角概述休闲思想。通过引述一些学者对"休闲"的界定和诠释,展示了休闲概念的建构受到多种因素的影响而发生的实质演变,以及由此形成的休闲观点的多样性,为后续讨论的展开确立了一个出发点。第二部分以四章的篇幅,通过哲学反思和概念分析,分别讨论了休闲与自由、有意义体验、认同、伦理这四个经典哲学主题的关系。休闲的自由是相对的,伴随着规范的约束,同时也是开放的,包含多样性的涵义。休闲能获得有意义体验,休闲体验的意义是具体的,与情境密切相关,"情境化意义"可以为休闲研究开辟新的视角。休闲的选择一般与人的个性相一致,休闲对个人认同具有建构性力量,是人们自我表达的一种重要情境,与人何以为人有关。休闲体现了美好生活,休闲的目标是美好生活,探讨休闲与伦理之间的相互关系,可以为构建休闲伦理学奠定基础。第三部分分析了当代科学技术发展对休闲形式和内容带来的深刻影响,探讨了互联网时代休闲与具身性、精神性和幸福感等哲学理论与伦理观念的关系,展现了未来休闲发展的方向和休闲形式多样性的特征。概括地说,从探讨历史上的休闲观念入手,重点阐述与休闲相关的四个哲学主题,同时,探讨未来休闲与若干哲学理论的关系,并且以两个间章(Intermezzo)这一别开生面的形式,转承和衔接三个部分的内容。而贯穿全书的一个基本思想,是把休闲看作一种生活艺术,它通过自我表达、自我塑造促进人的幸福。可见,作者是试图努力构建一个有历史与逻辑感的相对完整的休闲哲学理论框架。

在社会学和其他社会科学占绝对主导的西方休闲研究中,这种努力是很可贵的,然而也只是初步的,当然,恐怕不能说已经取得了成功。这是我在多次阅读本书时形成的一个比较明显的印象,也是此前我未敢应允刘慧梅邀约写个序的缘由。大致说来,使我产生上述印象的主要是这样三个问题。其一,休闲现象中包含的哲学问题或从哲学视角探讨休闲现象,可涉及的哲学问题比本书中所谈论的要多得多。本书只是讨论了部分的休闲哲学问题。其二,对某些内容和问题的阐述,逻辑上尚有完善提升的空间,例如第六章关于具身与休闲及其关系的阐述,作者肯定:"关于身体在决定道德行为和确定个人认同特征方面的作用的见解,对我们理解虚拟的、在线休闲很重要"(原著135页),但具体谈论的是由于线上环境的不同,具身无法参与虚拟休闲的意义建构;作者提出"将对具身和虚拟化进行对比"(原书第 135 页),但在"虚拟化与具身之争"1、2、3 小节中,同样看不到二者间的"争",只有对虚拟休闲在线流动性状态及其特征的描述。第四章中"具身与参与式意义建构"一节的引述和讨论,与休闲也没有直接的关联,而这里所说的"具身"实际上与现象学的"具身"并不相同,而是接近行为主义心理学的观点。其三,作者在论述各章主题时,大量引述了不同学者关于同一问题的不同观点,但作者自己的观点究竟是什么,大多数章节没有展开阐述,而仅仅在"结论"中作一点非常简略的概括,有几章的结论仍然是对所引述学者观点的重新概括。作为一本研究性著作,这种情形是不多见的。顺便提一下,书中个别地方对相关观点和概念的理解,似乎不甚准确。例如,把尼采主张的对一切传统文化进行价值重估说成"他声称基督教犯了'重估一切价值'的罪。"(Er claimed that Christianity is guilty of the "Umwertung aller Wert")(原著 118 页)。

看着面前这本名为《休闲哲学》的书,我又想起这个问题:"休闲哲学与休闲学是同一回事吗?"在这里简略地说一点"休闲学"与"休闲哲学"的关系,应该不是多余的话。

我曾在别的文章中按研究对象和内容的抽象与具体,把休闲研究区分为三个层次:一是关于休闲基本理论的研究及在此基础上形成的理论系统,用西方哲学对所谓"学"的习惯表述,可以表述成"休闲学"(Leisurology)。二是从某个学科的视角出发,依据休闲学理论,对相应学科领域休闲现象的研究及在此基础上形成的休闲理论,是专门学科的休闲研究和休闲理论,如休闲经济学、休闲社会学、休闲心理学、休闲教育学、休闲管理学、休闲美学等等,这类专门学科的休闲理论的集合,可称为休闲科学或休闲学科群(Leisure Science)。休闲基本理论的研究、专门学科领域休闲现象的研究和具体休闲现象的研究,统称为休闲研究(Leisure Research)。如果把对具体休闲现象的研究称为休闲研究的基础层次,那么,专门学科领域的休闲现象的研究就是休闲研究的中间层次,休闲学则是休闲研究的最高层次。休闲学的主要任务是对休闲进行一般的综合的研究,揭示休闲相关重要范畴存在、变化的规律、特征、价值和意义,从静态与动态结合上研究休闲范畴发生、变化,呈现休闲现象及其发展的整体图景。只有哲学能满足完成休闲学上述任务的要求,社会学、经济学、心理学等社会科学学科都难以满足。

休闲学可以运用哲学的理论和方法论原则，以哲学的批判性思维来思考休闲的基本问题，综合理解休闲现象，在休闲具体领域不断变化的状态中把握休闲学研究的一般对象，创生休闲学的范畴概念，构建休闲学的话语体系。因此，休闲学的学科根基是哲学。

休闲学与哲学具有高度的关联性，又有明显的区别。休闲学一般不涉及诸如存在论、认识论、思维与存在关系、语言语义、逻辑这类哲学研究的重要问题，它主要围绕"休闲"现象及其一系列衍生范畴展开研究，涉及人的休闲生活，人的休闲生活涵盖了社会生活的各方面，涉及人与自然、环境、他人的关系，从而与其他学科相关联。所以，休闲学以哲学为学科根基，但没有失去作为一门独立的交叉性学科的特征。休闲学也不简单等同于休闲哲学。对休闲哲学可以有两种理解。一是指研究休闲现象中涉及的哲学问题，如休闲主体与客体、休闲价值、伦理、自由和筹划等，这也可说是从哲学角度研究休闲，但其形成的休闲理论，类似于休闲社会学、休闲经济学、休闲心理学，属于专门学科的休闲理论。二是休闲学研究不仅包括这些问题，还有许多别的内容，如休闲动机、休闲制约、休闲体验、休闲群体、休闲能力、休闲环境、休闲资源、休闲服务等休闲生活所涉及的众多问题，从哲学视角研究诸如此类的休闲生活问题，也可以称为休闲哲学。这个意义上的休闲哲学，与休闲学便可以说是一回事。在我看来，本书主要属于前一种理解的休闲哲学。

庞学铨
于西子湖畔浙江大学
2023 年 12 月 18 日

中译本序言

虽然不能完全断言,但我们认为,在学术界里,哲学家可能拥有最美满的工作。在日常工作之时,哲学家们的生活最贴近古希腊人所理解的生活目的——消除误解、质疑理论假设,并试图理解日常生活的复杂性。哲学家们被聘来思考事物本质,能够在自由中进行这样的思考是非常幸福的,而这种自由往往最易体现在休闲中。这种休闲通常被称为 *skholē*,在词源上它与英语中的学校一词有关,这并非偶然:探索休闲可以获得知识,而知识能使人幸福并获得满足感。

特别是在亚里士多德看来,对知识的渴望是人的本性。我们认同他的观点,即人类渴求理解事物。当需要我们关注和理解休闲现象时,我们欣然接受了这个挑战。因为至少在当代西方世界,休闲似乎体现了生活的焦点,因此值得对休闲进行认真的哲学分析。许多人渴望各种休闲活动:参与体育活动、欣赏艺术和文化、参加节日庆典和各种活动、体验主题公园、探索新的国家和城市、在家里享受业余爱好,或在公园和野外与自然(重新)连接。

思考一下,即使是我们列出的这些简单活动,也足以说明理解休闲是一项极具挑战性的任务——它如此普遍,似乎不难理解,但在概念上错综复杂,因此难以捉摸,令人困惑。

换言之:休闲,作为一个概念是多面向的。它是一种交叉现象:它既不太"浅显",也不太"深奥";既具有内在性,也涉及超越性;既可以满足身体欲望,也可以养育灵魂需求。因此,一方面,我们经常选择一些活动,因为它们令人愉快、有趣、激动人心,某些纯粹的乐趣使得活动本身具有价值,但另一方面,休闲中又充满追求更高目的的可能性。

这就是我们在本书中试图深入思考和探讨的方面。换言之,我们将休闲概念化为生活艺术,特别是通过自我表达和自我塑造,以体现休闲在实现个人福祉方面可能发挥的积极作用，以及休闲的理想主义层面（即休闲在改善社会方面所发挥的作用）。当人们在由休闲定义的背景下相互交流，与社会、文化和经济结构互动时，休闲的这些功能就会显现出来。因此，休闲可以用于发展自我，探索超越性，并为人们在运动场或开放空间中发现重要新事物提供游戏环境。按这种思路，休闲不仅满足求知需求，也是人们为实现精神丰富而追求的一种探索和表达。本书第三部分"未来的方向"从多个角度研究了这个问题。

　　因此，我们希望在本书翻译成中文后能够激发有趣的新讨论。本书大部分内容是在西方学术框架内解读休闲概念，但如我们在"余论"中提到的，在其他文化和概念体系中，休闲作为求知性和精神性可能会有更加明显的体现。正如我们在书中提到的，尽管中国的"逍遥"概念源自不同的文化和思想传统，它似乎表达了与 *skholē* 相似的观点，因此对它进行更深入的研究可能会非常有趣且具有价值。秉持学术交流与思想碰撞的精神，我们呼吁中国读者加入讨论，共同探究休闲这一具有精神性和其他多重意义的话题。休闲虽千变万化，但其本质是美好的。我们衷心祝愿您拥有更多休闲，并以智慧善用休闲，在休闲中培养执着精神！

马克·范·莱文

约翰·鲍尔

荷兰

2023 年 1 月

原　序

　　不久前,杰出的美国哲学家理查德·罗蒂(Richard Rorty)针对分析哲学[①]过于抽象和对知识"基础"的过度追求提出广为人知的批评。作为替代,罗蒂强烈倡导一种更具社会和政治倾向的哲学[②],这不仅比分析哲学更具创新性和张力,还能充分尊重我们的个人和社会经验。在罗蒂毕生学术生涯中,他跨越了这两种哲学界限,塑造出一种独特的中间人角色。在他看来,他的使命就是加强这两类不同研究之间的交流。

　　尽管罗蒂的立场未获得约翰·鲍尔和马克·范·莱文的认同,但《休闲哲学》一书却采用了"休闲哲学化的双重方法"来探讨休闲,以回应他的呼吁。在本书中,作者通过巧妙地利用"间章"[③]这一灵敏概念,将两种哲学方法联系了起来。这样不仅可以调和两种哲学方法,还可以解释从现代到后现代的转变。正如作者所指出,由于休闲活动常受偶然性影响,因此建立这种历史联系非常重要。

　　在第一部分,作者概述了历史上对休闲的构想和理论化,并认为,"休闲理想

---

　　①　分析哲学(Analytic philosophy 或 Analytical philosophy),是一种哲学派别,于 20 世纪初起盛行于英美哲学界,提出了对传统哲学的挑战并与传统哲学相抗衡。分析哲学重视厘清语言与逻辑,强调分析现有知识,在哲学史中被称为语言学转向,与传统的欧陆哲学相对立。它的论证常常使用形式逻辑与数学甚至自然科学的方法。它通常将问题拆分成小部分,"通过以解答小问题来得出对更宏大问题的答案"。自 20 世纪初至今,分析哲学仍是英语国家包括英国、美国、澳洲等国家大学哲学系的主流。

　　②　社会哲学(Social philosophy)是关于社会行为和社会与社会制度在伦理价值观方面的研究,但不包括在经验关系方面问题的研究。社会哲学家注重理解政治,法律,道德和文化问题的社会背景,以及发展新的理论框架,从社会本体论到伦理,再到国际性的民主理论,人权,性别平等和全球正义都是其研究问题。政治哲学(Political philosophy)或政治学科系中的政治理论(Political theory),主要研究政治行为的价值,探讨"应然"问题。政治哲学研究关于政体、法律、正义、自由、财产和执法等权威的合法性基本问题。

　　③　间章(Intermezzo):过渡章节,本书有两个"间章",间章一用来链接第一和第二部分,间章二用来链接第二和第三部分。

(leisure ideal)可以说就是休闲概念(leisure concept)的定义"，这一观点尽管存在争议，但具有十分深远的启发意义。

在间章一"时代在变"①之后，是本书的第二部分。鲍尔和范·莱文以简明且批判的方式分析了休闲的"基础"。他们专注于四个主要的分析领域：休闲与自由、休闲与有意义体验、休闲与认同、休闲与伦理。在这几章，作者博览现有文献，其理解深入而全面。

显然，21世纪世界呈现出与19、20世纪的现代性截然不同的格局。同样，我们当下居住的各种休闲世界，其时间、空间和存在秩序也异于古典休闲哲学书籍中的秩序。本书第三部分的一大优势，在于它揭示了研究当代休闲哲学问题的途径。正如我们学会了研究休闲与形而上学、休闲与自由等的关系，我们也将学会研究休闲与具身性、精神性、幸福感等的关系。这一讨论以间章二为基础，探讨了将意义和休闲视为生活艺术的兴趣复兴，从而延伸分析了现代性向后现代性的转变。

在第三部分，鲍尔和范·莱文提出的案例研究，包括具身与虚拟休闲、休闲与精神性、休闲与幸福感以及理想主义休闲，这不仅能恰当反映当代个人和社会的休闲世界(这是分析哲学家不会做的)，也为实证与理论检验提供了广阔机遇。在此，作者准确描述了这些案例研究中的批判性探究之通性，以及迄今更重要的成果。这些见解能在多大程度上获得进一步发展仍有待观察，但目前而言，我们对第三部分所展现的卓越学术成就深感满意。

撰写优秀的哲学著作是出了名的艰难，而鲍尔和范·莱文的表现超越了多数人。虽然本书大部分内容充满挑战，但在探索休闲哲学的过程中，两位作者始终保持严谨朴实的写作风格。他们巧妙地调和了分析哲学与社会政治哲学、过去与现在、棘手与较为轻松的领域，使休闲哲学更具可读性。这不仅仅是休闲哲学，也是通过批判性视角放大的休闲哲学。这本书内容丰富，尤其体现了时代性。它蕴含渊博的智慧，内容吸引人，必将激发休闲哲学讨论。任何对21世纪休闲感兴趣的人，都不应忽视这部著作。

托尼·布莱克肖

---

①　"时代在变"(The Times They Are A-Changin)是鲍勃·迪伦(Bob Dylan)写作的歌曲，并作为他1964年同名专辑的主打歌曲发行。这首歌曲被认为是20世纪60年代民权运动的代表歌曲之一，具有很高的历史和文化价值。

目　录

绪　论

　　休闲学作为一门学科源自社会学。虽然心理学、社会心理学、地理学、经济学和政治学等学科都曾研究过它，但它与社会科学保持着密切关联。作为一门学科，休闲学在过去三十年进入成熟期，其所具有的跨学科性被视为成功发展的关键（Rojek *et al*. 2006：7）。尽管传统（古典）社会学家认为休闲在人类生活中从属于劳动，但他们也指出休闲是"提升和完善文化、政治、伦理和精神生活，帮助人们实现美好生活的方式"（Rojek *et al*. 2006：19）。这种论述显然呼吁削弱劳动在社会中的主导地位。

　　如果忽视休闲作为社会现实的基本组成部分，就无法充分理解社会现实，也阻碍了休闲学成为成熟学科。休闲学的研究领域似乎已经沦为社会科学广阔研究领域中的一个小众分支。在评估休闲学作为独立学科的地位时，一些学者更是直言不讳地强调，休闲研究正面临危机状态。例如，早在 1997 年，姆马斯（Mommaas）就指出，这一领域的研究不再与休闲或空闲时间的概念相关联（1997：241）。对此，其中一个解释是，传统的休闲科学范式基于过时的社会学视角，无法满足所谓后现代对休闲理论和方法论的需求（Bouwer and VanLeeuwen 2013：584）。为了遏制这场危机，科尔特（Coalter）认为休闲研究应更充分探究"休闲意义的本质及其与更广泛的意义和认同的关系"（1997：265）。在他看来，无论是规范性理论[①]方法还是认知性理论[②]方法均无法应对休闲研究的困境，应

---

　　① 规范性理论是陈述标准、价值或具体建议的理论，涉及对当前安排的批评，呼吁改变以创造一个更好的未来。社会科学和人文科学中的大量学术研究都是规范性的。大多数政治和道德理论具有明确的规范性（它规定了标准和价值）；大多数应用社会科学（如城市规划）也是如此，因为它将规范性的推理转化为实际措施。
　　② 认知性理论试图通过研究尝试学习和理解时的心理过程来解释人类行为。认知理论是关于有机体学习的内部加工过程，如信息、知识及经验的获得和记忆、达到顿悟，使观念和概念相互联系以及问题解决的各种心理学理论。

当比以往更关注休闲的本体论研究。亨德森(Henderson)提出一种四阶方法来克服这一危机：应该研究处于持续嬗变状态的对象、视角和情境；寻找休闲被视为一种基本价值观的新认同；分析赋予生活意义的因素，并通过跨学科合作产生"共创知识"(2010：397-398)。布莱克肖在迫使诠释学与正统的休闲社会学决裂时，呼吁探索"流动休闲"(liquid leisure)与个人休闲意义之间的概念联系(2010：120)。实证主义①分析忽视了(休闲活动或态度的)个人意义。他特别关注人们在"流动的现代情境"中对意义和真实性的追求，因为这种追求是基于自由的，同时也是社会主体对自由的探索。在此意义上，休闲可以被视为意义的推动者和个人的自由领域(Bouwer and Van Leeuwen 2013：586)。这些学者正在叩开哲学之门。同时，似乎需要新的动力。

值得注意的是，学者主要是在社会科学的各学科中进行休闲研究，也与人文学科的历史、人类学和区域研究等学科进行交叉研究，特别是社会学中的诠释学转向，使一些社会学思想更趋向哲学，甚至趋向宗教和精神层面。但是，从历史上看，休闲研究领域中有关哲学问题的研究成果寥若晨星。

在20世纪，休闲基础理论方面的专著寥寥无几。这些专著出现在不同时代，来自不同学科。以下是一些关注休闲现象以英文出版的"现代"经典：《游戏的人》(Huizinga 1950)采用文化历史方法探究游戏现象，将其视为文化生成的必要条件。《文化的基础》(Pieper 1998)采用哲学—人类学方法明确区分了工作和休闲，后者涉及休息、反思和沉思，被视为所有文化的最重要特征。还需提及的一部经典著作是德·格拉齐亚(De Grazia 1962)的《时间、工作和休闲》。他试图从历史(观念)和休闲未来发展的角度对工作进行社会学反思。他的论证前提是，休闲关乎沉思、拓展意识和理解世界，而不是现代社会的消极工业目标。

---

①　实证主义(positivism)是一种以"实际验证"为中心的哲学思想。广义而言，任何种类的哲学体系，只要求知于经验材料的思辨，都为实证主义。这一思想最早可以追溯到英国13世纪的经验主义学者罗杰·培根。法国哲学家奥古斯特·孔德首先用实证一词来传达事物的六项性质：真实的、有用的、确定的、正确的、有机的和相对的。可以将实证一词解释为"发现是真的"。狭义而言，实证主义则指法国哲学家孔德的哲学，孔德认为对现实之认识只有靠特定科学及对寻常事物的观察才能获得。孔德生长的时代，正是科学思想发端的时代，人们对形而上学产生怀疑，逐渐以注重经验的科学方法观察、研究事物，探求事实的本原和变化的现象。实证主义又称实证论，其中心论点是：事实必须透过观察或感觉经验才能获得，并以此为基础去认识每个人身处的客观环境和外在事物。实证论者认为，虽然每个人接受的教育不同，但他们用来验证感觉经验的原则，并无太大差异。实证主义的目的在于建立知识的客观性。孔德认为人类，非生而自知万事万物，必须在不同的情境中经由学习方能获得知识。透过直接或间接的感觉、推知或体认经验，并且在学习过程中进一步推论还没有经验过的知识。超越经验或不是经验可以观察到的知识，不是真的知识。

虽然不是经典著作,但值得一提的专著是谢福斯(Shivers)于 1981 年写作的《休闲与游憩概念:批判性分析》。他从历史、文化和知识角度研究了作为人类行为重要组成部分的休闲和游憩。从心理学角度来看,他认为游憩不同于休闲。休闲被视为从摆脱工作及其不良影响中获得的自由时间,但也需要理解休闲对人类的意义,而游憩被认为满足人类对"心理平衡"的需求(209),是"任何非消耗的、完满的体验"(210)。

就选集而言,有两本编著脱颖而出,它们是由温尼弗里斯和巴雷特(Winnifrith and Barret)编著的《休闲的哲学》(1989)和由费恩(Fain)编著的《休闲与伦理:对休闲哲学的思考》(1991)。温尼弗里斯和巴雷特认为,讨论休闲时不得不提到工作,工作是休闲的必要条件,而休闲是人类生活的目的和目标(1989:1)。生活中存在各种工作,包括以前被视为休闲的写作、绘画、演奏音乐、学习和教学,因为从根本上说,休闲涉及"发挥人的潜能"(1989:2)。休闲关乎生活以及人应如何生活。作者深入思考工作和休闲哪种更能解放人性,并讨论了亚里士多德的休闲观、人的价值、隐私等众多道德问题。有趣的是,费恩编撰的这本书的文章要么属于"道德哲学要么属于休闲理论"领域(1991:vii),而书的副标题可能会给人另一种印象(以为只讨论了休闲哲学)。然而,在他看来,休闲与自由、个人自由、创造性表达和人的潜能开发有关,这从根本上与"一个人'应该'选择如何生活的自由"(1991:316)密不可分。他认为个人对道德问题的反思比休闲行为更基本,并认为休闲的本质是"好奇"——一种创造性的超越行为,"它鼓励人类体验'超越已知的局限',呼唤一个有潜力的未来"(1991:321)。

在 21 世纪,有关休闲哲学基础问题的出版物比 20 世纪丰富多了。一些社会学家撰写的专著涵盖了休闲哲学内容,例如荷兰的拉德梅克(Rademakers)的专著《自由时间的哲学》(2003),罗杰克(Rojek)的《休闲理论:原则与实践》(2005),霍尔巴(Holba)的《哲学休闲:人类交往的疗愈实践》(2007),布莱克肖(Blackshaw)的《休闲》(2010),斯普拉克伦(Spracklen)的《建构休闲:历史与哲学辩论》(2011)和斯特宾斯(Stebbins)的《休闲的理念:基本原理》(2012)。拉德梅克主要对自由时间/休闲进行了社会历史分析,讨论了欧陆哲学传统的代表人物的观点,例如撰写过存在主义和(后)现代主义的德国和法国古典哲学家的观点。这本书在范围上有其局限,因为它忽视了与分析(盎格鲁—撒克逊)哲学传统的联系,以及这种联系带来的与精密科学(如神经生理学在验证自由概念的作用[①]和科学哲学的关联。罗杰克撰写了一篇系统的哲学—社会学论文，将休闲研究融入历史和理论人类科学。休闲在生命历程中的功能是串起该书的主线。因此，他以生命中的休闲为核心视角，与源自社会学、心理学、人文地理学、政治科学、社会历史以及环境、商业和管理研究的跨学科休闲领域进行了对话。他的目标读者是刚接触休闲研究的读者。虽然涉及哲学问题，但他对休闲的讨论主要基于社会—政治—经济—地理学的视角。霍尔巴创造了"哲学休闲"一词，与当前仅关注休闲短期活动和工作中断的概念形成对比。而她回归亚里士多德的休闲和皮珀（Pieper）的静寂（silence）概念，并认为哲学休闲是私人和个人的关怀，它将审美和交往作为一种疗愈方式，能够为个体生活带来深远的成长、转变和整合，这在本质上是一种精神和心灵的努力。布莱克肖虽鼓励学者接受哲学挑战，但是他本人却将重点从历史学转向社会学，聚焦现代主义和后现代主义在休闲研究中的立场。此外，他选择撰写类似散文的著作来传达和捍卫自己的休闲社会学观点，而未对休闲的基本原理进行研究。斯普拉克伦对休闲作为一种概念和实践进行了振奋人心的*"历史"*讨论，这在某种程度上也是人类学研究。他仅在最后一章提到了自己的关注，他的关注聚焦于现代哲学与科学发展对休闲理解可能产生的相关影响，并引用了布莱克肖的研究（2010）。尽管罗伯茨（Roberts）认为斯普拉克伦的著作"可能是 21 世纪迄今对休闲研究最重要的贡献"，但也指出该书"缺乏明确严谨的'休闲'定义"（2013：229 - 231）。此外，尽管斯特宾斯的书名暗示他将从哲学视角进行探究，但事实并非如此，他主要从社会学角度分析休闲概念，以有助于社会和社会发展的因素为框架进行讨论——因而赋予了"严肃休闲"这一概念以重要地位。

目前就休闲手册和休闲导论而言，也已经出版了一些与休闲哲学或基础问题相关的不同著作。例如，库珀（Cooper）为《休闲研究：21 世纪的前景》（Jackson and Burton 1999：3 - 14）一书撰写了题为"休闲理论的一些哲学问题"的开篇章节。他指出，在哪种休闲概念最适合指导理论这一问题上，学界存在显著分歧。在他看来，休闲应该是一种能唤起内在欲望的活动，也就是说，休闲本身就具有吸引力，并能通过"真实自我表达"来实现（1999：13 - 14）。埃丁顿等

---

① 著名的例子是本杰明·李贝特所做的一项关于反应时间的实验，李贝特想知道有意识的思考、大脑活动和身体运动之间的关系：有意识的思考出现在产生身体运动的大脑活动之前还是之后？依靠测量脑电活动的脑电图（EEG）来探测导致身体运动的神经冲动，依靠测量肌肉的电压变化的肌电描记器（EMG）来探测身体运动。

人（Edginton et al.）在其著作《休闲与生活满意度：基础视角》中，专门用一章来讨论哲学和概念问题（2002：92 - 115），而萨格尔（Sager）在《劳特里奇休闲研究手册》的第一章中就提及了休闲哲学（Blackshaw 2013：5 - 14）。埃丁顿等人反思休闲哲学的目的是为休闲专业工作提供指导，而萨格尔则专注于休闲的哲学发展及其道德和政治关联（2013：5）。埃丁顿等人主要传达了构建行动（哲学）框架的"准则"以及对支配行动和行动目的、动机的理解（1999：113），而未澄清休闲概念的本质。萨格尔在试图克服工作——休闲二分法时指出，"休闲提出了关于美好生活的核心问题"，这就需要反思活动的本质和价值，以及休闲构建人类关系的方式——包括人与动物和自然的关系（2013：9 - 11）。如前所述，这既是伦理也是政治问题。在政治层面，休闲哲学应该考量"公民美德"与人权、需求、分配正义和教育的关系（2013：12 - 13）。萨格尔总结道，核心在于评估哪些社会体制以及以何种方式能"促进或阻碍人类的繁盛"（2013：13）。

以上对休闲的基础和哲学方法进行了（非详尽的）文献综述。最后，再举几篇期刊文章的看法，它们传达了关于休闲本质的不同观点。魏斯（Weiss）认为，休闲是：

> 人可以处于最佳状态时，通过……赋予任何事情新的价值和可能的新目标，使一天中的其他时光尽可能精彩圆满。

（1965：7）

布拉加（Bregha）提出，休闲哲学还包括使用心理学和社会学方法来研究休闲作为一种价值和目标对人类生活方方面面的影响，特别是对自由和伦理的影响（1980）。西尔维斯特（Sylvester）确定了不同类别，例如与更高价值、沉思和精神性等神圣目标相关的游戏、休闲和游憩；与幸福和自我实现相关的游戏、休闲和游憩（1987）。斯克鲁顿（Scruton）认为，休闲有助于人类基于社群意识获得满足，从而加强个人和社群的自我肯定（2008）。而怀斯（Wise）则认为基于社群、自由和美德的休闲行为有助于人类实现自身意义和繁荣（2014）。

显然，上述对休闲的基础或基础原理的大多数"哲学思考"都只关注社会学、人类学、心理学甚至历史，而且主要是"实际操作"性质。这意味着这些方法有意在服务部门的日益官僚化和商业化，以及生活质量、营销、环境问题、基于效益的管理和享乐主义途径的发展背景下，进一步反思*休闲实践*（McClean and Hurd 2015：349-356）。休闲研究的基本本体论[①]方法相当匮乏，而且在许多休闲学者看来，这些方法尚未得到足够（系统）的重视，因而需要加以解决。

因此，本书的目的在于从"纯粹"的哲学角度探讨休闲现象，以期产生新思想，重振被布莱克肖宣判为"已经死亡的休闲理论"研究（2014），并重新审视莫尔豪斯（Moorhouse）的观点，即休闲研究被认为"概念和理论混乱，不愿突破自身的局限"（1989：27），以解决休闲研究当前面临的困境。众所周知，从方法论来讲，哲学旨在澄清思想、概念和语言，力求"理解隐藏在生活各个方面以及表达生活的语言背后通用的原理和观念"（Thompson 2010：x-xi），以阐释隐含的内涵，明确现象之间的关联性和一致性。它能够对过去和现在进行理性反思，并对未来进行预测。这不仅仅是思考，而是关于"思考的思考"（Thompson 2010：xiii）。哲学活动以其分支繁多的知识体系为基础。但在实践中，各分支相互渗透。哲学关注的主要问题包括：形而上学（人的认同和有意义生活）、美学（艺术、音乐和文学之美）、伦理学（善恶之本质）、社会和政治哲学（正义和社会）以及认识论和逻辑（人类知识之本质）。所有这些问题在本研究中都会以某种形式体现，但主要是自由、意义、认同和伦理等概念，它们贯穿其中。

本书将采用双重哲学方法：既涉及分析休闲基础的传统概念和主题，也关注休闲领域的新焦点。这些焦点由社会和更广泛的哲学学科本身的最新发展所决定，如具身、虚拟、技术、宗教和精神性以及跨文化性。因此，本书将以思想史的风格进行分析，一方面识别和阐明贯穿整个历史的休闲基本理念，另一方面也研究与当代研究领域相关的思想。这种对不同历史时期概念的分析并使之互动的大胆开拓，植根于对现实、生存或存在的本质的探索。

具体而言，本书由三个部分组成，靠两个间章在主题上进行衔接，最后附以简短的余论。

第一部分从古希腊人延续到当代。第一章概述了历史上构想和理论化与*休闲理想*相关的不同*休闲思想*的过程。可以说，休闲理想就是休闲概念的定义。

间章一将第一部分与第二部分联系起来，第二部分分四章，通过评估时代潮

---

① 本体论，或译存在论、存有论等（ontology），是哲学的一个分支。"本体论"一词是由 17 世纪的德国经院学者 P·戈科列尼乌斯首先使用的。该分支主要研究什么样的事物客观存在着，即在宇宙中存在着什么实体，是一门探究世界的本原或基质的哲学理论。

流的(现代/后现代)属性,从哲学角度分析休闲的基础。这个间章起到重要的桥梁作用,因为我们总是在特定的历史时代中定义和理解休闲。

第二部分的哲学分析涉及哲学主题之间的对话,如自由、意义与体验、认同与伦理,以及对休闲概念的当代反思和应用。这四个主题将在第二至第五章中探讨。第二章探讨了构成休闲行为组成部分的自由和自由意志;第三章阐述了"意义"和"体验"的概念属性、先决条件和经验指称①,以及它们之间与休闲的相关性;第四章关注休闲对个人认同的贡献;第五章则探讨了休闲与伦理之间的(相互)关系,并讨论它们在反思休闲理念时的本体论价值。

在第三部分之前,我们撰写了间章二,将休闲基础的分析与休闲研究的未来可能方向联系起来。从主题上讲,这一间章将休闲和后现代体验方式结合,将休闲视为"生活艺术"。如前所述,第三部分探讨休闲研究的未来方向,其中四章都对此进行了论述:第六章将具身与虚拟世界进行对比,因为互联网和社交媒体出现在休闲应用中;第七章主张进一步研究休闲和精神性的(概念和体验)关系,因为精神性在当前处于(世俗化与公共)讨论的中心地位;第八章和第九章探索休闲在提升幸福感方面的潜在作用。第八章着眼于休闲活动对于自我实现的作用,通过休闲成为你想成为的人,或者你可能已经成为的人,通过休闲提升个人幸福感和心理健康。第九章则将第八章的个人自我完善这个重点拓展至休闲和相关概念的实践,以增进共同幸福感和解决共同问题。

在余论部分,通过从休闲的历史渊源和哲学分析中,提炼出休闲思想的不同组成部分或休闲思想的基础,以及它们与自由、意义、体验、认同和伦理的关联。这些不同的组成部分或基础被整合成休闲的整体概念框架。核心问题是本书的哲学探索是否为研究休闲提供了可行的新方法。

总而言之,两位作者根据自己的专业知识和兴趣分工撰写。鲍尔撰写了绪论、第一、三、五、七章、间章一和余论,而范·莱文撰写了第二、四、六、八、九章和间章二。

和以往许多学者一样,我们在处理对理解休闲作为人类生活基本组成部分来说极为重要的概念时,也经历了其模糊性带来的痛苦。无论其意义是什么,普

---

① 经验指称(empirical referents)是可以识别或测量某一个概念的根本特征或属性(出自沃克与艾凡特 2005 年合著的《护理学理论构建策略》(第四版)第 168 页)。比如,对于"疼痛"这个概念来说,它的经验指称可能包括:面部表情(皱眉、咬唇等);身体反应(呻吟、抽搐等);心率变化;试图避免可能造成疼痛的刺激。

特(Puett)等人认为，每一次从碎片化的现实中创造秩序的尝试，都隐藏着希望，背后有一种慰藉(2016：229)。本书的探索也怀揣着同样的希望。

参考文献

Blackshaw, T. (2010) *Leisure*. London/New york：Routledge.

Blackshaw, T. (ed.) (2013) *Routledge Handbook of Leisure Studies*. London/Newyork：Routledge.

Blackshaw, T. (2014) 'The Crisis in Sociological Leisure Studies and What to do About it'. *Annals of Leisure Research*, 17(2)：127 – 144.

Bouwer, J. and van Leeuwen, M. (2013) 'The Meaning of Liquid Leisure' in Blackshaw, T. (ed.) *Routledge Handbook of Leisure Studies*. London/New york：Routledge：584 – 596.

Bregha, F. (1980) 'Philosophy of Leisure：Unanswered Questions'. *Recreation Research Review*, 8(1)：15 – 19.

Coalter, F. (1997) 'Leisure Sciences and Leisure Studies：Different Concepts, Same Crisis?' *Leisure Sciences*, 19(4)：255 – 268.

Cooper, W. (1999) 'Some Philosophical Aspects of Leisure Theory' in Jackson, E. L. and Burton, T. L. (eds) *Leisure Studies. Prospects for the Twenty-first Century*. State College, PA：Venture Publishing：3 – 14.

De Grazia, S. (1962) *Of Time, Work and Leisure*. New york：The Twentieth Century Fund.

Edginton, C. R., Jordan, D. J., DeGraaf, D. G. and Edginton, S. R. (2002) *Leisure and Life Satisfaction. Foundational Perspectives (3rd Edition)*. New york：McGraw-Hill.

Fain, G. S. (ed.) (1991) *Leisure and Ethics: Reflections on the Philosophy of Leisure*. Reston, VA：American Association for Leisure and Recreation.

Henderson, K. A. (2010) 'Leisure Studies in the 21st Century：The Sky is Falling?' *Leisure Sciences*, 32(4)：391 – 400.

Holba, A. (2007) *Philosophical Leisure: Recuperative Practice for Human Communication*. Milwaukee：Marquette University Press.

Huizinga, J. (1950) *Homo Ludens*. Boston：Beacon Press.

Jackson, E. L. and Burton, T. L. (eds) (1999) Leisure Studies. *Prospects for the Twenty-first Century*. State College, PA：Venture Publishing.

McClean, D. D. and Hurd, A. R. (2015) *Recreation and Leisure in Modern Society. Tenth Edition*. London/Burlington, VT：Jones and Bartlett Learning.

Mommaas, H. (1997) 'European Leisure at the Crossroads? A History of Leisure Studies in Europe'. *Leisure Studies*, 19(4): 241 - 254.

Moorhouse, H. (1989) 'Models of Work, Models of Leisure' in Rojek, C. (ed.) *Leisure for Leisure. Critical Essays*. Houndmills: The Macmillan Press: 15 - 35.

Pieper, J. (1998) *The Basis of Culture*. South Bend, IN: St. Augustine's Press.

Puett, M., Gross-Loh, C. and Noorman, J. (2016) *De Weg. Wat Chinese Filosofen ons over het Goede Leven Leren*. Utrecht: Ten Have.

Rademakers, L. (2003) *Filosofie van de Vrije Tijd*. Budel, the Netherlands: Damon.

Roberts, K. (2013) 'Constructing Leisure: Historical and Philosophical Debates'. *Leisure Studies*, 32(2): 229 - 231.

Rojek, C. (2005) *Leisure Theory: Principles and Practice*. New york: Palgrave Macmillan.

Rojek, C., Shaw, S. M. and Veal, A. J. (2006) *A Handbook of Leisure Studies*. Hampshire/New york: Palgrave Macmillan.

Sager, A. (2013) 'Philosophy of Leisure' in Blackshaw, T. (ed.) *Routledge Handbook of Leisure Studies*. London/New york: Routledge: 5 - 14.

Scruton, R. (2008) 'The Philosophy of Leisure' in Lafayette, P. E. *Leisure and Liberty in North America*. Paris: PUPS, Press-Sorbonne: 11 - 27.

Shivers, J. S. (1981) *Leisure and Recreation Concepts: A Critical Analysis*. Boston: Allyn and Bacon, Inc.

Spracklen, K. (2011) *Constructing Leisure: Historical and Philosophical Debates*. Hampshire/New york: Palgrave Macmillan.

Stebbins, R. A. (2012) *The Idea of Leisure. First Principles*. New Brunswick, NJ/London: Transaction Publishers.

Sylvester, C. (1987) 'The Ethics of Play, Leisure and Recreation in the Twentieth Century, 1900 - 1983'. *Leisure Sciences*, 9: 173 - 188.

Thompson, M. (2010) *Understand Philosophy*. Abingdon/Blacklick, OH: McGraw-Hill.

Weiss, P. (1965) 'A Philosophical Definition of Leisure'. *Quest*, 5(1): 1 - 7.
Winnifrith, T. and Barret, C. (1989) *The Philosophy of Leisure*. London: Macmillan Press.

Wise, J. B. (2014) 'What is Leisure? A MacIntyrian Based Response'. *Journal of Unconventional Parks, Tourism and Recreation Research*, 5(2): 17 - 22.

第一部分

历史上的休闲思想

第一章
历史上的休闲思想

从古至今，休闲在不同的时代和文化背景中承载不同意义，是一个复杂且难以捉摸的概念。学者们从不同学科视角探究并记述了休闲的历史演变。许多休闲研究手册、导论和专著均专设章节介绍休闲的历史或发展，以反思休闲现象，凸显其意义和社会价值。以下仅举几例。

古德尔(Goodale)和戈比(Godbey)研究了休闲概念从文明初期到现代的演变，并认为休闲反映了"人类进步的终极尺度"(第 xiii 页)，揭示了"人类目的"(1988：260)。他们在《人类思想史中的休闲》一书中，通过对休闲进行历史分析后认为，人类进步的标准尚未以发现人类目的或对超越性的追求来衡量①，而这一理想构成了休闲理念的精髓。休闲是独特的体验，越来越多地具备"休闲品质"②。休闲已成为生活意义的一个隐喻(1988：259 - 260)。谢福斯(Shivers)和德利斯勒(deLisle)在《休闲故事》一书用了很大篇幅来论述休闲和人类发展，指出休闲是"文明发展之前文化的一部分"(1997：5)。他们认为像半休闲(semi-leisure)、畅(flow)、体验(experience)和心态(state of mind)等理论观点(1997：19)不足以评估休闲的真正含义，并断言："休闲只能被定义为自由时间"(1997：v)。"休闲仅是自由时间，即个人所有的以他或她认为合适的方式来使用的时间"(1997：94)。布尔(Bull)等在《休闲研究导论》的其中一章介绍了休闲的历史发展，他们认为休闲有多重含义，如义务之外的自由时间，不同种类和不

---

① 古德尔和戈比在该书指出，所有衡量人类进步的主客观标准在很大程度上忽视了对人类生存的真正目标的思考，它们不能衡量人们在多大程度上觉得自己的生命有意义，也不能衡量在多大程度上能实现自我或能超越自己进入一个全新的领域。作者认为休闲是一种自我超越的状态。

② "休闲品质"(the quality of leisure)是指与休闲概念相关的特质。这些特质可能包括放松、愉悦、充实、有意义等等。随着时间的推移，越来越多的活动和体验被认为具有休闲品质，这些活动和体验能够给人带来休闲的感受和效果。

同特征的活动(如，游憩)以及一种心态。他们采用了一种"尽可能广泛且涵盖面较广的定义"(2003：xiv)，将上述定义视为对应休闲的不同层面(2003：xiv)。①罗杰克等人编著的《休闲研究手册》探讨休闲起源，涉及文化、文明、人类学、史前时期以及西方和非西方的休闲传统等主题，以警示仅将休闲视为西方学科的危险。作为该书的作者之一，哈尼卡特(Hunnicutt)对"休闲"概念的历史发展提出了洞见："休闲的多种历史表现形式与工作及其表现形式息息相关"(2006)。另一位作者巴塔查亚(Bhattacharya)强调了情境和文化，认为要理解印度国情下的休闲，不能仅仅依靠工作和休闲时间之间的区别，人们应该"认识和分析休闲的差异化体验"。在印度，休闲与庆典和庆祝活动紧密相关(2006：88)。

　　许多著作更明确关注并充分阐释了休闲的意义、目的和概念，具体例子如下：霍尔巴在《哲学休闲》一书集中论述了"哲学休闲"和"游憩"的区别。她认为哲学休闲从哲学角度透视休闲行为，代表一种存在方式，是"修复人类交往危机的手段"(2007：82)。正如她给出的定义，哲学休闲是对内在自我的丰富，是"人类灵魂的滋养"(2007：55)。游憩与休闲不尽相同。游憩、放松和娱乐，是对忙碌生活的短暂打断，让人们从忙碌的生活中脱离出来，而哲学休闲则被概念化为一种存在论式的存在方式。尽管两者相反，但都是人类的需要，都能"培养和满足人类体验"(Holba 2010：51)。斯普拉克伦超越他所谓的"对先前历史学和社会理论的狭隘关注"，对休闲历史进行综合研究，目的是"为批判分析休闲提供更广泛的时间和地理范围"(2011：98)。他在《建构休闲》一书中得出结论："休闲是交往理性得以起作用的人类活动"(2011：5)。斯普拉克伦的历史考察旨在让人们意识到"自由与制约之间的悖论"(2011：5，193)，并论证了休闲是一种普遍的人类现象而非(后)现代性的产物。休闲的意义和目的最终指向人类主观能动性和身份认同。最后我们还要提到斯特宾斯的观点，尽管他在《休闲思想》一书中没有提供全面的历史论证，但我们仍将简要回顾他的主张，因为他声称通过给出休闲的详细定义取代字典中的定义，从而已经掌握了休闲的原理(2012：3)。他从个人和情境两个维度来定义休闲(2012：3)。他认为休闲与个人的联系是在自由时间中追求非强迫性的、自愿的和积极的活动(2012：6，17-18)。而休闲与情境的关系，则表现为一种独特的社会建制，代表了大量与工作、休闲相关的场所和空间(2012：44)。他在书中的主要论点是：休闲理念最终指向进步理

---

① 比如意义、体验、自由时间。

想(2012：99)。斯特宾斯相信休闲会给个人和社会带来积极的发展。

综上，我们基于历史休闲的意义和目的进行了简明扼要而重点突出的回顾，这些学术诠释和演绎为我们提供了休闲不同维度的含义。这些休闲维度包括：人类进步的尺度、人类目的、生活意义、自由时间、免于义务和责任、不同活动、不同特征、游憩、精神状态、与工作有关的表征、节日和庆典、休养生息、人类灵魂的滋养、放松、娱乐、交往理性、自由与制约之间的悖论、主观能动性与认同、非强制性和积极活动、场所和空间的表征。在这个时代提出这样一份休闲含义清单，表明了休闲是一个多层次的复杂概念。因此，为厘清这些层次和揭示休闲思想实质，下文将探讨不同时代对休闲的理性概念的重构。换言之，以上对休闲的理论—历史重构展示了休闲研究中常见的研究方法和研究结果（即不同维度的休闲含义）。下面我们将进行哲学概念分析，试图从历史基础上揭示这些休闲思想，这种方法通常属于人文学科范畴。这并不是说哲学分析应该取代社会科学方法，而是期望从另一个角度，即通过对比、对话和补充的方式去打破休闲学的研究壁垒，由此希望发展一种"普遍的休闲哲学"(Spracklen 2011：198)，为这个研究领域服务，从而尽量形成一部"休闲思想史"。

哲学反思休闲思想史的起点可以追溯到西方文明的摇篮或源头——古希腊。在那个时期，哲学家开始有意识地反思休闲现象并将其概念化。一些学者认为，在古希腊哲学家提出休闲概念之前，休闲就已经存在了，因为在没有文字记录的社会和原始文化中就已存在表演艺术和音乐等活动(Shivers and deLisle 1997：10 - 11；Edginton *et al*. 2002：54 - 57)。然而，这些活动能否被称为休闲活动是存在疑问的，因为如果假设那个时代的人们就有意识地根据休闲的概念来过日子并构建他们的生活，这种推测十分牵强。反映游戏、艺术、音乐、故事、宗教活动、节庆、运动和舞蹈的历史、社会文化和考古实践的证据也不能消除这个疑问。以上证据虽然让我们了解到一些关于时间或季节的古代文化和体验，但如果缺乏基于当时情境的明确的休闲观念，这些活动是否属于休闲仍存有争议。

如上所述，接下来的分析虽然从古希腊人开始，并沿着历史脉络梳理至今，但重点在于休闲概念的实质演变，而非其发展时序。也就是说，尽管时间本身与主题密不可分，但休闲概念在历史上如何被概念化、表达、保留和改造才是我们关注的焦点。时代是休闲理念寓于其中的历史基石，但确实有必要梳理其核心思想。在哲学中，思想可以是抽象观念，也可以是现实对象的精神表征。然而，在概念化休闲思想时，我们应该牢记被视为休闲"中心或核心思想"的休闲理想(Barret 1989：18)。

幸福、自我发展与快乐

关于古希腊人构想休闲的方式已有过诸多讨论。他们最早将休闲发展成为一个积极观念，认为它是实现生活目的即过上"美好生活"的必要条件。所谓"美好生活"，就是对智慧、德性和休闲的终身追求（Torkildsen 2000：67），由此，休闲是寻找"生活智慧"或拥有有价值和德性的"生活方式"的首要原则（Goodale and Godbey 1988：2，11），从而实现真正的快乐。在古希腊哲学家中，柏拉图和亚里士多德对休闲的思考被休闲学者讨论得最为广泛，下文将简要阐述他们的观点。

柏拉图认为人类的目的是发现真理（Sylvester in Jackson and Burton 1999：19），而"美好生活"的关键在于共同对意义进行对话式探索（Hunnicutt in Rojek *et al*. 2006：65），这需要花时间去思考、沉思、反思自我和发展自我。他将从事这些活动的时间称为"闲暇"①，并认为这些活动本身就是幸福的组成部分（Torkildsen 2000：66）。此外，柏拉图还提出游戏，以及将生命献给神②是过上"美好生活"的最好方式（Shivers and deLisle 1997：40）。在人类生活的目的和游戏之间，在游戏和神灵对日常生活的影响之间均存在一种道德联系。游戏是实现社会目的的一种手段，包括自我超越，成长为一位成年人和一个好公民。这意味着，必须用游戏来指导培养儿童成为理性公民（D'Angour 2013：307），以及加强性格磨炼和实现自我提升。就如游戏对于教育儿童至关重要，休闲对教育成人也同样至关重要（Hunnicutt in Rojek *et al*. 2006：55）。"成人的游戏"包括哲学思辨、公共辩论、运动和音乐。总之，柏拉图的休闲概念本质上相当于体育和智力探索等活动的道德上的"善"，这与"混乱而不道德的洞穴世界"③形成鲜明对比。过上"美好生活"归根到底是做正确的选择和做正确的事（Spracklen 2011：20）。

---

①　表达古希腊休闲思想的概念常被翻译成"闲暇"，但也可以翻译成"休闲"。

②　在柏拉图和亚里士多德那里，"God"一般译为神或神灵，不译为上帝。上帝是在柏拉图之后的观念。

③　柏拉图在《理想国》卷七开头提出"洞穴喻"，来比喻人在城邦中的状况和灵魂的状况。该比喻描述了人被捆绑着，只能观看墙上的阴影，而且彼此争论何者更为真实的景象。人要摆脱政治世界中各种习俗观念的束缚，或者灵魂要摆脱欲望和血气的桎梏，需要走出洞穴，来到太阳底下，先是看水中太阳的倒影，再慢慢看太阳（比作理念或真理本身）。如果直接观看太阳（或真理），也会亮瞎双眼。但哲人在看到善的理念后，还要重新下降到洞穴（不能只是独善其身）。哲人重返洞穴主要是进行教育，或指导实际的立法者进行立法。

亚里士多德的休闲(*skholē*)思想围绕着追求一种带来幸福、人类繁盛和福祉的生活("美好生活")展开。为了享受幸福生活可能带来的乐趣,人们应当从工作和其他义务中脱离出来(Wise 2014:17)。生活从根本上说是为了参与"演讲、音乐、友谊、体操和行使公民权(citizenship)",而工作给这样的生活带来了严重的制约和限制(Stebbins 2012:25)。这些活动与儿童的游戏不同。亚里士多德认为工作是休闲的对立面,并且从词源学上把它界定为"非休闲"(*askholē*)。休闲是参与德性活动的首要原则。美好生活带来卓越道德、高尚智识、洞见和智慧。他认为人类幸福尤其因卓越智力而得到提升,因为它包含了"对神的沉思"(Jackson and Burton 1999:20)。工作并不具备这种能力,因为它使人们无法参与文化和公民生活,因此工作不能提供沉思的潜力或根据,也就无法达到卓越。总之,亚里士多德认为,休闲意味着摆脱工作,自由从事文化和公民活动,从而发展人最本质的能力,以此来实现人生中最重要和卓越的目标。休闲增进了主观快乐和客观幸福(Sylvester 2005:2)。①

健身、健康与自我发展

古希腊的哲学、艺术和建筑在很大程度上影响了古罗马的思想和文化(Russell 2009:25)。在休闲的哲学思想方面,一些古罗马哲学家②也提出了一种相互对立,或者说相互否定的概念二分法,即 otium 和 negotium。这两个概念互为对立,甚至互为否定。前者(otium)与休闲相关,而后者(negotium)与事务相关。然而,罗马人对这些概念的设想与古希腊人不同。托基尔德森(Torkildsen)提出,对罗马人来说,休闲包括通过运动来增强体魄和保持健康,参加在圆形剧场和竞技场的活动,以及去浴场沐浴以准备战斗(2000:68)。娱

---

① "主观快乐"(subjective pleasure)和"客观幸福"(objective happiness)是衡量幸福感(well-being)的两种不同方式。主观快乐是指一个人对快乐或享受的主观体验。它基于个人的认知和感受,这可能因人而异。例如,一个人可能从阅读一本书中找到乐趣,而另一个人可能从看电影中找到乐趣。另一方面,客观幸福指对幸福的客观衡量,如生活满意度或没有悲伤、焦虑等负面情绪。它基于可以测量的外部因素,并在个人或人群中进行比较。例如,研究表明,收入较高、健康状况较好、社会关系较强的人往往报告有较高的客观幸福水平。主观快乐和客观幸福都是幸福感的重要组成部分,但它们反映了幸福感的不同方面。主观快乐更为直接,注重当下,而客观幸福则是更加长期的衡量方式,反映个体的整体生活满意度。

② 指本段后面提到的西塞罗、罗马皇帝马可·奥勒留和塞涅卡等哲学家。

乐和公开表演(spectacle)①在古罗马文化中至关重要(Russell 2009：17)。古罗马的哲学家主要对这些活动进行了反思，例如西塞罗(Cicero)认为事务、忙碌和繁忙与人们参与军事、商业或政治活动有关，而休闲则意味着摆脱繁忙工作，享受休息和重塑自我——即使在暮年也不例外(De Grazia 1962：22)。然而，尽管"休闲"被视为一种沉思活动，它的目的仍旨在"事务"，而非其本身。罗马皇帝马可·奥勒留(Marcus Aurelius)也信奉休闲是沉思的理念。他相信思考个人在世界中的位置，阅读哲学和历史能使他为统治好罗马帝国做最好的准备(Spracklen 2011：21)。不同于上述观点，塞涅卡(Seneca)受古希腊哲学影响，认为休闲是"支撑哲学生活，从而……照拂人类灵魂"的状态(Ildefonso 2012：32)。他的休闲观类似于古希腊的自我发展和教育理念：只有花时间学习哲学的人，才是真正活着或过着美好生活的人。休闲是其本身的目的。

崇拜、劳动与沉思

在古罗马帝国衰落后，罗马天主教会的教义对公民的休闲生活至关重要，他们在社会上强制推行针对世俗享乐的禁欲主义(Russell 2009：23)。唯一被承认的休闲活动与崇拜以及其他宗教责任相关。在这种背景下，教会宣称生活的目的是为来世做准备。随着僧侣制度的发展，"休闲是灵魂的敌人"这一格言成为生活准则，同时工作被赋予更高的价值(Jackson and Burton 1999：25)。懒散被视为邪恶，与努力工作相对立。行善和拒绝世俗享乐被宣扬为高尚美德(Torkildsen 2000：69)。由于工作被认为能培养"节制、自律和勤奋"，因此成为一种道德行为(Stebbins 2012：26)。于是，古希腊的休闲理想遭到颠覆。然而，直到中世纪后期，深受亚里士多德思想影响的罗马天主教神学家托马斯·阿奎那(Thomas Aquinas)才打破了闲暇与懒散和邪恶的联系，重申了沉思生活是最高层次生活的观点(Holba 2007：60)。霍尔巴指出，阿奎那实际上认为，研究科学和艺术的人事实上从事的是休闲而非工作，因为学习和沉思可以带来智慧，比

---

① spectacle(拉丁语：spectaculum)，在古罗马，该词通常指旨在娱乐和取悦民众所做的公开展示或表演。比如，角斗士比赛、战车比赛、动物狩猎、戏剧表演和公开处决。这些公开表演是罗马文化的重要组成部分之一，统治者用它来维持民众的支持，转移民众对政治或经济问题的注意力。这些活动通常在大型圆形剧场举行，如罗马著名的斗兽场，可以容纳数万名观众。这些表演往往是暴力和残酷的，特别是角斗士比赛，其中包括训练有素的战士进行生死搏斗。然而，它们也可以是复杂的、精心设计的，例如为庆祝重要事件或纪念知名人士而举行的公共比赛。

工作更高贵(2007：60)。没有沉思就无法获得美德。

劳动与作为懒散和享乐的休闲之争

在新教改革时期,阿奎那关于沉思生活即休闲的观点遭到挑战并被彻底改变。罗马帝国灭亡后,罗马天主教会赋予辛勤工作积极的道德价值,这一文化规范在新教改革者推动下得以重生。据说,新教的工作伦理持续贯穿整个 20 世纪,对改变人们关于工作和休闲的看法至关重要,即使不是决定性因素也是其中关键因素(Jackson and Burton 1999：26)。这种工作伦理植根于马丁·路德(Martin Luther)和约翰·卡尔文(Jahn Calvin)的神学理论,他们将之归结为这样一种观念,即工作是生活的主要目的,信徒被要求把生命奉献给劳动。他们可以通过行善、克己和投入职责以获得上帝的认可(Argyle 1996：19)。对他们来说,宗教事业重要,休闲几乎不受重视,周日休闲甚至被视为邪恶。亚里士多德认为休闲是获得快乐和幸福的美好生活的首要原则,但这一观点被斥为懒散和无用。在新教徒眼中,美好生活体现在劳动中。工作被视为一种美德和宗教义务,而休闲要么因可能导致恶习而被视为懒散遭到否定,要么被贬低为仅是工作的前提条件(即游憩)(Jackson and Burton 1999：27)。

公共娱乐、自我发展与沉思

新教改革发展的同时,文艺复兴运动开始了。文艺复兴意味着"重生",标志着欧洲从中世纪向近代的转型(Russell 2009：23)。新教改革带来了道德价值的转变和对劳动的推崇,而文艺复兴则在文化层面上引发了革命(Torkildsen 2000：69),其标志是人文艺术和自由思想的复兴。创造力、对人类全部潜力的追求以及知识的产生和传播都受到了高度重视。对公众而言,艺术、音乐、诗歌和科学的研究不再遥不可及。统治人民思想和指导公共生活的宗教教条逐渐弱化,对休闲观念的限制减少。就休闲活动而言,一些学者提倡建设公园、节庆场地、广场、花园、剧院和展览等公共娱乐和放松场所(Russell 2009：23;Torkildsen 2000：71);另一些学者则关注新的休闲哲学实践背后的哲学,即认为休闲有助于消除懒散(Holba 2007：62)。文艺复兴时期的哲学家们认为休闲是生活的一部分,"通过独处沉思培养自我"(Montaigne),是一帖抵制罪恶的良方,而花时间进行反思能够激发智力、获得知识和启迪智慧，促进内在转变，提升生活满意感（Holba 2007：62-64）。亚里士多德思想也在这一时期产生影响，他认为休闲与沉思有关，意味着避免忙碌。

劳动与游憩和放松之争

新教改革和文艺复兴时期产生的价值和理念相互冲突。新教改革家推行的工作伦理与在文艺复兴时代提倡创造力、自我发展和自由从事休闲的理念形成强烈对比。在这一时期解放出来的知识和创造力引领了各个领域的技术突破，也永远地改变了社会。这一时期被称为工业革命，其特点是矿业、纺织业和钢铁产业的发展；人们纷纷涌向过度拥挤的城市寻找工作，每周工作 6 天，每天工作12 个小时；住宿环境也很差；童工和工人受到剥削；人们几乎没有假期和空闲时间，这给家庭和社会带来极大影响，工作和休闲形成强烈对比（Argyle 1996：20；Torkildsen 2000：71-72）。对许多人来说，工作的性质发生了变化，城市和工厂的生活环境也改变了休闲的面貌。休闲成为"（与工作）分离的珍稀商品"①（Bull *et al*. 2003：07），同时越来越多人接受了这样一种观点，认为休闲等同于游憩，是对不满意的工作环境的补偿。然而，工作依然被教会宣扬为一种美德。

文艺复兴时期的价值观为哲学和宗教的分离奠定了基础。举例来说，经验主义（培根 Bacon）和理性主义（笛卡尔 Descartes）尽管使用不同的推理方法，但均否认教会教条是知识来源的权威（Goodale and Godbey 1998：54）。许多哲学家如洛克（Locke）和休谟（Hume）关注人本问题，热议宗教宽容、不平等、商业、人的体验、科学和上帝存在等话题，但尚不明确这些哲学家对休闲的看法。根据古德尔和戈比的考究，这一时期鼓励自由反思，反对懒惰，重视参与娱乐活动和其他消遣（1988：58）。然而，哪些活动与休闲相关还有待厘清。

奢侈、认同与游憩

很明显，休闲在文艺复兴时期是一个积极而明确的哲学理念，在工业革命时

---

① 在工业社会以前，人们的工作与休闲尚未截然分开。工业革命给人们的生活方式带来了改变，工人的时间受制于工厂的安排，被分成了上班时间和下班（休闲）时间。因此，休闲被认为是和工作截然分开的。

期则变得相当黯淡。宗教改革的工作伦理在这一时期依然盛行。一些启蒙时期的哲学家如卢梭(Rousseau)和康德(Kant),仍然沿着工作与休闲相对立的思路思考。例如,他们都不赞成懒散。卢梭将懒散和奢侈生活联系在一起,认为它会导致个人和国家贫穷;而康德将休闲与懒惰联系在一起,认为它与工作相对立而且无益身心。工作是有目的的,因为它对社会有贡献;而休闲只有在人们不沉迷于它时才会有价值(Holba 2007:66-67)。然而,康德确实认同一种有趣的休闲方式(与博弈、和谐和智慧相关的游戏),尤其是因为它们可提升道德情操(Spracklen 2011:25),但是这一时期仍然缺乏对"休闲是以其本身为目的的积极概念"的理论和学术思考。即使是功利主义思想家边沁(Bentham)也无法区分休闲和懒散,因为他认为勤奋富有成效而休闲无益(Holba 2007:67)。

社会发展和变化极其迅速。社会中的贫富差距越来越明显,富裕者(有闲阶级)将其生活投入在"炫耀性消费"和其他与非工作相关的活动中,以此作为其地位和权力的象征(Veblen 2009:49-69)。而那些没那么幸运的人们不得不工作并生活在几乎没有(如果有的话也非常少)游憩活动的非人道环境中。"有闲阶级"花费了大量时间去建构以财富为象征的身份认同,如黄金、时间、装饰豪华的房子、昂贵的款待、运动等。这促使了社会改革家和教会出于对工人的关心,开始提倡社会公益性游憩。最开始的措施有开设运动俱乐部、艺术画廊和鼓励旅行,发起这些活动是希望弱势人群能够体验到社群的感觉,并从工作中获得更多乐趣并得以休息(Argyle 1996:27)。总之,学者们将这一时期的休闲等同于游憩(不用工作的时间),并把身份认同与额外工作和财富关联起来。这一观点似乎证实了阿吉尔(Argyle)的论点,即这一时期存在希腊式休闲伦理,因为"富人将大部分时间用于休闲",并依靠他人完成辛苦工作(1996:21)。从结构上来说,这一观点可能正确,但在本质上似乎较为牵强。他的论点没有反映出古希腊哲学家们对休闲思想的基本观点,即休闲的真正乐趣是追求智慧和过上有价值和德性的生活。

游戏、内在意义与快乐

前一节所阐述的关于休闲是放松、游憩、快乐和财富的观点在 20 世纪也很流行。然而,随着工人阶级对非工作的自由时间的需求增加,休闲的游憩维度变得越来越突出。人们越来越多地把自由时间用于纯粹为享受而进行的游憩活动上(Torkildsen 2000：72)。此外，人们开始意识到游戏(play)的重要性——它不仅对儿童重要，对成人也同样重要。甚至出现了一场"游戏运动"——尤其是在美国和加拿大(Edginton *et al.* 2002：80 - 83)。人们建立了大量的操场和公园、游泳池、音乐厅、酒吧和电影院等设施，并不断将其商业化。大约在 20 世纪前半叶，休闲的主要理念与游戏概念相关。休闲理论家找到了约翰·赫伊津哈(Johan Huizinga)的理论作为支撑，他认为游戏是人类文明的基础，每种文化表达都根植于游戏现象(Vander Poel 2011：22)。按斯普拉克伦所言，游戏是"自由的；自足的、有规则的或受规则制约的、受时空限制的、虚构的和有张力的"(2011：30)。休闲是一种基于自由的或为了自身而进行的非严肃活动。它与兴趣和利益追求无关，但能带来快乐和美感。正如赫伊津哈所言，快乐是游戏的根本目的(Lengkeek 2009：6)，在日常生活领域之外方能实现。这将游戏提升到了更高的沉思生活(*Vita Contemplativa*)(即从普通生活秩序中退出的生活方式)层面，区别于积极生活(*Vita Activa*)(古希腊日常生活的学说)(Lengkeek 1994：21)。游戏的人(*Homo ludens*)既认真又快乐(Rahner 1965：4)。

因此，游戏的内涵远比单纯活动丰富。尽管从根本上说，它不涉及好与坏，但它由于要求遵守游戏规则而具有内在道德性(Kraus 1996：32)。因此，游戏超越钟表时间的限制，是不受时空约束的世界。游戏的虚幻特征对创新和超越也是有益的(Rojek 2005：46)。游戏建构了一种内在意义感。正如格瑞(Gray)所言，"游戏事件的完整性"甚至可以唤起与古希腊人所解释的与悠闲感相同的感觉(2015)。这对赫伊津哈来说并不陌生，他清楚地意识到了游戏与崇拜之间的相似和联系(Ruckenstein 1991：239)。大多数时候休闲学还是以单一学科视角研究为主，其中游戏并未占据主导地位。然而在 20 世纪前叶有一位与赫伊津哈同时期的学者从哲学—人类学视角探究了休闲的超验意义，他就是约瑟夫·皮珀(Josef Pieper)。

精神性、庆典与自我实现

皮珀广为人知的名言是：休闲基本上是一种灵魂的状态(1998：30)。休闲是完全心无羁绊的"非活动"状态。休闲是"一种让事情顺其自然、保持宁静的能力"，是"一种愿意倾听、沉思观察和沉浸在'真实'中的性情"，以庆典精神对待事物,并将之与工作相对立(Pieper 1998:31-34)。皮珀回归了亚里士多德的休闲思想,认为真正休闲的前提条件是"处于休闲中"(being at leisure)的状态,类似于希腊词汇"从事休闲"(doing leisure)的状态(skolen agein),是一个"自由的、真正学习与作为世界整体和谐的空间"(Pieper 1998:37)。作为沉思活动,皮珀认为休闲高于积极生活(Vita Activa),其本质包含"非懒散"(1998:35,48-49)。休闲是一种"静寂"形式,意味着一种接受、反思和沉思倾听的态度,通过这一态度人们找到生活问题的答案。在确认这种本质主义思维方式时,克劳斯(Kraus)将休闲概括为"一种精神和心理态度,一种内在的平静、沉思、宁静和开放状态"(1996:38),而德·格拉齐亚认为休闲观念超越了时间概念,是一种存在状态,不一定会被所有人追求和实现(Heintzman 2015:8)。布莱克肖也支持这一观点,同时他认为"生活意义就是休闲意义"(2010:152)。他指出,休闲有一个秘密中心,可以被视为一种"虔诚实践"和"精神实践",并可从中感到"神圣性"(2010:142-143)。休闲通过庆典来接纳和肯定生活的意义。皮珀认为庆典是"休闲的核心所在"。它是人类努力实现自我和渴望完整的核心(Holba 2007:72)。

受皮珀休闲观点的启发,布拉加(Bregha)认为:休闲本身(正如自由)必须被视为目的(1991:52),而帕尔(Parr)指出皮珀的观点让学者们"从休闲本身来论证休闲的益处,而非其服务于工作环境的工具性益处"(2009:93)。因此他认为休闲的存在论价值与功利价值是相反的。然而斯克鲁顿(2008)令人信服地指出,目的和手段并不相互排斥,可以将同样的现象既视为目的又视作手段。只有当休闲本身被作为目的时,就是"它本身就是目的"时,它才能对人类起到重要价值。即使休闲作为一种精神态度,一种沉思状态,它也能在其他事物中得以体现并对其他事物起到重要作用。休闲体现于生活庆典中,且有益于人类的幸福——自21世纪初始这个主题便受到了一些学者的关注。

幸福、繁盛与福祉

随着积极心理学[①]成为心理学的一个新分支,一种反对传统和反对重点关

[①] 积极心理学(positive psychology)是20世纪90年代在美国兴起的一个新的心理学研究领域,它与传统心理学关注消极和病态心理不同,积极心理学是利用心理学目前已经比较完善和有效的实验方法与测量手段,来看待正常人性,关注人类美德、力量等积极品质,研究人的积极情绪体验、积极认知过程、积极人格特征以及创造力和人才培养等,成为心理学的一种思潮[Sheldon, K. M., & King, L(2001)]。

注人类缺陷、精神疾病和病理学的声音开始出现。积极心理学呼吁研究个人和组织繁盛的前提条件，并将其关注重点转向个人成长、乐观主义、智慧、个人优点、主观幸福感和幸福等主题。积极心理学强调更加美好和充实的生活，此主张基于人类学假设，即人类拥有达至"善"的潜力和追求"美好生活"的动力（Linley and Josepf 2004：714）。积极心理学已经发展成为一门成熟的学科，其根源不仅可以追溯到心理学的源头，如人本主义心理学，也可以追溯到宗教（如犹太教、基督教）和古代哲学的源头（如柏拉图和亚里士多德）（见网址 https：//en.wikipedia.org/wiki/Positive_Psychology）。这些传统或多或少强调了促进人类繁盛和幸福的问题。心理学以及经济学和社会学领域的这一发展重燃了学术界对人类幸福的讨论。

休闲研究也极为重视"积极性"和幸福。例如，斯特宾斯认为休闲是一种内在的积极活动，是积极生活方式的基础（2012：9-10，16-17）。"休闲能带来幸福，但不等同于幸福"（2014：32）。这一论断基于他的观点，即休闲是一种活动，而幸福是一种精神状态。严肃（和有规划的）休闲活动能带来长久幸福、自我满足、福祉并提高生活质量（2014：37）。另一位休闲学者埃尔金顿（Elkington）肯定了斯特宾斯关于休闲及其对人类生活影响具有积极意义的观点。"休闲活动让我们的存在变得有价值和充满吸引力，因此更值得生活"（2014：12）。那威琪（Nawijn）和冯霍芬（Veenhoven）在研究休闲和幸福的关系时，也遵循同样的思路，认为休闲通过追求与个人需求相一致的目标来促进幸福（2013：199）。休闲被认为是实现人类幸福的重要决定因素（Peterson 2006：93）。

综上所述，可以明显看出，坚持"积极"视角的休闲学者们主要将休闲描述为活动，一种有助于实现幸福的手段。然而，弗莱雷（Freire）和凯德威尔（Caldwell）指出，积极休闲学对休闲的概念化不能脱离时间维度考虑。休闲活动不一定总是积极的。他们指出："休闲需要时间，但是拥有时间本身却不能保证拥有或处于休闲之中"（2013：218，222）。休闲的终极目标是增进人的繁盛和最佳福祉。

结论

本章从历史视角概述休闲思想。它首先回顾了历史上学者们对休闲的概念化和诠释，展示了休闲概念的多种互补又明显矛盾的维度。休闲概念建构毕竟会受学者学科兴趣影响，如社会学、文化学、地理学、经济学、心理学和哲学。在广泛开展休闲研究的主要学科，即社会学中，学者们似乎认可休闲概念具有时间、活动和心理/存在状态三个基本特征（Russell 2009）。托基尔德森提出休闲是一种以自由为基础的生活方式，代表了一种"普遍、整体的概念"，蕴含存在意义，且其自身就是目的（2000：73）。

随后，通过对比和相互佐证，我们简要介绍了不同历史时期的休闲"思想"。本章首先分析了古希腊哲学家对休闲的大量论述，他们强调休闲是美好生活和人类幸福的核心；最后讨论了现代休闲观，即休闲是对人类繁盛和幸福有益的积极学科。介于古希腊和现代这两个历史标志的其他时期，休闲也被定义为（公共）娱乐、快乐、自我发展、健身、健康、奢侈、沉思、懒散、游憩、放松、消费、游戏、繁盛、福祉、精神性、内在意义、崇拜和庆典。

无论休闲的概念是什么，休闲的一个基本特征似乎与存在或人的存在本质相关，与人之所重相关。历史描述反映并支持了休闲观点的多样性。为厘清休闲内涵的更深层基础和存在意义，需要进行进一步思考和哲学分析。因此，本书第二部分将展开自由、意义、认同与伦理等经典哲学主题之间的对话。为了更好地衔接本章的历史回顾和后续内容，我们专门安排了一个间章以评估我们所处时代的性质。

参考文献

Argyle, M. (1996) *The Social Psychology of Leisure*. London: Penguin Books.
Barret, C. (1989) 'The Concept of Leisure: idea and Ideal' in Winnifrith, T. and Barret, C. (eds) *The Philosophy of Leisure*. London: Macmillan Press: 9 - 19.
Bhattacharya, K. (2006) 'Non-Western Traditions: Leisure in India' in Rojek, C., Shaw, S. and Veal, A. J. (eds) *A Handbook of Leisure Studies*. Hampshire/New york: Palgrave Macmillan: 75 - 89.
Blackshaw, A. (2010) *Leisure*. London/New york: Routledge.
Bregha, F. J. (1991) 'Leisure and Freedom Re-examined' in Goodale, T. and Witt, P. (eds) *Recreation and Leisure: Issues in an era of change*. State College, PA: Venture Publishing: 47 - 54.
Bull, C. Hoose, J. and Weed, M. (2003) *An Introduction to Leisure Studies*. Essex: Pearson Education Limited.
D'Angour, A. (2013) 'Plato and Play: Taking Education Seriously in ancient Greece'. *American Journal of Play*, 5(3): 293 - 307.
De Grazia, S. (1962) *Of Time, Work and Leisure*. New york: The Twentieth

Century Fund.

Edginton, C. R., Jordan, D. J., DeGraaf, D. G. and Edginton, S.R. (2002) *Leisure and Life Satisfaction: Foundational Perspectives*. 3rd edn. New york: McGraw-Hill.

Elkington, S. (2014) *Serious Leisure Perspective: An Introduction*. London/New york: Routledge.

Freire, T. and Caldwell, L. (2013) 'Positive Leisure Science' in Freire, T. (ed.) *Positive Leisure Science. From Subjective Experience to Social Contexts*. Heidelberg/Dordrecht: Springer: 213–223.

Goodale, T. and Godbey, G. (1988) *The Evolution of Leisure*. State College, PA: Venture Publishing.

Gray, C. B. (2005) *Paideia, Schole, Paideia: Then and Now*. Paideia www.bu.edu/wcp/Papers/OApp/OAppGray.htm (retrieved on 18 February 2015).

Heintzman, P. (2015) *Leisure and Spirituality. Biblical, Historical and Contemporary perspectives*. Grand Rapids, MI: Baker Academic.

Holba, A. (2007) *Philosophical Leisure: recuperative practice for human communication*. Milwaukee: Marquette University Press.

Holba, A. (2010) 'The Question of Philosophical Leisure: A Philosophy of Communication' in Hany, M. R. and Kline, A. D. (eds) *The Value of Time and Leisure in a World of Work*. Lanham, MD: Lexington Books: 39–57.

Hunnicutt, B. K. (2006) 'The History of Western Leisure' in Rojek, C., Shaw, S. and Veal, A. J. (eds) *A Handbook of Leisure Studies*. Hampshire/New york: Pal-grave Macmillan: 55–74.

Ildefonso, G. M. (2012) *Recovering Leisure: Otium as the Basis of Education*. PhD: Columbia University, Ildefonso_columbia_0054D_10781 (retrieved on 3 March 2015).

Jackson, E. L. and Burton, T. L. (eds) (1999) *Leisure Studies. Prospects for the Twenty-first Century*. State College, PA: Venture Publishing.

Kraus, R. (1996) *Recreation and Leisure in Modern Society*. Boston: Jones and Bartlett Publishers.

Lengkeek, J. (1994) *Een meervoudige werkelijkheid: eensociologisch-filosofisch essay over het collectieve belang van recreatie en toerisme*. Wageningen, the Netherlands: LUW.

Lengkeek, J. (2009) *Van Homo Ludens naar Homo Turisticus: regressie of een stap in de menselijke evolutie?* Wageningen, the Netherlands: Wageningen UR.

Linley, A. and Joseph, S. (2004) 'Toward a Theoretical Foundation for Positive

Psychology in Practice' in Linley, A. and Joseph, S. (eds) *Positive Psychology in Practice*. Hoboken, NJ: John Wiley & Sons.

Nawijn, J. and Veenhoven, R. (2013) 'Happiness through Leisure' in Freire, T. (ed.) *Positive Leisure Science. From Subjective Experience to Social Contexts*. Heidelberg/Dordrecht: Springer: 193 – 209.

Parr, M. G. (2009) 'Repositioning the Position: Revisiting Pieper's argument for a Leisure Ethic'. *Leisure/Loisir*, 33(1): 79 – 94.

Peterson, C. (2006) *A Primer in Positive Psychology*. Oxford: Oxford University Press.

Pieper, J. (1998) *Leisure. The Basis of Culture*. South Bend, IN: St. Augustine's Press.

Positive psychology, https://en.wikipedia.org/wiki/Positive_psychology (retrieved on 27 April 2015).

Rahner, H. (1965) *Man at Play*. London: Burns & Oats.

Rojek, C. (2005) *Leisure Theory: Principles and Practice*. New york: Palgrave Macmillan.

Rojek, C., Shaw, S. and Veal, A. J. (eds) (2006) *A Handbook of Leisure Studies*. Hampshire/New york: Palgrave Macmillan.

Ruckenstein, M. (1991) 'Homo Ludens: A Study of the Play Element in Culture' in Fain, G. S. (ed.) *Leisure and Ethics. Reflections on the Philosophy of Leisure*. Reston, VA: American Alliance for Health.

Russell, V. (2009) *Pastimes: The Context of Contemporary Leisure. Fourth Edition*. Champaign, IL: Sagamore Publishing.

Scruton, R. (2008) 'The Philosophy of Leisure' in Lagayette, P. *Leisure and Liberty in North America*. Paris: PUPS, Presses-Sorbonne: 11 – 27.

Shivers, J. S. and deLisle, L. J. (1997) *The Story of Leisure. Context, Concepts and Current Controversy*. Champaign, IL: Human Kinetics.

Spracklen, K. (2011) *Constructing Leisure. Historical and Philosophical Debates*. Hampshire/New york: Palgrave Macmillan.

Stebbins, R. A. (2012) *The Idea of Leisure: First Principles*. New Brunswick, NJ/London: Transaction Publishers.

Stebbins, R. A. (2014) 'Leisure, Happiness and Positive Lifestyle' in Elkington, S. and Gammon, S. J. (eds) *Contemporary Perspectives in Leisure: Meanings, Motives and Lifelong Learning*. London/New york: Routledge.

Sylvester, C. (1999) 'The Western Idea of Work and Leisure: Traditions, Transformations, and the Future' in Jackson, E. L. and Burton, T. L. (eds) *Leisure*

Studies. Prospects for the Twenty-first Century. State College，PA：Venture Publishing：17 – 33.

Sylvester，C.（2005）'A Comparison of Ancient and Modern Conceptions of Happiness and Leisure' in Delamere，T.，Randall，C. and Robinson，D.（eds）*Abstracts of Papers Presented at the 11th Canadian Congress on Leisure Research.* Nanaimo，BC：Canadian Association for Leisure Studies.

Torkildsen，G.（2000）*Leisure and Recreation Management. 4th edn.* London：Spon Press.

Wise，J. B.（2014）'What is Leisure? A MacIntyrian bases Response'. *Journal of Unconventional Parks, Tourism & Recreation Research*，5(2)：17 – 21.

van der Poel，H.（2002）*Tijd voor vrijheid. Inleiding tot de studie van de vrijetijd.* Amsterdam：Boom.

Veblen，T.（2009）*The Theory of the Leisure Class.* Oxford：Oxford University Press.

间章一
时代在变

第一章对休闲观点历史演变的描绘表明,理解休闲需要时代精神和社会文化背景这一重要解释学坐标。我们需要基于特定的历史时期及其社会文化、政治和哲学基础来概念化(界定)和理解休闲。历史表明,不同时代休闲观点的各个维度存在一定程度的重叠。例如关于幸福的理解,亚里士多德与当今世界各地人们的理解可能大相径庭。可以说,休闲的意义和目的只能由"居住在特定时间和地点"的人来决定(Wise 2014:17)。因此,为了把握当今休闲的全部意义,并为后续休闲哲学基础主题讨论铺平道路,我们有必要反思当前所处的时代。

哲学家和社会学家都将现代描述为"现代"或"后现代"。尽管这些术语存在争议,它们仍是讨论现代社会时代精神的基点。本节将讨论这些概念的建构及其相互联系,因为它们是解决现实问题和生活问题的方法。我们也将反思这些概念对理解休闲的价值,并思考描述现代的不同理论及其对理解休闲的可能价值。

现代性与/或后现代性

从历史上看,现代性时代开始于启蒙运动初期,标志着"传统"社会向"工业"社会的转变。也就是说,崇尚(乡村)社区价值观和习俗、等级和地位的思维倾向逐渐被崇尚进步、平等、契约精神和城市价值观的思维倾向所取代(https://en.wikipedia.ore/wiki/Traditional-society)。现代主义者倾向于通过聚焦科学和技术的成就来推动社会进步,并在不同的社会领域,如建筑、文学、哲学、经济、艺术和音乐等实现改革。理性、逻辑、认知和对进步的信念、团结和谐被认为是系统构建现实和增强人类能力的基本概念工具(Lindijer 2003)。科学和技术而非教会、政治和大学，成为权威、权力和真理的来源。"经验主义"的认识论方法因为这种转变而更加有效（Hoffman 2008）。

尽管关于"后现代"或"后现代主义"一词的定义还存在学术争论[有学者建议应该每五年重新定义这个词（Jones 2007：35）]，但"后现代"主要指第二次世界大战后开始的一种文化趋向和进程，带有现代性"激进断裂"特征（Lucy 1997：20）。这种断裂在于倡导认识论多元主义，为探索和理解现实的不同方式提供空间。它包括直觉、精神性（Hoffman 2008）、对人的感觉和幻想的重视。它批判意识形态（宏大叙事或元叙事）和（经济技术）体系，承认人类知识、理解和可能性的局限。在后现代思想中，真理、权力和权威的来源不再基于普遍真理，因为"不再有很容易与我们想法对应的恒常客观现实"（Ford 2007：112）。它们的来源变得更分散和易受质疑。

利奥塔（Lyotard）提出后现代性应被理解为对现代性的重写。它不该被视为一个新的历史时期，因为它是现代性的一部分，反过来说，现代性也不是一个历史时期而是一种思维模式（Lindijer 2003：17）。然而，关于现代主义和后现代主义的哲学争论仍在继续。为避免争议，学者们使用了诸如"晚期现代性"（late modernity）、"后现代性"（postmodernity）、"超现代性"（supermodernity）和"超级现代性"（hypermodernity）等词指后现代主义，另外一些学者区分了不同种类的后现代性，它们被认为是"后现代文化"（关注地方性、异质性和"不同者"的权利）或"后现代情境"（与晚期资本主义消费文化相关，并关注成功和个体快乐）（Lindijer 2003：28）。利奥塔认为，从根本上说后现代是一种非常有意义的思考模式，因为现代性自身"催生了反对现代性的文化运动，不论它们是怀旧的，甚至反动的，还是前卫的"（Hall *et al*. 2003：144）。

总之，目前现代性和后现代性作为现实和生活的思维模式是共存的，甚至一个完全现代的人也可能具有后现代的思维。其要义是后现代思想纠正了现代性思想中变得过于紧张、理性、不真实，以及由此而来的"危险"部分（Lindijer 2003：37）。

休闲、现代性与/或后现代性

作为坚定的社会学家，几位休闲学者研究了休闲在现代主义和/或后现代主义思维框架中的地位。例如，罗杰克认为，现代性语境中的休闲旨在提升人类福祉和促进自我实现,但它也维护了使社会碎片化和无序化的体验。他将休闲的这两种明显不同的影响与现代性1和现代性2联系起来。现代性1代表基于对自然和社会的"科学的协调与支配"控制的思维(1995:79)。其结果是,不同形式的规训如宗教、民族主义、家庭、公民权和官僚机构压缩了人的能力、时间和空间(Rojek 1995:6,59-78)。现代性2强调"变化、不稳定、人的去差异化和质变"以及事物的无序状态。罗杰克强调持续变化是现代性的主要特征,这使人际关系变得混乱和凌乱(1995:79,106)。他提出现代性语境中的休闲与一种结构性常态即阈限性相关,即"在自由和控制之间游走"(1995:103)。他认为阈限性与人们在周遭世界的延续和断裂过程中的体验密切相关。

关于后现代性,罗杰克认同鲍曼(Bauman)的分析,即后现代主义源自现代性的失败,例如,他否认休闲意味着作为真实性首要标志的自由时间(1995:170)。后现代主义思想对现代主义休闲观进行了批判性修正,现代主义休闲观认为休闲是独立的生活领域,能够实现自我并促进生活满足;快乐和满足是"正常和普通的体验";休闲以线性方式发展,与人的生活周期相平行;工作和休闲之间存在区分,人也因此可分为休闲供给者和休闲消费者(1995:171-173)。后现代主义为研究休闲开拓了新的视野,"使我们超越了一个统合的、自我愉悦的时代,也超越了解放普遍主体的乌托邦"(Rojek 1995:174)。

布莱克肖也赞同鲍曼的观点,认为休闲是流动的。随着现代主义思维方式向后现代主义思维方式转变,休闲观念也在变化。将休闲定义为"流动的",使人们关注社会关系的流动性和流畅性、运动性和移动性,以及脆弱性和易破碎性。更普遍的是,它强调了事物本质的透明性和临时性,这正是现代性在其形成形态中想要巩固和确立的。它超越了将人类在社会世界中的位置和人际关系视为静态的概念,而是从适当的有机情境来看待它们(Bauman 2004:20)。布莱克肖特别关注人类在"流动的"现代性情境中对意义和真实的追求,这实际上基于自由和社会主体对自由的探索。在这个意义上,休闲可以被视为意义的"促进者"和个体自由的领域。休闲是动态和流动的,不仅因为它在多模态情境中的具体化[1],更因为它本身是一个过程而非事物。他认为,休闲已成为一种诠释学实践,即它不再以"好的或坏的方面……工作与休闲的对立,严肃休闲和随意休闲

---

① 具体化(instantiation)是一个计算机科学术语,指的是将抽象概念具体化为具体实例的过程。在自然语言处理中,通常指将抽象概念转化为具体的语言形式或实例。此处是指将休闲这个抽象概念具体化为实际的体验和活动的过程。

的对立，作为自由的休闲和作为制约的休闲"来定义。更确切地说，休闲的本质是对快乐、幸福和自由的追求，它的意义已深化为对"未知的已知"①的诉求——在这种追求中休闲的奥秘被揭示(Blackshaw 2010：141－142)。在这个意义上，休闲可以被视为一种虔诚的实践，因为个体有意识地相信这种实践带来"神圣"感觉而进行选择，就像"从事休闲实践是在践行某种宗教功能"(Blackshaw 2010：142)。这种虔诚实践应被理解为现代生活的核心特征，以"反身性个体化"②为特点(Blackshaw 2010：142)。这一特点在今天尤为重要，因为"后现代想象"为个体提供了形成意义的诸多可能，在缺乏坚实的本体论或宏大理论的情况下，这种意义有其自身的权威性。

斯普拉克伦借鉴了哈贝马斯(Habermas)的思想，认同罗杰克和布莱克肖的观点，认为休闲已经发展成为一个同一性和意向性具有流动性的领域，但他也深信流动性由于现在使用的"本体论和认识论框架"而在本质上被固化(定性)了(2011：179)。这种工具主义框架导致休闲商品化，反过来也反映了"个人认知和公共话语的缺失"(Spracklen 2013：146)。因此，哈贝马斯认为后现代思维是新保守主义，他想要复兴现代主义准则，因为现代主义具有摆脱束缚的自发性。休闲作为"提供个体意义和目的的空间、形式和活动已不那么有用"(Spracklen 2013：146)。斯普拉克伦一直致力于解决休闲悖论——即它一方面是工具主义的，但另一方面又与个体选择相关。他试图调和休闲作为人的选择和作为交往工具这两种悖论，从而挑战后现代休闲理论。为摆脱这一悖论，需要"对真理进行客观评价"(Spracklen 2011：181)。他在个体不同的"未来休闲故事"中找到了这个维度，因为它们反映了具体时空下休闲的真实意义和目的。

现代性被新的似乎是流动性的观点和视角所取代(斯普拉克伦喜欢用"晚期现代性")，但是斯普拉克伦也确定了当今休闲与其他历史时期和情境中的休闲存在相似之处，即个人选择与制约，这些相似之处可以反映了具有普遍意义的维度(2011：197)。在他看来，普遍的休闲哲学"最终是与能动性和认同相联系

---

① 未知的已知(The unknown known)是弗洛伊德意义上的无意识，也是拉康所谓的"不自知的知识"(指主体遗忘了的，由符号所表述的知识)，它们构成了我们日常经验的先验视域(或架构)。

② 反身性个体化(reflexive individualization)是社会学上的一个概念，指的是在当代社会中，个人对自己的身份和生活路径做出越来越多的自主选择，同时这些选择又反过来影响了个人的身份认同和生活轨迹。这种个体化的过程是自我反思和自我塑造的过程。个人通过自我决策和行动来塑造自己的身份，并在社会中不断调整和重构这个身份。

的"，因为"休闲使我们成为人"①（2011：198）。

现代性的替代理论

一些社会学家反思了现代性和后现代性的基础，他们的观点值得我们思考。例如，吉登斯（Giddens）关注现代性的多维本质、模式及其逻辑，而贝克（Beck）警告现代社会给公民带来风险。里茨尔（Ritzer）认为（超）理性是现代性的最本质特征，而上文提到的哈贝马斯则认为现代性是一项未竟事业且理性是其核心。最后，这个方面最重要的理论家鲍曼认为（官僚的）理性是犹太人毁灭的前提②［Guru（n.d.）www. yourarticlelibrary.com］。他将现代性定性为一堆失序之物和错误意识，并选择了"其本身就是一个道德问题"的后现代准则（Bauman，1995：8）。伦理应当引导人类走出现代性的错误意识。

然而这些学者中都未提出替代的现代性理论。荷兰社会学家昆纳曼（Kunneman）比较接近，他认为后现代主义思想是一种"成功的失败"，并提出"第二后现代主义"的参照框架。一方面，后现代主义提供了强大的概念资源来批判那些自明且看似无害的权力形式，这些形式声称具有普遍意义。它也提供了一个尊重多样性和差异的空间，并且促进了横向认识论（horizontal epistemology）和道德观的繁荣发展。另一方面，作为政治转型的一个因素，后现代主义并不成功。除了进行品头论足之外，它并没有与技术、自然科学、治理和管理等话语进行实质对话。在批评现代主义思想时，它未能成功任命一位能实施其所呼吁的伦理和道德价值观的政治行动者（2013：13-17）。昆纳曼设想了"第二后现代性"，将其描述为规范性专业化的政治情境。他将其视为现代社会发展中的一个过渡阶段，面临着治理、管理和专业行为层面上的新形式复杂性（2013：29）。"第二后现代性"也与个体需求和欲望的内在、存在的复杂性相关，这种复杂性被个

---

① "成为人"（makes us human）此处作者希望通过调和休闲作为目的（人类选择）和手段（工具交往）性质，当然更多的是这种目的性质才能凸显人的本质。也可以理解成在休闲中，人的本质才能得以显现（但在后现代视角下，人的本质不是固定不变的，是流动的，通过个人选择、克服制约来表现这种本质）。
② 详情请参考社会学家齐格蒙·鲍曼的《现代性与大屠杀》，这是一部反思现代性的力作。鲍曼认为，在大屠杀的实施过程中，纳粹提供的只是"可能活下去"的假象，这使得自我保存成了行动标准，"理性原则内在的道德冷漠因此被推向极致并被完全利用"。犹太人道德责任的抵抗力被完全清除，失去了集体反抗能力。纳粹政策逼迫犹太人在理性的前提下摧毁了自己的道德自抑，现代官僚理性用最小的付出获得了最大收获。总的说来，鲍曼认为大屠杀是现代性固有的可能性，是工具理性和现代官僚制度的结果。

人的自由、自主和自我发展的理想所遮蔽。横向道德论（Horizontal morality）①有利于认可这些内在的矛盾，以及与他人的关系。它为专业层面和组织层面的人道形式的（道德）互动开辟了可能性，并开启了现代性所带来的有意义技术知识的应用与充满同情心地接纳人类生活脆弱性和偶然性之间富有成效的流动性（2013：38）。

德国社会学家哈特穆特·罗萨（Hartmut Rosa）有意识地尝试建立新的现代性理论。他对"失控的现代性"，亦称"社会加速"或"高速社会"，进行了社会理论分析，分析重点在于秩序的转变。罗萨坚定反对只偏爱碎片化和实验化，却无意构建系统的批判理论的后现代方法。后现代主义自视为一种能带来解放的思维方式，这是天真和自欺的。这种后现代主义大体认同"高速社会的结构性必要"，其碎片化自我主要是由加速而非由自主伦理选择所决定（Rosa and Scheuerman 2009：17）。

现代性的四个核心进程——个人主义化、家庭化、理性化和差异化，都与速度增长密切相关（Rosa and Scheuerman 2009：110）。因此罗萨的格言是，现代化本质上在于社会加速。他以三个论证来支持他的论题，即"个人和集体的人类生存本质是时间性和过程性"；构成社会加速的四个现代性维度都反映了"统一的逻辑"；以及只有从时间性视角才能理解社会中的深刻根本转变。他将这些转变描述为基于速度（定量）变化的社会"革命"（定性变化）（Rosa and Scheuerman 2009：111）。更具体地说："客观生活节奏的量化加速似乎导致了时间主观体验的定性转变"（Rosa 2013：131）。这个社会"革命"体现在机械、技术加速（在交通工具、交流和生产层面）、社会变化加速（在文化知识、社会机构和个人关系层面）和日常生活节奏的加速上（尽管期望技术进步能带来更多的自由时间）（Rosa 2013：71 - 80，301）。因此，社会加速对人类生活的心理、文化、政治、生态和伦理等方面都产生了深远影响，并改变了人在时间和空间上的基本存在本质（Rosa and Scheuerman 2009：10）。它非但没有使人类进一步进入历史，反而一反常态，导致了罗萨所说的"狂热的停滞"，一切都在流动着、活跃着，但从本质

---

① 横向道德论（horizontal morality）是相对于纵向道德论（vertical morality）来说的。后者在判断什么是道德（what is moral）时，看的是它是否对上帝有罪（sin），这样就会出现什么是罪（what is sin）的问题。前者预设上帝爱每个人，一个人不可能做有害于他人却不是罪的事情，什么是道德就成了在人与人之间判定的事情，而不是一个自己所想的和上帝之间的事情。总之，前者是在人与人之间谈论什么是道德，是横向的，后者是在人与神之间谈论道德，是纵向的。

上没有任何改变(2013：15)。

因此,现代性的思维模式,即有意把"固态"制度转变为流动和动态制度的做法,但实际形成的是一种社会惰性状态,历史和生活被剥离了时间性,这导致历史变革的方向变得暧昧不明,政治似乎也无法掌握或控制这一方向(Rosa 2013：313)。为了理解当今社会时代精神,罗萨认为应研究社会时间结构(时间关系),因为时间是"系统命令转化为生活和行动文化导向"的领域(2013：315)。

休闲与时间加速

本节简要探讨罗萨的时间加速理论对思考现代社会中休闲本质的影响。罗萨关于"生活节奏"的概念是探索这一主题的工具。"生活节奏"被描述为"由于时间成为稀缺资源,每单位时间内的行动和/或体验量增加"(Rosa 2013：121)。

时间既有个体维度,也有社会维度。罗萨认为,现代人所面临的最基本伦理问题是"我想如何度过我的时间?"(Rosa and Scheuerman 2013：121)。这个问题是伦理问题"我想如何生活"的时间版(Rosa 2013：315)。同时,个体无法控制社会时间的结构、模式和速度。这可能导致人们"去做不想做的事情,乃至自愿追求长期来看不喜欢的行动"(2013：2017)。这对"生活节奏"产生规范作用。罗萨认同舒尔茨(Schulze)的观点,指出"生活节奏"由(可测量的)行动数量和(主观的)体验数量共同决定。因此他将美好生活定义为"在更少的时间内获得更多丰富的内在生活体验,越多越好"(2013：124),这意味着人们必须"压缩"自己的体验,以在更少时间内获得更多体验。冯·佛斯特(Von Foester)提出的"现代性的伦理绝对命令"①就是尝试增加或最小化可选项的数量(Rosa 2013：136)。个体将自由时间体验视为与行动和经验相关的时间,而非时间资源(Rosa 2013：134)。结果是,压力与"错失机会的恐惧和适应强迫症"相关。日常生活变成了一系列需求,一项必要且不可或缺的议程,即使在自由时间也不例外(2013：134 - 135)。无论是在工作领域还是自由时间领域,都没有留给"真正重要的"、有价值活动的时间(2013：136)。现代社会已经变成了"丰富的生活事

---

① 现代性伦理绝对命令(ethical categorial imperative of modernity)。"绝对命令"是康德在 1785 年出版的《道德形而上学的基础》一书中提出的哲学概念。康德认为,道德完全先天地存在于人的理性之中。只有因基于道德的义务感而做出的行为,才存在道德价值。因心地善良而做出的义举,或是因义务而做出的德行,都不能算作真正有德的行为。道德应当而且只应当从规律概念中引申演绎而来。

件，但缺乏体验"(2013：145)。此外，"生活节奏"的加速不仅影响人们的行动，也影响他们的存在和身份认同。人们越来越在基本的开放性和灵活性的变革中体验认同和自我理解(2013：148)。

综上所述，"生活节奏"因"行动聚合速度"的提升和"日常生活中时间体验的转变"而加速(Rosa 2013：122)。(在资本主义背景下)将这个准则应用于工作领域，即缩短工作时间会导致与工作相关的生活节奏加快的情况就会变得盛行。然而，与休闲时间相关的"生活节奏"与工作时间长度无关。当休闲时间增加的时候，休闲的"生活节奏"有可能变快也有可能变慢——尽管有证据表明，随着物质幸福感的提升，休闲生活节奏会加速(Rosa 2013：123)。由于休闲体验质量正在经历剧烈变化：时间的加速使得体验(*Erlebnisse*)无法转化为真正经验(*Erfahrung*)。许多休闲活动所花时间被感知为"短暂时间"，这意味着那些活动无法与其他活动、历史或个人认同相联系(Rosa 2013：307)。它们只被体验为孤立"事件"。此外，因为工作和生活领域的模糊，工作时间与自由时间的界限也变得愈加模糊。生活领域日益被企业家思维主导：人人必须不断前进，往上爬升，最好能成功——即使这意味着要利用自由时间来实现这个目标。成功且充实的生活方式的特点是"最大程度享受尘世的机会和最大程度发挥自己的能力"——即使这意味着生活节奏要快上一倍(Rosa 2013：173，310)。

结论

本间章简要概述了当前几类学术研究。它在评价不同历史时期的休闲观念/理想和思考自由、意义、认同和伦理等基本哲学主题之间架起了桥梁，将在本书后文进一步探讨这些主题。描述现代性时代精神的关键概念是"现代性"和"后现代性"。现代性通常被视为一种以科学和技术成就为社会变革主要评判推手的思维模式，而后现代性通常被视为与现代性的断裂，一种尊崇以不同方式探索合理现实的思维模式，包括直觉和精神性。然而，这两个概念的本质及其关系存在高度争议，不同学科之间的学术争论至今仍在继续。罗萨关于社会和时间加速的观点引起了广泛的国际兴趣，因为它提供了现代性的另一种理论。这一观点认为人类存在的本质是时间性和过程性，并认为现代时期的特点是生活速度/节奏的定量增长，导致主观体验的定性转变。此外，时代似乎是动态和流动的，但实际上一切都处于"狂热的停滞"状态。没有发生任何真正的变化。

这些见解对思考休闲亦具有意义。在欣然接受后现代性时，罗杰克认为休闲不再能以统合的自我和普遍的自由主体相关联；布莱克肖将休闲看作个体在追求快乐、幸福和自由的一种虔诚而有意义的实践；斯普拉克伦主张在能动性和认同的共同基础上研究休闲。"重要性"似乎从工作领域和休闲时间中消失了，时间加速导致个体将在休闲和自由时间（罗萨交替使用"休闲"和"自由时间"）的活动视为体验（*Erlebnisse*），而不是真正经验（*Erfahrung*）。美好生活被视为在最短时间内积累的体验。因此，罗萨认为，现代社会中最具伦理性的问题就是"我该如何度过时间"？

参考文献

Bauman, Z. (1995) *Life in Fragments. Essays in Postmodern Morality*. Oxford/Malden: Blackwell Publishers.

Bauman, Z. (2004) *Identity: Conversations with Benedetto Vecchi*. Cambridge and London: Harvard University Press.

Blackshaw, T. (2010) *Leisure*. London/New york: Routledge.

Ford, D. (2007) *The search for meaning. A short history*. Berkeley/Los Angeles/London: University of California Press.

Guru, S. (n. d.) *5 Contemporary Theorists of Modernity* www. yourarticlelibrary. com/sociology/5-contemporary-theorists-of-modernity-who-are-defining-modernity-clearly/39835/ (retrieved on 11 June 2015).

Hall, J. R, Neitz, M. J. and Battani, M. (2003) *Sociology on Culture*. London/New york: Routledge.

Hoffman, L. (2008) *The three major philosophical epochs*, www. postmodernpsy-chology.com/philosophical_systems/overview.htm (retrieved on 3 June 2015).

Jones, E. H. (2007) *Spaces of Belonging. Home, Culture and Identity in 20th Century French Autobiography*. Amsterdam/New york: Rodopi.

Kunneman, H. (2013) *Kleine waarden en grote waarden-normatieve profession-alisering als politiek perspectief*. Amsterdam: Uitgeverij SWP.

Lindijer, C. H. (2003) *Op verkenning in het postmoderne landschap*. Zoetermeer, the Netherlands: Boekencentrum.

Lucy, N. (1997) *Postmodern Literary Theory: an Introduction*. Oxford: Blackwell. Rojek, C. (1995) Decentring Leisure. Rethinking Leisure Theory. London/Thousand Oaks, CA: Sage Publications.

Rosa, H. (2013) *Social Acceleration. A new theory of modernity*. New york:

Columbia University Press.

Rosa, H. and Scheuerman, W. (eds) (2009) *High-speed society: social acceleration, power and modernity.* University Park, PA: The Pennsylvania State University Press.

Spracklen, K. (2011) *Constructing Leisure. Historical and Philosophical Debates.* Hampshire/New york: Palgrave Macmillan.

Spracklen, K. (2013). 'Leisure at the end of Modernity. Jürgen Habermas on the purpose of leisure' in Blackshaw, T. (Ed.) *Routledge Handbook of Leisure Studies.* New york/Oxon: Routledge: 141 – 149.

Traditional society, http://en.wikipedia.org/wiki/Traditional_society (retrieved on 6 June 2015).

Wise, J. B. (2014) 'What is Leisure? A MacIntyrian bases Response'. *Journal of Unconventional Parks, Tourism & Recreational Research*, 5(2): 17 – 21.

第二部分

休闲的基础

第二章
休闲与自由

　　休闲通常被简单等同于自由时间及在其中的活动。的确，在某些语言中，表示"休闲"的词实际上被翻译为"自由时间"，如荷兰语的 *vrijetijd* 和德语的 *Freizeit*。然而，尽管"休闲"和"自由时间"有关联，但它们并不完全相同。休闲背后的哲学内涵（如本书所探讨的）表明，使用"自由时间"来描述"休闲"，会严重低估其概念深度。

　　证明"休闲"不等同于"自由时间"有几种方法。其中一种是着眼于"自由时间"的"时间"方面，认为休闲不仅仅是表示区别于"工作"的一类活动。从社会经济学角度来看，自由时间及其相关活动和经济基础设施确实可被看作我们日常生活的一部分，但本书的一个核心观点是，休闲也是一个包含更多内容的深层次概念，比如自由时间行为的现象学内涵[①]以及休闲实践潜在的积极影响。这与德·格拉齐亚（转引自 Rademakers 2003）的观点不同，格拉齐亚对两者做了规范性区分[②]，他认为"自由时间"与娱乐相关的活动有关，而"休闲"与心理学中重要的"严肃休闲"[③]（Stebbins 2007）活动有关。我们并非要做横向和纵向的价值判断，但我们的基本观点是：作为一个概念，"休闲"在现象学上要比社会经济范畴更丰富。在后续章节尤其是本书第三部分末尾，我们将讨论休闲更深层次的用法和相关涵义。

　　推翻"休闲＝自由时间"这一经不起推敲的等式的另一种方式，是指出自由

---

　　① 对个人内心世界或意识的主观体验和感知。

　　② 规范性区分（normative distinction）一般指的是将被认为是规范或标准的事物与应该是规范或标准的事物之间进行区分。这可以应用于各种情境，如道德决策、社会规范或法律标准。

　　③ 严肃休闲（serious leisure）实际上是（休闲）社会学概念，也是一个由加拿大卡尔加里大学社会学教授 Roberts Stebbins（1984）提出并不断拓展的休闲学概念和理论。他把休闲分成随性休闲、严肃休闲和项目式休闲三大类。

时间里的自由在哲学中是一个存在争议的概念，因此，这个概念等式是站不住脚的，或者至少需要格外注意。本章的目的在于集中探讨"自由时间"中的"自由"概念。

哲学思想中自由意志的一些基本特征

理解"自由"概念一直是贯穿哲学史的重大研究课题，并且继续主导着当代许多讨论。这些讨论的核心问题是，在什么条件下以及在什么程度上自由是可能的——在某种意识形态背景下，这种可能性被认为在某种程度上是存在的或是被期待的，但需要考虑到的制约因素似乎使这种自由的存在变得困难或不可能。比如，如果因果关系理论（基于世界的确定性本质或上帝的全能）表明一切都是预先设定的，那么人类还能自由做出决定吗？

*自由意志*的概念（这是上述问题的基础）与对休闲的理解尤为相关。将休闲定义为（相对）摆脱约束的时间，其意义在于它为人们提供了一个选择空间去（在某种程度上）自由从事自己期望的活动，而不是被迫遵循工作或护理等结构化义务。显然，许多休闲活动仍然受到规则或局限的约束（例如，体育运动的规则、地理或财务限制等），同时许多人在工作中体验到自由，因此，必须立即指出，我们不能以绝对方式分析休闲中的自由。我们是在一个连续体上来定义休闲自由，这个连续体与工作和护理等其他活动领域有所重叠，而具体休闲活动在连续体上的位置可能由个体和情境共同决定。

古典哲学对自由的讨论表明，宇宙——无论是由于上帝的完美计划，还是自然科学探索的物质机械性能，都意味着任何物质的当前状态完全由早期状态决定。这就是决定论观点：事物存在于它们现有的方式，并由必然规律发展而来。在着迷于科学与自然世界的普遍启蒙观（即宇宙就像巨大的机器按照固定规则运转）的群体中，决定论广为流行。然而，对许多人来说，它意味着人类缺乏自由，这与直觉相悖。也就是说，许多人认为自己至少拥有某种自由，在一定程度上能控制想要的东西、做出的决定和所做的事情。关于决定论的宇宙观与自由意志观的冲突，通常有三种不同解读。

第一种观点承认宇宙包括人类都是被决定的，而实现自由意志完全是不可能的。历史上支持这种观点的一位重要人物是斯宾诺莎（Spinoza），他声称一切都按照上帝的意愿发生，人们感受到的自由意志只是幻觉，因为我们无法理解所有行动的真正原因。

当前最流行的立场是支持自由意志的观点,通常以自由主义和相容主义这两种形式呈现(对应我们上述提到的三种观点中的第二和第三种观点)。

*自由主义*认为人类决策不受其他(机械)过程制约。这种主张的一种表达方式是,人的思想或灵魂不受物质决定法则支配。这是勒内·笛卡尔(René Descartes)著名的论点,也与二元论宗教教义中身体(终将消亡)而灵魂(永不朽灭)的观点一脉相承。但是,对大多信奉世俗自然主义的现代(分析)哲学家来说,物质二元论是个颇有问题的立场。

相比之下,*相容主义*作为自由意志辩论中的一个立场,认为尽管所有人类决定确实由因果关系决定,但在这个模式中仍有实现可行自由意志概念的空间。为解释这些反直觉的观点,相容主义者需要努力,部分原因是一些同样反直觉的实验结果,在这一主题的哲学讨论中早已广为人知。其中最引人争议的一个问题基于本杰明·李贝特(Benjamin Libet)所做的系列脑电图扫描实验。他发现,早在测试对象意识到做出行动决定之前,大脑已经在积极准备该行动(Libet *et al.* 1983)。

在这些实验中,测试对象被要求在自己选择的时刻启动一个特定行动,例如按下按钮。同时要求受试者注意示波器上的圆点位置,以记录决定行动开始的时间点。实际按下按钮作为行动本身的时间,也被记录在相对于圆点的位置。第三个记录的数据是对大脑活动的测量,特别是大脑皮层的神经元活动,因为据说高级认知如行动决策发生在大脑皮层。

如果人类确实可以自由做出行动决策,并且这些决策是由意识意愿启动,那么我们预期会看到这样的过程:首先是有意识的行动决策,与运动皮层的神经活动同步或稍前,这导致手和手指肌肉激活并按下按钮。然而令人困惑的是,在决定行动前的 500 毫秒,以及在实际行动前的 700 毫秒,大脑活动明显增强(称为"准备电位")①。根据李贝特的说法,这意味着我们的行动根本不是由自由形成的意识决策引起的,而早在"我们"行动前,无意识的大脑已经"决定"将发生什么。

有一种反对意见认为,此一结论混淆了概念。在赖尔(Ryle 1949)、班尼特

---

①　准备电位(readiness potential)是一个神经科学术语,指的是在自发动作开始执行前,大脑运动相关区域出现的一种电生理活动的增加。

和哈克（Bennet and Hacker 2003）看来，李贝特的结论可谓"范畴错误"的例子，一个逻辑—语言学范畴的术语被错误地应用到需要使用完全不同范畴术语的事物上。这个错误在于，将主体整体的能力或活动以某种方式归因于"大脑内部"的某些东西，无论是某个区域还是特定功能状态。在上述李贝特的结论中，它预设了"无意识大脑过程"和"我们"在因果上是不同的实体，并赋予无意识过程*做出决策*的能力——通常这是赋予人而不是物理过程的能力，因为决策涉及思考，并嵌入在人*们*（而不是大脑或大脑过程）使用的意义网络中。虽然确实要小心谨慎地使用概念和定义，但这种论点未能反驳李贝特的实验结果。

丹尼尔·丹尼特（Daniel Dennett 2003）的目标是用实验来验证。详述他的观点会使我们偏离主题（即自由/自由意志与休闲的关系）。对他的论证细节感兴趣的读者可阅读他所著的非常通俗易懂的书籍。就本章而言，我们只需指出，丹尼特认为李贝特的实验在方法上存在缺陷，没有证明其所声称要证明的内容。李贝特实验方法上的主要缺陷在于，被认为是有意识决定开始时间的数据并不可靠。丹尼特（2003）指出，李贝特的实验并没有证明无意识过程在自觉意识（conscious awareness）之前就已经"做出决策"，而是表明有意识决策需要时间，并且确实是在做出实际决策之前的一段时间就开始了。

鉴于李贝特关于无意识的自由意志不存在的观点建立在有方法缺陷的实验上，这使得相容主义者有责任提供一个关于自由意志的更好解释，阐明是什么以及在什么条件下才能说拥有自由意志。丹尼特再次发挥其所能，因为在他的多本著作（1984；2003）中[①]，他提出一个有用的自由意志的概念。他的分析仍基于相容主义范式，因此认为决定论是正确的，但是他想提供一个更为精妙的关于自由意志的解释。

丹尼特（1984）喜欢用大黄蜂的例子来佐证其自由意志观。雌性大黄蜂挖洞存放它产的卵，然后抓捕蟋蟀作为喂养幼虫的食物。它将猎来的无法活动的蟋蟀留在洞口，自己先进洞以确保幼虫的安全，然后再返回到外面将蟋蟀拖进洞。如果蟋蟀在黄蜂待在洞内的期间被移动了，她将把蟋蟀拉到洞穴外的原来位置，然后再次进入洞穴检查幼虫的情况。这里的核心思想是：这似乎是相当聪明的

---

① 丹尼尔·丹尼特是美国哲学家、作家及认知科学家。其研究集中于科学哲学、生物学哲学，特别是与演化生物学及认知科学有关的课题。他在1984年发表的著作《肘部空间：值得期待的自由意志的多样性》一书中，讨论了自由意志和决定论问题。2003年他发表《自由的进化》一书，在本书中他从进化的视角出发，指出决定论并不意味着必然性，阐释了自由和自由意志是如何在进化的过程中产生的，并将道德、伦理、责任等与自由和选择相关的概念构建在了坚实的自然主义基础上，将决定论和自由意志相调和。

行为——黄蜂似乎展示了非常高水平解决问题的能力,这就需要她做出(自由?)决定去做她要做的事情,但事实并非如此:这甚至完全是由基因决定的行为。观察结果显示,如果实验者不断地移动蟋蟀,那么"进去检查幼虫,再出来,继而拉回移动的蟋蟀到原来的位置,再次返回洞中"这一循环可以重复数十次。这意味着黄蜂看起来"聪明"的行为只比生物趋向性(一个有机体回应刺激的结构化和规则化的反应)高出一筹。

目前看来,黄蜂行为确实是不可改变和是不可训练的,尽管这一断言近年来受到批评抨击(Keijzer,2013),但这个轶事的隐喻力量仍然具有吸引力。丹尼特认为,人类比黄蜂更复杂,但这只是量的区别而不是质的或本质的区别。这削弱了"人类拥有强大的意识和所谓自由意志,不同于其他自然种类的特殊物种,不受决定论局限"的观点。在丹尼特的故事中,人类和黄蜂一样都受自然法则决定,但人类的行为习惯要复杂和多变得多,以致产生人类拥有意识和自由意志的感觉或印象(有些人称其为"幻觉")在现实中仍然可行。也就是说,洞察选择和后果的能力,以及根据这种洞察选择最佳方案并对此感到满意的能力(例如,由于"选择"了这个方案而感到高兴),这使我们在真正重要的方面"自由",即在现象学意义上自由。

实际上,这是对"自由"的重新定义,使其与决定论兼容。哈利·法兰克福(Harry Frankfurt 1971)做了类似的重新定义。他声称拥有自由意志意味着拥有自身想要的意志。他认为我们应该区别一级欲望(比如"我想吃健康食品,而不是垃圾食品")和二级欲望(比如"我想有吃健康食品而不是垃圾食品的意志")。实际上,有效实现行为的一级欲望构成了个人意志,而二级意志则是希望一级欲望有效的欲望。

法兰克福(1971)如今认为,通常意义上,作为人(恰当意义上指拥有自由意志的人)必须拥有二级意志而不仅仅是二级欲望。由此他认为:

> (他的)自由意志的概念在决定论问题上似乎是中立的。如果一个人自由地想要他想要的东西也是由因果关系决定的,这似乎是可以想象的。如果这是可以想象的,那么一个人拥有自由意志也可能是由因果关系决定的。
>
> (Frankfurt,1971:20)

这里包含两个主要且富有洞见的观点。第一个是关于"自由"的重新定义,类似于丹尼特基于自然主义观点重构自由概念，使其与该观点兼容。其中人类的反思能力在建立各种兼容并蓄，但仍值得拥有的自由的过程中发挥着重要作用。如后文所示，这种自由观虽然可能不够严谨，无法说服自由概念的纯粹主义者，但它与休闲中的自由感密切相关。鲍尔和范·莱文（Bouwer and Van Leeuwen 2013）已有这种观点，也与纽林格（Neulinger 1974）的想法一致。下文将以法兰克福和丹尼特观点为基础，进一步阐述休闲中的自由本质。

从法兰克福建议中获得的第二个富有洞见的观点已在上文做了简要讨论：这一观点认为自由的概念取决于个人的反思能力。如果个体的洞察力得到充分发展，那么就可以说这个人是自由的。这种洞察力能理解可供选择的行为以及决策的可能后果，从而有能力理解并选择最佳选项，并对这样的选择感到满意。能够做到这些，我们才能获得真正意义上的"自由"。就像自由和自由意志的问题一样，一个有机体在什么条件下才能成为一个真正的人、一个个体，同样是广泛的哲学思考的主题。一些相关讨论以及问题将在第四章中详述。然而，现在重点讨论休闲中的自由概念。

休闲中的自由

休闲的经典概念之一来自古希腊语"*skholē*"一词，该词已经包含了自由和限制之间显而易见的平衡，即在任何存在或声称存在自由选择的情况下，都有或多或少的明确规范性。毕竟，"*skholē*"意味着一种状态，在这种状态下，个人摆脱日常义务，被强制以不同方式的工作（或被要求感觉）来获得幸福，即从事激发想象力、磨炼技能，有助于实现身心的良性协作的活动。利用非工作时间来提升自己，即防止无所事事地度过闲暇时间，正是由于这种压力的存在，无论这是否是自我施加的，其本身就意味着接受生命中的不自由。

当然，类似的观点以*严肃休闲*的形式重新出现在更多与休闲及其用途相关的现代著作中（Stebbins 2007）。严肃休闲往往意味着参与高度约束的和结构化的活动，因为善于做某事这一想法意味着投入所需的时间和努力去练习（从而需要花费自己的时间），并以正确的方式从事相关活动（比如，通过演奏乐器来演绎真正的音乐）。从这两点来看，从事严肃休闲意味着屈服于大量的不自由。

近几十年来，休闲中的自由概念存在诸多细微差异。传统社会学对工作和非工作的区分，后者即非工作包括自己选择休闲活动的自由，已被证明过于简单和概念贫乏，无法准确定义休闲。布莱克肖（2010）探讨了"休闲"的概念演变，强调了帕克（Parker 1971，1983）的观点，即休闲和工作是相互关联的实践，工作占主导地位。帕克认为工作是定义自我最有效的活动，而休闲是工作的派生行为，无论是对立模式（艰苦的工作需要用以逃避现实的休闲），还是中立模式（对工作的冷漠反映在对休闲的冷漠选择上），或者延展模式（高度投入工作意味着工作上的社交网络与维持休闲活动的社交网络是一样的）。

上述细微差异在于认识到在日常生活中，工作和休闲并不是划分如此明确的范畴。领取养老金者、失业者、家庭主妇等：他们没有传统意义上的有偿工作，但是他们确实（或可以）有与不同程度义务相关的各种活动，并且他们确实有休闲和需要休闲。

与罗杰克（2010）的观点一致，我们对上述观点的一个改进建议是调换休闲与工作的关系：不再由工作内容和性质定义我们是谁，或限制我们的休闲选择。近几十年来，某些与休闲活动相关的概念，比如追求满足感、自我实现、激励和幸福，已经开始定义我们是谁，这又反过来意味着当今人们也期待工作能促成自我实现。

如今，人们描述休闲时强调它提供特定体验并满足需求这个理念。考虑到休闲与自由之间的关系，这点相当耐人寻味。

鲍曼（1992）认为休闲已经"退化"为一个主观一个人通过消费满足欲望的领域。正如布莱克肖（2010）所指出的，这意味着一个自相矛盾的现象：后现代公民在现代社会普遍的消费主义权力关系下，只要能使他们可以消费并且满足他们的需求，他们似乎愿意放弃自由。这些权力关系实际上解除了我们对生活的控制：休闲作为一种消费，意味着人们屈从于商业广告、时尚和潮流的强制性力量。为了获取体验，人们屈从于能给他们提供这些体验的某人或者任何人的异想天开。

在讨论自由时值得注意的是，"以体验为导向"的标准决定了人们评估休闲活动成功与否，也塑造了他们如何选择休闲实践。在这个框架下，如果休闲"有趣"，或者令人感觉良好，或者以独特方式改善生活，那么就是好的休闲。从这个角度看，我们可以将它与休闲自由的问题联系起来：对后现代消费者来说，休闲活动不一定需要真正的自由，只要提供期许的体验（而不是逃避，体现自由），它就可被视为"良好"或"成功"的休闲。如果某一（后）现代消费者在休闲中寻找的不是逃避（意味着自由），而是体验（这并不一定需要真正的自由，而仅仅是自由的感觉或幻觉），那么从严格意义上来讲，这些被体验视为"好的"或"成功的"休闲不一定是自由的。这样看来，成功的基准不是学术标准（休闲是否真正自由），而是一个现象学的标准（休闲具有特定的、想要的或其他有价值的体验效果）。

将主观体验作为定义休闲的决定性因素的观点并不新颖。伯杰（Berger 1963）已指出：

> 不存在不受规范约束的时间，对某些人来说是工作，而对其他人来说是休闲……工作和休闲的任何规范性区别，应该是约束他们的各种规范之间的区别，或者规范被内化程度的区别。

（Berger 1963：29）

除了在直觉上否定了休闲作为完全自由的想法之外，伯杰的观点还包括两个有意思的方面。首先，规范概念本身就很有意思，因为它强调了休闲的情境依赖性（其本身有两个相区别的维度：第一，到底什么才是休闲的问题——休闲定义的规范；第二，在休闲领域内，人们应该采取什么样的规范来限制、引导和解释他们的行为——休闲伦理和休闲体验的规范）。其次，伯杰这段话要强调的第二个方面与他提到的规范内化有关。这一观点为讨论休闲和个人认同，也就是与"自我"之间关系的讨论指明了方向（见第四章）。

休闲之所以成为自由的重要方式（休闲的多维定义中还包括，休闲作为一种精神状态，作为时间的细分部分和作为社会经济的一个部门），是因为它为适应不同的规则系统提供了可能。更正式的表达是：休闲的特征是可塑性，这是一种取决于情境的体验和社会规范动态的特性。也就是，休闲有益于探索各种活动（如不同的运动）、社会文化情境（参加活动或参观旅游目的地时邂逅不同的亚文化）以及各种体验（构建亲近自然的叙事，亲证当地的真实历史并感受当地的真实氛围，或体验人为的叙事，如主题公园、购物广场和其他主题场所，在这些环境中以这种方式设计而成的特定环境能够带来特殊的体验）。

正如伯杰所言，不存在不受约束的时间。我们可以反过来说，正是不自由，即适用于特定休闲情境的部分制约和规则，反而更有意思。在规则的实施过程中，在规则规定了个体必须做什么，制约则限定了个体不能做什么的情况下，休闲得以存在，特别是像体育这样有效的休闲活动得以蓬勃发展。把球扔向一群人，可能会让这些人玩得很开心，但直到有人在草地上划线规定人们不能越线并且禁止使用手（除此之外，还有更多具体的规则），这时才会产生踢一场足球的可能性。

规则创造了游戏的可能性，而在特定情况下你不能做的事情则决定了你需要运用自己的能力来探索行为的可能性。由此可知，休闲可以使人们的行为以及心理"模式"多元化。换言之，休闲可以存在于在各种情境（规则系统）下扮演不同假定角色的实践中，这为探索不同行为以及在不同情境下进行相关选择进而产生不同结果提供了机会。

顺带一提，在将该观点与以往构建的自由概念相联系之前：请注意与文本、故事、讲故事、模式、叙事等相关的用词。这是有意为之的，因为讲故事的想法，以及故事与休闲体验的结构相似性将在后续章节发挥重要作用，第四章将对这些概念进行初步阐释，也有助于解释第八章和第九章分析休闲在社区发展中的特征和潜在作用。

回到本节的论点：当然，休闲服从规则看似与自由相悖，这在直觉上是相互矛盾的。通常来说，规则约束自由，不会促进自由。与之相反的说法有两重含义。第一，如上所述，实施谨慎选择的规则实际上*创造*了各种可能性。第二，自由确实是休闲的一个因素，但在某一方面看来似乎是违反直觉的。这与上述丹尼特和法兰克福，以及鲍尔和范·莱文（2013）的观点相一致，我们可以说，只要玩家愿意服从特定休闲活动所必需的规则，那么休闲便是自由的。

在这种情况下，相关问题的是：如果玩一个由特别限制（比如不能拿起球）和可能性（比如为了获胜，必须有战略以及团队合作）所定义的游戏（比如足球），能够允许个人表达他想成为什么样的人？这使得休闲活动中的自由（在某种意义上）对个人认同的构成和发展至关重要。自由选择的活动往往与个人的价值观、愿望和关于什么是正确的，什么是适合情境的行为这些想法相一致，简而言之，与他是什么样的人相一致。如果个人想要遵循休闲活动中相关的特定规则，参与行为本身就表达了一种"法兰克福式"[①]的自由，这种自由实际上值得拥有，因为它有可能带来乐趣、快乐和（如果足够持久和频繁）幸福。在实际意义上，感觉自由便已"足够"。

经验更丰富的休闲学者会意识到这与纽林格（1974）众所周知的观点，即休闲的核心在于感知*自由*的观点相一致。他将感知自由定义为人们从事自己想要

---

① 即前文提到哈利·法兰克福（Harry Frankfurt 1971）对自由的观点。

做事情的状态。选择这样做是否是真正的、形而上的自由或者"仅仅"是现象学层面的自由（在这种情况下可能是虚幻的），这些并不重要。正如纽林格的观点所隐含的那样，一旦意识到休闲实践的决定性部分是相关的体验、体验的意义与感觉，那么探讨休闲中的自由就会成为区分真正自由和感觉自由的讨论。表面上看，休闲是一种以活动为中心并且参与者能够产生某种预期体验的实践活动，或许在此定义下，"感觉自由"（feeling free）的概念是主要的，而且在绝大多数情况下，这种自由是"足够的自由"。而在绝大多数情况下，认为活动是自由选择的想法，或者具有选择活动的愉悦感，应该足以使休闲活动产生预期效果。休闲中重要的那种自由不必是纯粹形而上学的、非决定性的自由。如上所述，我们甚至可以说，至少就休闲而言，它不需要成为这种纯粹的自由。也许从形而上学的根本意义上来说，在参加休闲活动时，人们并非真正自由，但这些休闲活动可使得个人感到自由——从该意义上说，个人可以获得*现象学上*的自由。

　　在儿童的成长阶段，青春期尤为重要，因为这一时期是探索自由和不自由，以及塑造相关人格的阶段，可以说，根据以上观点，休闲可以被描述为情境上和/或文化上认可的*存在主义青春期*的一种形式：甚至有可能推动儿童参与活动，这些活动有助于建立有关行为得体性的界限和规范。这就是儿童和青少年的学习方式，在此分析中，休闲将使这种学习曲线（的一部分）得以延续。

　　休闲活动可以帮助个体相对自由地探索边界。这些边界可以是自我的（通过实验发现自己真正喜欢的东西），他人的（在什么条件下，别人可以容忍什么样的行为）和环境的（由物体、有组织的比赛和比赛场景展现的游戏潜力）。这与工作中更为严格的界限不同，因为休闲边界涉及一种不同的体验叙事，以（通常是）享受或体验质量作为主要的成功标准（"我们输掉比赛，但是我们玩得很开心！"），而非工作中实用的或经济定义的目标。在休闲中，个人发展或成长的可能性是一个相关标准（尤其是对严肃休闲活动来说，但是即使仅是"有趣的"休闲也有助于塑造人的性格，比如它促进协作或自我反省）。*黑色休闲或刀刃作业*①定义了青少年活动的外缘边界，在特定的社会文化背景下，这些界限可能与道德

---

①　亨特·斯托克顿·汤普森（Hunter Stockton Thompson）（1937年7月18日—2005年2月20日）是美国的传奇作家，是"刚左"新闻（Gonzo Journalism）的开创者，他还被纽约时报称为"Blog精神教父"，在2005年以开枪自杀的方式结束了67年的传奇人生。他把危险的生活方式称为"刀刃作业"（edgework）。

多数派偏好的行为边界相距甚远。本书第八章将对休闲的黑暗面进行更深入的讨论。

在休闲促进自由的探索,以及对儿童和青少年心理和感觉运动发展起重要作用的探索中可以发现一个有趣的特征,这一特征与相关活动的功能有关。以性为例:大多数人主要是因为享受而做这件事(即作为休闲的一种方式),但性正当的生物功能是人口繁殖、补给或者扩张;更广泛的种群生物学或者进化功能甚至可以说是物种的发展(宏观角度)或遗传密码的存活[比如,理查德·道金斯(Richard Dawkins 1976)从微观角度出发提出的观点]。由此看来,对于实践者而言,选择活动的现象学优先级在于享受,而发展(在这种情况下,比如家庭的扩大或由于为人父母后可能带来的心理成长)则是次要的。个体发育(即从出生起的生物社会发展)的层次则完全相反:毫无疑问,一项活动在相关意义上(对于性,是为了创造新的后代以维持人种,对于休闲活动,则是为了个人成长等)具有推动适应性变化的潜力是首要的,与活动相关的享受则是唾手可得的附带产物(因为它使得生物体更愿意去寻找能够加速达到上述发展目标的活动)。

这里的重点是,任何休闲活动的工具性用途,即促进个人发展的力量,都不会被我们提出的现象学的首要关注点所否定。相反,这些功能是相互联系的。我们真正要提出的观点是,在涉及休闲的决策过程中(即选择要参与的活动),(先验的)预期享受和(后验的)休闲体验的质量评估体现的现象学维度将会占据主导地位。

回过头来,如果把这一问题与自由和休闲相联系,显然我们可能享有的任何自由和所有自由都在一个复杂的连续体上。当然,有些制约是不可避免的,因为它们与成为特定进化过程的产物的意义密切相关。人类目前已经进化成这样的有机体,即由于是其物种中的某一部分,一般看不到红外线,无法凭借自己的力量飞起来,也跑不过猎豹等等。这些普遍的制约又因更具体的个体因素而变得愈加复杂,这往往会对选择休闲的行为产生更有趣的影响:个体有特殊的身体、发育或遗传属性(如身体的力量和大小),但也有特殊的智力和与生俱来的技能特征,这些都会促进或限制个体的发展潜力(比如音乐天赋)。

鉴于这些特性,每个人在游戏中可能会有不同的自由。自由摆脱了外在义务(如工作的要求,照顾小孩的需求)、内在义务(如个人需要或想要工作的信念)、规则、担忧、现实或实际的制约(这刺激了一些人使用"生活窍门"来克服这些限制)、社会压迫等等。所有这些种类的自由可以用主体间可理解的术语来定义：如果你需要朝九晚五地工作，那就意味着在这个时间段内，你的自由是被限制的。然而，驱使人们做出选择的是主观的现象学的自由，因为正是在特定情况下的"感知自由"帮助人们界定了从活动中获取的满足感。如果严格受控的活动，比如有游戏规则的象棋，能够带来愉快的体验，那么显然这些规则带来的不自由也是可以接受的。现象学方面表明出于个人动机决定接受现有的不自由——在这种情况下，玩家并没有受到必要的不自由的干扰，而是准备接受它，因为正是这种不自由使得游戏成为可能（或者它至少还没有达到干扰和终止游戏的程度）。

如前所述，提供一个更广泛的现象学视角的休闲概念至关重要。休闲是什么，能做些什么？目前为止，有人认为，现象学的自由是休闲的核心组成部分，这就意味着休闲体验的质量在休闲相关选择过程中起决定性作用：在特定的休闲活动中，感觉有多好、多么有趣，它对人们意味着什么，在何种程度上有助于提升幸福感，以及人们想制定的任何其他质量标准。弗朗西斯·布拉加（Francis Bregha 2000）基于主观现象学自由提出一个有趣的推论：不受操纵的自由对休闲中的自由观非常重要。他提出这个观点以作为自我认知、认识自己喜好和价值观的一个辩护，并确保那些特质不会阻止我们做出正确的决定。据称，这里的"正确"意味着以有益的、积极的、乐观的方式使用休闲。第八和第九章将进一步探讨这个概念的要点，包括休闲和休闲相关实践活动在个人和公共幸福感导向过程中的激励作用。然而，在下面的章节中，我们将通过探讨休闲自由概念中的一个核心概念来做一些准备工作：*游戏*。

使休闲自由成为可能：游戏

*游戏*是休闲实践活动隐含的一个特别耐人寻味的概念，并且被认为是许多核心休闲实践活动的主要成分。休闲*自由*的一个重要方面包括"游戏"的可能性：遵循规则，好玩的而不是一本正经的，通过"逃离"到游戏中来摆脱日常生活中的束缚和不自由等等。游戏对孩子的成长至关重要，因为这关系到他们如何理解世界的可能性和局限性，如何理解所处环境中发生何种事情，以及作为积极参与者所具有的可能性和局限性。由于日益增长的责任和日渐成熟而带来的社会压力和现实需求，愈近成年时（人们）会越来越期望儿童更少地进行游戏。也就是说，在休闲环境中，游戏仍是被允许、被鼓励的，有时甚至是必需的。打牌、

踢足球、玩乐器或在剧院舞台上扮演角色——这虽然有点儿幼稚,时而又有些刻板,受规则约束而显得不成熟,但在休闲情境下这些行为都是被允许的。

一些休闲学者早已强调了"游戏"在休闲实践中的重要性。布莱克肖(2010:25)借鉴了彼得·波塞(Peter Borsay)的观点,波塞认为休闲的主要成分是"象征""玩"和"其他"。简单地说,波塞认为休闲的"象征"指的是休闲活动经常代表自身以外的东西。国家队参与运动项目代表捍卫国家的荣誉。休闲中的"游戏"突出了休闲活动的非现实性,体育场上体育比赛的虚拟性,在比赛结束时,观众各自回家,回到他们真实的、日常的生活中去,这种虚拟性就中止了。"其他"指的是非寻常性,休闲活动中创造或追求的虚幻,对参与者(如游客)而言是在不寻常的地方和场景中的有意探索。

布莱克肖提到游戏是情感宣泄(2010:29),是现实与虚幻(2010:31),是狂欢(2010:32-33),它们是本概念集群的相关维度。体育和游戏、节庆、艺术表现、主题公园和名胜古迹,甚至自然公园和游憩场所——它们都包含了一种游戏性(playfulness)和自由放纵(levity,狂欢),指向创造不同的互动(现实和非现实)以及开辟新的体验和探索途径(宣泄)。

在某种程度上,这与哲学家汉斯-格奥尔格·伽达默尔(Hans-Georg Gadamer)的观点一致,他认为正是在游戏(*Spiel*, the game)中,人们才真正向他人敞开心扉,进行对话,开始建立共同的理解(Gadamer 2000)。对于伽达默尔来说,"玩"是一个具有共同创造性的活动。维尔豪尔(Vilhauer 2013)分析了伽达默尔的这个观点,指出游戏具有明确的伦理维度。也就是说,游戏包括一定程度的不可预测性和放弃掌控的需求,所有这些都是在社会情境下进行的。因此,玩家有责任以适当的方式参与到这种动态互动中。适当意味着以开放的、赞赏的方式玩,积极地与他人合作,并试图取得丰硕的共享成果。有趣的是,伽达默尔认为,游戏的成果可以是对某一特定问题的*真相*形成具体的共同表述。

将游戏作为诠释学实践,这似乎是个出人意料的观点,特别是当考虑到游戏和休闲的交集时则更难以置信(下文将讨论),但是快速回顾一下发展心理学便有助于理解其中的分析逻辑:儿童通过游戏来学习。实验表明(反复地试错去验证会发生什么,比如扔球或按下按钮),儿童通过探索不同的社会场景(比如,幼童会测试父母可接受的行为边界)以及假扮不同的身份(比如,在街边和朋友玩警察与小偷的游戏,或者在社交媒体中有选择地表达个性,即选择哪张活动照片作为或不作为"个人受欢迎"的照片分享给世界,见第六章),可以获得洞察世界如何运作的能力，并理解环境如何对特定行为作出回应。

有趣的问题是游戏的诠释学效果能否在成年人中仍发挥作用。伽达默尔也许会说"是的"，在《真理与方法》（2000）一书中，他重点分析了一种贯穿于对话（社会的和知识的交流）的游戏性或类似游戏的特质。在考虑更多对话形式的游戏时，有多少原动力仍然发生作用，比如休闲活动一般要么是规则明确的比赛（如体育比赛），要么把游戏性作为主要因素（如表演者在舞台上扮演角色），要么要求参加者抱有爱玩的态度（人们需要拥有游戏性，暂时放下严肃态度，以便在舞会上获得愉快体验）。这些都可以成为未来休闲研究的重要问题。

然而我们可以提出一些建议。毕竟，需要注意的是，"游戏"并非简单概念，但幸运的是，在这种情况下这种不简单性正是游戏作为创意活动的主要动力。细想一下萨顿·史密斯（Sutton-Smith 1997）的观点便能明白，他强调了游戏的*模糊性*，认为不仅难以界定"游戏"的概念，而且（与我们的目的特别相关的）游戏（作为一种活动）和游戏性（作为一种态度）也含糊不清。

萨顿·史密斯解释说，游戏性通过将不可预测性和想象力引入到社会动态中，破坏了社会系统的稳定性。如果社会制度追求创造性的稳定，不管是由于运用了明确规则（如，在游戏中），还是由于参与者的内在驱动力而共同创造了特殊的调谐体验（attunement experience）（如在一场活动中，我们必须假设大部分人参加活动的目的是为了共同度过同样愉快的时光），或者两者都有，那么这些嬉戏打闹将会促使参与者找到新的诠释和表达方式，并且作为整体的社会系统（如参加活动的观众）将倾向于采取动态适应策略，从而找到有效的新策略和诠释方式使这些嬉戏打闹回归正常状态。第八章和第九章将会研究基于休闲的嬉闹以及系统的调整过程（realignment process）。

游戏性同样也具有塑造和重塑价值体系的力量，通过创造"假设"的情景来探索在特定行为情景下道德可接受的边界。也就是说，"游戏"让我们探索各种"反事实"的条件（如果 A 发生了，那么 B 就会发生）。通过引入全控制（有特定规则的游戏）或半控制（相较于受规则控制的游戏，可以用更自由的方式探索事件中的虚幻和想象，但是一旦事件结束将回到"常态"下）背景下不同的 A，在因果机制下可以探索不同的 B。通过"游戏"，许多休闲活动（例如在运动中；通过书籍、电影或视频游戏使自身沉浸于虚构世界中；通过参加舞会暂时摆脱正式的道德规范，或者在主题公园中"感觉就像回到了童年"）能帮助个体了解自己，认识到自己在没有日常生活规范束缚的情况下将如何反应以及喜欢或不喜欢什么，在日常生活中每个人都有责任和特殊任务。但在体育比赛、音乐会或荒野徒步中，人们可以暂时放下那些责任，较少担心礼仪和外部期许，并更深刻、更本能、更诚实地表达自己。

游戏性也有助于探索自我（特别是在受到道德胁迫情况下个人的信念力量、价值深度）、探索他人（根据他人实际做出的回应来预测他人的反应，并重新评估自身对对方性格的了解）、探索社会和物质环境（用试错法去探索结构公差①）。

儿童的游戏性表现为一种探索性、成长导向性的力量：在他们的休闲活动中，获得乐趣的需求吸引孩子们去游戏，探索游戏模式意味着在各种相对安全的社交场景中寻找解决问题的方法，比如在胡乱修补各种具有物理机制的、蕴含根深蒂固的文化习俗和概念的玩具模型（有时是字面意义的）时找寻解决方法。

游戏的"虚拟性"促进适应性的变异。萨特·史密斯（1997：221）从进化生物学家史蒂芬·杰伊·古尔德（Stephen Jay Gould）那里借鉴了这个观点。古尔德的主要关注点是，变异性是生物发展的驱动力，而进化的适应性在探索变异的主要过程中只是次要因素。同样，游戏性作为探索行为变化的方式也会促进心理嬗变。

成年人大多在休闲环境下游戏。在某些情况下，这些游戏的休闲形式被明确应用于成长：比如游戏对儿童来说在塑造和磨砺知识，提高洞察力和加强技能方面有重要影响，而对成人来说，各种形式的*严肃休闲*是为了施展和开发能力，这使得相关的休闲活动不只是"单纯"的玩乐。

基于上述观点，我们可以说游戏就是探索可能性。游戏*利用自由*来探索不同行为，参与不同活动，探索不同环境和规则制度。休闲同时为儿童和成人提供了游戏的自由，通过玩游戏去挖掘欲望、改变规则和尝试新事物。

一种特别强大的游戏形式涉及语言：通过使用隐喻玩文字游戏。把玩意义和诠释有助于重新定义情景，并更明确地转变态度。在这种情况下，休闲可以被理解为实用隐喻的来源——使用情景和情境激发新观点、新解释，开辟新的社会和知识联系。我们将在第九章深入探讨这些观点。

---

① 结构公差（structural tolerance），又叫结构容差，在工程和制造领域指部件或结构的特定尺寸或形状的允许偏差。这意味着在一定范围内可以接受一定量的变化，而这一变化并不影响系统的整体完整性或功能。此处指可接受的行为偏差。

树立休闲观念

　　本章探讨了休闲和自由相关联的方式，特别探讨了基于体验的、现象学方面的休闲，还指出了游戏性是自由在休闲中的重要表现形式之一。这是构建更大概念框架来理解休闲的第一步。除了本章讨论的休闲中的自由概念外，接下来我们将研究与休闲有关的伦理、个人认同、体验和意义。最后，我们希望利用所有这些内容来建立对休闲的理解，将其作为理解决策制定、探索自由、个人认同的表达、个人和公共社会的发展等议题的突出心理情境。休闲是我们*自愿参与*的所有活动（如上所述的意志/自由意志），目的是通过各种活动、艺术、运动、志愿工作等来激发幸福感，使我们的生活更美好、更有趣、更具吸引力和更美丽。

参考文献

Bauman, Z. (1992), *Intimations of Postmodernity*. London: Routledge.

Bennett, M. R. and Hacker, P. M. S. (2003) *Philosophical Foundations of Neuroscience*. Oxford/Malden: Blackwell Publishers.

Berger, B. M. (1963) 'The Sociology of Leisure: Some Suggestions' in Smigel, E. O. (ed.) *Work and Leisure. A Contemporary Social Problem*. New Haven: College and University Press.

Blackshaw, T. (2010) *Leisure*. London/New York: Routledge.

Bouwer, J. and van Leeuwen M. (2013) 'The Meaning of Liquid Leisure' in Blackshaw, T. (ed.) *The Routledge Handbook of Leisure Studies*. London/New York: Routledge.

Bregha, F. (2000) 'Philosophy of Leisure: Unanswered Questions'. *Leisure/Loisir*, 25(1-2): 71-78.

Dawkins, R. (1976) *The Selfish Gene*. Oxford: Oxford University Press.

Dennett, D. C. (1984) *Elbow room: The varieties of free will worth wanting*. Cambridge, MA: MIT Press.

Dennett, D. C. (2003) *Freedom Evolves*. London/New York: Penguin Books. Frankfurt, H.G. (1971) 'Freedom of the Will and the Concept of a Person'. *The Journal of Philosophy*, 68(1): 5-20.

Gadamer, H.-G. (2000) *Truth and Method. Second Edition*. New York: Continuum.

Keijzer, F. (2013) 'The Sphex story: How the cognitive sciences kept repeating an old and questionable anecdote'. *Philosophical Psychology*, 26(4): 502-519.

Libet, B., Gleason, C. A., Wright, E. W. and Pearl, D. K. (1983) 'Time of Conscious Intention to Act in Relation to Onset of Cerebral Activity (Readiness-Potential)—The Unconscious Initiation of a Freely Voluntary Act'. *Brain*, 106: 623–642.

Neulinger, J. (1974) *The Psychology of Leisure*. Springfield, IL: Charles C. Thomas.

Parker, S. (1971) *The Future of Work and Leisure*. London: McGibbon Kee.

Parker, S. (1983) *Leisure and Work*. London: George Allen and Unwin. Rademakers, L. (2003) *Filosofie van de Vrije Tijd*. Budel, the Netherlands: Uitgeverij Damon.

Rojek, C. (2010) *The Labour of Leisure*. London: Sage.

Ryle, G. (1949) *The Concept of Mind*. Chicago: University of Chicago Press. Stebbins, R.A. (2007) *Serious leisure: A perspective for our time*. New Brunswick, NJ: Transaction.

Sutton-Smith, B. (1997) *The Ambiguity of Play*. Cambridge, MA/London: Harvard University Press.

Vilhauer, M. (2013) 'Gadamer and the game of understanding—Dialogue-play and opening to the Other' in Ryall, E., Russel, W. and MacLean, M. (eds) *The Philosophy of Play*. London/New York: Routledge.

第三章
休闲与有意义体验

　　诠释学，常被理解为解释的理论，在德国哲学家如海德格尔（Heidegger）、施莱尔马赫（Schleiermacher）、狄尔泰（Dilthey）和伽达默尔（Gadamer）的影响下，已经从一种理解文本或口头交流的方法发展为一种本体论范畴，其范围已经扩大到理解人类生活和存在本身（Ramberg and Gjesdal 2005）。诠释学的发展始于近一个世纪前，并在法学、语言学、心理学、神学、哲学和社会学等诸多学科理论中找到了一席之地。在社会学领域，诠释学关注的是理解人参与社会行动或事件的意义。然而，"结构—功能模型"（Kelly 1994：82）在社会学中盛行了相当长的一段时间，因此在休闲研究中也占了上风。鉴于实证主义范式的局限，一些学者主张采用一种更为全面的休闲研究方法。例如，科尔特（Coalter）早就提到，无论是休闲研究（在他看来侧重于休闲应该是怎样的）还是休闲科学（在他看来侧重于休闲是*什么*）都没能成功处理好休闲的意义及其与"更广泛的意义和认同来源"的关系（1997：256）。他提出，应更关注"情境化"概念，因为它有助于拓展休闲的概念，使其超越"自由和开放的心理学概念"（McLean 1997：274）。在展望 21 世纪休闲研究的议程时，科尔特重申了为什么"做出休闲选择，以及休闲的情境意义仍是休闲研究的核心问题，而且在很大程度上尚未被探索"（1999：513）。

　　研究休闲活动的意义以及休闲本身的终极目标和意义所面临的挑战得到了学界重视，随后一系列有关休闲意义的著作不断涌现。例如，学者们研究了徒步活动对徒步者所具有的意义（Svarsted 2010）；中国人眼中的休闲意义（Liu *et al*. 2008）；通过关注人们的信仰和欲望来解释休闲体验（Watkins 2013）；休闲意义建构的评估与测量（Ragheb 1996）以及可以用来研究休闲意义的范式（Watkins 2000）。斯普拉克伦甚至还专门为此写了一本题为《休闲的意义和目的》（2009）的专著。他研究了哈贝马斯对理解休闲意义和目的所作出的贡献，并将其思想应用于体育、流行文化和旅游等休闲领域。而布莱克肖则持相反意见,他在谈到后现代主义和休闲的流动性时指出,休闲已成为一种诠释学实践,它为人们提供了系列创造(一种)自身权威意义的可能性(Bouwer and Van Leeuwenhoek 2013:587)。他还非常坚定地指出,人们不应该"问休闲的意义*和*目的,而应该问休闲的*用途*"。

在布莱克肖的观点中,看似矛盾的地方是他区分了对休闲是什么的单纯"理论"反思,和人们对休闲活动体验所赋予的"实践"意义的方式。这与科尔特的论点一致,即关注"情境化意义"可以开辟研究休闲的新视角。布莱克肖认为,休闲是*什么*这个问题"是无法回答的"(2010:154)。然而,考虑到当前休闲研究和休闲科学对意义和体验等主题的兴趣,以及本书的研究目的,在关于意义、体验及其与休闲关系的讨论中,探讨关键术语的概念基础似乎很重要,并且至少尝试厘清这些概念的一些最基本的属性、前因和经验指称。本节将应对这一挑战。

首先,本节将对"意义""体验"和"有意义体验"这三个术语进行概念分析。其次,梳理休闲学者们研究这些主题的方法。最后,从这些分析中获取对"有意义体验"的洞见。综合应用心理学、社会学和哲学思考,从而为反思休闲与有意义体验的关系奠定基础。对体验和意义研究主要集中在心理学领域以及小部分社会学领域。这是因为意义体验是指在一种特定情境下的心理状态。我们无法仅仅通过抽象推理来全面探究这些体验的本质及他们的存在条件。心理学和社会学的观点将被用来反哺哲学思考。心理学和社会学更注重事实,哲学则关注概念建构和价值评判(Przelecki 2000)。哲学更有可能反思"什么是意义?""我们的生活有意义吗?"或"我的生活何时有意义?"等问题。

意义的概念化

"意义"的含义是什么?"意义"概念有不同含义。在荷兰语中,它被译为*zin* 或者*betekenis*;在德语中是 *Sinn* 或者 *Bedeutung*;在法语中是 *sens*;在英语中,则是感觉(sense)、意图(purport)、意义(significance)、价值(value)、作用(worth)、目的(purpose)和质量(quality)这些词语(www.oxforddictionaries.com and www.thefreedictionary.com)。我们很难定义"意义",因为在定义"意义"的时候,就已经给这个词赋予了意义。尽管许多学科承认这个词及其所代表主题的重要性，但是关于什么构成了对意义的探索，目前仍没有统一的理论或概念化的共识(Grouden and Jose 2014：29)。下面几个不同学科对"意义"的定义和描述清晰地呈现了这一观点，包括社会学、心理学、哲学、神学和语言学等对"意义"下的定义："意义是将事物放在一个框架中，使人们能够理解它"(Borgter 2003：34)；它是"人对自己存在的秩序、一致性和目的的认知，对有价值目标的追求和实现，以及伴随而来的满足感"(Reker 2000：41)；它是"对事物、事件和关系之间可能联系的共同心理表征。因此，意义将事物连接起来"(Baumeister 1991：15)；"当主观吸引力与客观吸引力契合时，意义就产生了，而且人们能够对它或与它做一些事情"(Wolf 2010：xii)；它是"人在把自身作为一个整体来构建，将自己置于生活环境中并与该环境的发展相关联时使用的原则"(Kruithof 1968：505)；"基于人类生命的根本缺陷所产生的问题对人类存在的存在主义解读"(Stoker 1993：15)以及"价值、结果或效果，以及对象、话语或文本的指示意义或目的"(Van Woudenberg 2002：16)。这些定义和描述包含两层理论：语言学层面和基础层面的理论。语言学层面涉及表达的"语义价值"的本质和内容，基础层面涉及决定语言表达的语义价值的事实(Cameron 2012：1)。

就意义的基础理论而言：(文化)心理学和社会学(宗教)已经进行了大量研究。一个单词、动作或事件的意义取决于其在使用、执行或发生以及被解释时的框架或语境。王(Wong)构建了一个基于目的感、理解、负责任行动和对自己生活评价的意义模型(2012：637)。他的模型与鲍迈斯特(Baumeister)的理论相呼应，即人类对意义有四种心理需求，即目的(客观目标和主观满足)、效能和控制、价值和理由，以及自我价值(1991：29-57)。人们创造意义是为了能够适应和控制他们的世界，并创造归属感。人们在不同生活领域中满足自己对意义的需求，如"休闲活动、精神性、与他人的关系和对更广泛的社群作出贡献"以及"关系、服务、信仰、生活工作、成长、快乐、获得和健康"(Grouden and Jose，2015：34)；"家庭、工作、人际关系、健康、个人成长、生活水平、宗教/精神性、休闲/自由时间、社区/服务、一般生活和教育"(Delle Fave *et al.* 2010)。

意义是一个整合与消解的持续过程，在这个过程中，意义被赋予至人际关系、情境、日常生活模式，过去和未来之中。"意义"由不同种类意义之间的互动构成，这大致发生在两个层面：日常和终极(也称为本体、客体或存在)(Borgter

2000：23 - 28；W. Stoker 1993：17；Park 2005：297）。日常意义指的是"生活中"(*in*)的一般含义，建立在"个人信念、目标和主观感受"之上（Park 2005：297)，而终极意义是人们在寻求生活*的*意义时，将自己的存在置于其中的框架。人们运用宗教体系等世界观探寻有关偶然性、负责任行动和人类命运等问题的答案。这些回答属于一个预设体系，与外在现实或权力相连，是一种理想，是连贯的意义体系，是超越个体的存在（Bouwer 2003：15)。

哲学家对"意义"的现象有另一种看法。苏珊·沃尔夫（Susan Wolf）指出，人类动机的哲学模型分为两类：利己主义（心理利己主义）和"某种更高尚的主义"（客观普遍主义①)（2010：1)。她认为这种区别也与意义的结构相关。意义涉及人的繁盛和满足（个人因素)，也涉及与个人之外的价值的联系（客观因素)。意义性来源于一个人所爱或者值得爱的事物。人们以积极的方式与这个"对象"接触，其价值"超越了*它对我们*的价值"（Wolf 2010：26，29)。因此，意义是捕捉美好生活的观念，一个人希望自己和所关心之人能过上美好生活，但"它既不能归为幸福或道德，也不能被还原为幸福或道德"（2010：8)。它完全面向一个人认为的"重要"、有价值和有目的的事物。

沃尔夫与丹尼斯·福特（Dennis Ford）的观点一致。通过用八种途径（神话、哲学、科学、后现代主义、实用主义、原型心理学、形而上学和自然主义）对意义进行探讨后，他得出结论，尽管这些途径之间存在显著差异，但无论用哪种方式赋予生活以意义，追求意义的出发点总是对事物现状产生的"根本不满"（Ford 2007：252)。我们可以假定福特在这里指的是终极意义，而不是工具性或日常生活意义。不满意会导致自我意识的提高，进而引导人们区分表象和真实，因为"意义位于或源于更真实的领域……真实依靠更真实才有意义"，并且"较不真实的事物的意义来源于更真实的事物"（Ford 2007：253 - 254)。能够回答"意义"问题的前提是具有超越性。人们用来创造意义的每种策略都显示出朝向具有内在意义，或者有目的"体验的趋势"。这些体验不需要任何辩护或解释。福特认为，意义是反映个人意义经验的原型，但它总是嵌入在一个更大的"非个人的、普遍的和永恒的"整体之中（Ford 2007：258)。因此，意义和目的被认为"比正确或错误具有更强大、更基本的吸引力"。尽管"文化和伦理冲突揭示了人们在生

---

① 客观普遍主义（impersonal universalism）指一种非个人的、客观的价值观或伦理观，认为存在普遍的、适用于所有人的价值判断标准或伦理规范，不仅仅局限于某个个人的主观偏好。

活中赋予意义的方式"，并且预设了不同的意义建构模式，但这并不一定意味着人们会做出不同的伦理决定(Ford 2007：263 - 264)。在他看来，意义比伦理更基础。

特里·伊格尔顿(Terry Eagleton)将"意义"的含义归纳为三类：意图或心想某物；表示某物；以及实施某种行为以表达某种意图(2007：57 - 58)。在思考生活的意义时，他明确了两个可能的目的：幸福和与其相关而又对立的爱。幸福指的是"个体力量和潜能的自在繁盛"，而爱是指"一个人的繁盛通过其他人的繁盛而产生"的状态(Eagleton 2007：166)。这意味着，他认为幸福和道德之间没有冲突。那么，生活意义就是"以某种方式生活"……不是"形而上学的，而是伦理的"……是"使生活值得活下去的东西"(Eagleton 2007：164)。传统哲学对生活意义的反思也区分了宗教和道德，因为它们在历史上被视为寻找答案的框架。

约翰·凯克斯(John Kekes)提出若干观点，解释为何宗教和道德都无法回答生活的(普遍)意义问题，在此不详述。这些论点基于这样一种主张：两者都接受预设并保证意义的普遍来源，即上帝或宇宙秩序(就宗教而言)或道德原则(就伦理学而言)。他对这一困境的解决办法是，从生活意义的多元角度出发，因为有意义的生活可以采取不同形式。它可以是宗教的或道德的，也可以是科学的、审美的等等，没有一个普遍适用的答案(Kekes 2000)。

在本节的最后，还需要指出，沃尔夫和伊格尔顿认为，从概念上讲，不应该将意义与生活中的幸福、福祉和满足等概念相提并论或相混淆。例如，在亚里士多德看来幸福是人类生活的一种基准。这是福祉的条件，而福祉又是人类繁盛的结果。例如，西尔吉(Sirgy)在引用海博恩(Hayborn)的观点时，区分了哲学上三种关于幸福的观点：心理幸福(享乐或情感幸福)、审慎幸福(生活满意度或主观幸福感的认知成分)和完美主义幸福[心盛幸福(*eudaimonia*)或心理福祉]。① 这些都不能与意义相提并论，但是完美主义幸福可以被认为最符合有意义的生活(Sirgy 2012：7 - 18)。关于这方面的问题将在第五章中进行讨论。因此，意义虽然是基础性的，但它有助实现幸福生活或生活满足。它是通往幸福或福祉的道路(*Vorstufe*)②。

---

① 这三个概念对应英语原文是 psychological happiness (hedonic or emotional well-being), prudential happiness (life satisfaction or the cognitive component of subjective well-being) and perfectionist happiness (eudaimonia or psychological well-being)

② "Vorstufe"是德语词汇，意思是"前阶段"或"前奏"。

体验的概念化①

"体验"的含义是什么？"体验"是一个充满意义和含义的术语。它被定义为"从直接参与事件或活动中获得的知识或技能的积累"，"从来源于参与或观察中获得的个人知识"，"从观察到的、遇到的或经历的事情中获得的知识或实践智慧"，一个"给某人留下印象的事件或发生的事情并使人受到影响"（www.thefreedictionary.com and www.oxforddictionaries.com），"对世界的直接、观察性知识"或"这种知识的感官基础"（Dretske 2005：281）。体验是指个人的理解，一种感觉，一种（实践）知识或技能，以及一个事件（event），一件发生的事情（happening），事故（incident），冒险（adventure）或磨难（ordeal）。因此，它既有主观成分（感觉、意识和个人理解），也有客观成分（内容、实际活动）（Sylvester 2008：22）。

当讨论体验的主观质量时，因为英语中没有足够的同义词，你会发现很难用同一个词（体验）来表达。一个人必须通过使用副词，或从使用该词的语境中推导出它，来表达一个事件或活动的个人影响。这同样适用于法语（*expérience*）。然而，德语确实对此做出了一个有用的区分，可以把握住体验的性质和品质。它区分了体验（*Erlebnis*）和经验（*Erfahrung*）（在荷兰语中，是 *belevenis* 和 *ervaring*）。体验（*Erlebnis*）是事件的"直接"体验（积极的或消极的），经验（*Erfahrung*）指通过参与、反思和解释获得的知识、智慧或技能。因此，正如博斯维克（Boswijk）等人所论证的，这两个概念之间可以有一个定性的区分。他们认为体验（*Erlebnis*）是一种"带有复杂情绪的直接且相对孤立的事件，这种情绪在特定情境下产生影响并反映出个体某种价值观"，并称之为"体验"。经验（*Erfahrung*）被称作"有意义体验"，并表示"人们与环境和他人之间所有互动的总和"（2007：23 - 24），也是"一个关于活动和经历、行动和反思，由因及果的持续互动过程，该过程为个体在不同情境下的生活提供意义"（Boswijk *et al.* 2011：2）。基于这些定义，经验（*Erfahrung*）包括并解释了人们所有的体验

---

① 在牛津词典中对 experience 有三个解释，作为不可数名词时，有以下两种含义分别是：（1）［U］the knowledge and skill that you have gained through doing sth for a period of time；the process of gaining this（由实践得来的）经验；实践；（2）the things that have happened to you that influence the way you think and behave 经历；阅历。作为可数名词其基本意思是（of sth）an event or activity that affects you in some way（一次）经历，体验。在本书大多数语境下，都可翻译为"体验"。

(*Erlebnis*)。体验(*Erlebnis*)是经验(*Erfahrung*)的一个子集。

根据埃利希(Erlich)的观点，体验的主观质量有两种模态。在每一种模态中，体验的主体和客体都处于一种特定的交互关系中。体验的第一种模态反映了主体和客体的独立性和非同一性。"这一模态下的总体趋势以目标为导向，它以功能的效率、任务的执行和评估的完成为目的"(2003：1136)。他称之为"活动"模态(doing model)。第二种体验模态的显著特征与合并、同一、融合、一体有关。主体并不与客体相互分离，这就"消除了意向性和主观能动性、方向和意志的所有需要"(2003：1137)。埃利希称之为"存在"模态(being model)。"存在"的体验模态取代了科学的客观性、因果性和合理性。如果一个人不考虑体验的"存在"模态，那么对人性和体验的理解将是不完整的。此外，"存在"模态支撑着人类与其周遭一切事物相连的感觉：他人、自然和生命。它还创造了有关人类价值与理想意识。这两种模态被认为是与生俱来的，它们总是互相作用，然而，哪一种模态占主导地位将要视情况而定(Erlich 2003：1138‐1139)，两者都能唤起积极或消极的情感。

体验的积极性或消极性是否说明了它的真实性或道德特性？体验是否总是真实，它是正确的还是错误的？所有的知识都以体验为基础吗？在寻找这些问题的答案时，学者们进行了认识论的辩论，对"体验是没有任何内容的"(非命题)，或者有"类似信仰"的内容(命题)等假设进行了反思(Dretske 2005：281)。在这两种情况下，都很难评估体验的真实性、正确性或错误性。如果体验没有任何内容，那么它们无法解释任何事情，这意味着它们不能作为任何关于真实、正确或错误主张的基础。另一方面，如果体验被认为是有内容的，那么它们的真实、正确或错误又是在何种基础上被确立的呢？哲学家们试图解决这个难题，他们认为，一个信念的真实性与其他现有信念的一致(又称"融贯")有关，而与体验无关。体验被视为获得知识的充分条件而非必要条件(Dretske 2005：281)。麦克道尔(McDowell)以令人信服的理由谴责了这种"一致主义"①的观点，即知识

---

① 一致主义(coherentism)是关于知识证证(justificatory)的理论，而不是一致主义的真理理论，它是与基础主义相对的知识证证结构。基础主义认为在证证的链条上存在着基础性的经验"所与"，它为知识提供了牢靠的基石；而一致主义则否认这点，认为证证没有非信念性(non-doxastic)的来源，所有证证都来自信念之间的关系，它们彼此之间具有逻辑的或者或然性的关系。也就是说，有些信念内容逻辑性地衍推或者或然性地包含着其他信念的内容。请参考"'一致'概念的分析"(张立英，吕立才，2007)，"一致主义与经验论"(郭金杰，2010)和"外在主义与一致主义可否融合——对戴维森有关思想的回应"(陈嘉明，2013)等论文。

不能沦为"自足游戏中的行动"(Oksala 2014：394)[①]。体验在本质上是概念性的，因为概念范畴在个人有体验之前就已经存在了。没有它，体验永远无法被解释和理解，因此，在反思知识的认识论基础时，不能不考虑概念。

体验的认识论价值也是女性主义学者讨论的重点之一。注意到这一点很重要，因为女性主义在讨论中带来了批判视角和对意义的关注。例如，斯科特(Scott，1991)认为，体验本质上是话语的，而产生体验的话语具有意识形态。这也适用于社会认同。然而，她也认为体验属于有所经历的个体的内在主观领域。它见证了个人的内心真实，因此总是正确的。由于体验这种非常主观的性质，它所提供的"证据"对于任何有效的二阶论证来说都是微不足道的(Oksala 2014：394)。相反，我们必须研究概念的历史，因为它们提供了"体验可以被把握的证据"(Scott 1992：37)。斯科特的立场似乎与上文所述的"一致主义"立场一致。另一位学者巴特基(Bartky)反对斯科特的观点，并表示非常担心与这一主题相关的(女性主义)理论可能会滑向"在虚空中的无摩擦旋转"[②]，因为它与现实没有任何联系，因此也与体验也没有任何联系(2002：14)。它不应该沦为一种智力游戏。奥克萨拉(Oksala)提到了这一点，并重新提出了"意识觉醒"[③]概念(2014：398)。人们应该意识到，个人的实践总是被嵌入到情境中，这意味着他们的意义也被嵌入到共同的文化情境中。体验应该被研究，因为它们揭示了与"规范的女性气质、自然化的身份和女性体验的文化描述"不相符合，并反对当前的话语，原因就在于它们是"彻头彻尾概念性的"(2014：399)。它要求对自己的体验进行有意识的彻底反思，以挑战社会中被广泛接受和"制度化的"体验。

有意义体验

本节将对建构"有意义体验"进行反思。这非常重要，因为体验的概念和它

---

① 知识不能被看作是一个自足游戏的行动，必须与真实世界的经验相联系，才能得到真正的理解和应用。

② 在虚空中的无摩擦自转(frictionless spinning in a void)是一个比喻，意指在一个没有实际意义或实质性联系的领域中无休止地旋转，没有任何实际影响或结果。这里用来描述一个理论或观点，如果没有与现实或经验相联系，就会失去实际意义，变成一种没有实际意义的纯粹理论游戏。

③ 意识觉醒(consciousness raising)是20世纪60—70年代第二波女性主义运动提出的口号，最早出现在《红袜子宣言》(Red Stocking Manifesto,1969)中。"意识觉醒"被界定为个体通过教育，把日常生活中受压迫的经验转化为批判意识和社会行动。参见"西方女性意识觉醒的发展谱系研究"(戴雪红，2016)。

创造的意义已被纳入休闲研究。休闲服务热衷于在"体验经济"领域向（潜在）客户设计和销售有意义体验——在《体验经济》（1999）一书中，派恩（Pine）和吉尔摩（Gilmore）提出了这个概念。他们认为，除了商品和服务，客户期望企业向其提供饱含情感和真实的体验。这是因为人们越来越把体验视为一种经济价值（1999：22）。买家希望得到难忘的体验（1999：12），因此公司必须通过将他们的商品和服务体验化来提供体验（1999：16）。这些体验对客户来说很有意义。博斯维克和他的同事把这种在经济领域的体验称为"经历某事的行为"，这种行为最终可以满足人们对意义的追求（Boswijk *et al.* 2007：11）。因此他们区分了体验（*Erlebnis*）和经验（*Erfahrung*），但是他们超越了派恩和吉尔摩关于体验的难忘性观点。在他们看来，人们不再从令人难忘的体验中寻找意义，而是希望将难忘的体验整合到一个更大的意义综合体中，这个综合体以一种连贯而有意义的方式包含了所有体验。如前所述，这推动了他们建构"有意义体验"这一概念。现在的问题在于，这个概念是否与其两个组成部分"意义"和"体验"的分析逻辑一致？

　　显然，意义和体验都是模糊的概念。"有意义体验"也是如此吗？首先，似乎人为区分了"体验"和"有意义体验"，因为体验总是被解释，因此总是带有某种意义。即使我们尚未在总体的体验范围内解释直接体验，个体也会赋予其（初步）意义。它可以是积极的或消极的，愉快的或不愉快的。因此，有理由认为，在这个概念中"意义"成分应该比"体验"成分更重要，因为意义是理解这个概念的决定因素。博斯维克和他的同事对体验（*Erlebnis*）和经验（*Erfahrung*）的观点实际上证实了这点。他们认为，这两"种"体验的不同之处在于情感，这些情感一方面源于对特定事件或情境中所发生事情的直接感官感知，另一方面则源于人们相互之间所有互动的总和所产生的情感影响。一次有意义体验涉及对个人生活价值和方向的反思和意识，以及个人对生活整体意义的感知。

　　例如，弗兰克（Frank）在他关于心理学意义的性质、相关性和功能的开创性著作中，指出若干有助于体验意义的方式。这就是"创造一件作品或做一件事；体验真、善和美；体验自然和文化，并通过热爱它们来遇见另一个独特生命"（Reker 2000：161）。从那时起，人们在确定意义方面做了大量工作。博斯维克和他的同事通过实证心理学研究，确定了有意义体验的十个特征：专注和完全集中，时间感的改变，产生情感共鸣，过程具有内在价值，与"对象"的本质接触，玩乐和愉悦感，积极参与和接受度，被掌控的感觉，挑战和个人能力之间的平衡，以及明确的目标（2011：3）。对意义的来源也进行了广泛的研究。例如，施奈尔

(Schnell)确定了二十六个意义来源,将其分成四个高阶维度:"纵向和横向的自我超越;自我实现;秩序,以及幸福感和相关性"(Damásio *et al.* 2013:1207)。

人们在不同的环境中创造或拥有有意义体验。有时一个具体环境就具备促成有意义体验的前提条件,而在其他情况下,个体则需要一系列的补充环境才能最终获得有意义体验。因此,经济领域不是能够实现有意义体验的唯一领域。个体也可以在个人领域通过期望、抱负、兴趣和关注找到意义;在社会环境中通过与家庭、群体的接触,以及在工作场所或俱乐部中扮演的角色找到意义,还可以在物理环境中通过位置、空间和场所找到意义。在所有情境中,体验"对象"的意义性取决于人们体验时间的方式(Boswijk *et al.* 2007:32-33)。此外,在生活的一个具体环境或领域中产生或发现的意义,可能会与另一个生活领域中发现的意义产生冲突。然而,在一个或多个生活领域获得的所有体验意义,取决于个体对其生活整体意义的感知(Steger and Dik 2009:317)。因此,意义可以是不同的——更低或更高的——层次,这些意义能成为生命终极意义的促进因素或从属因素。

"意义建构"既包括赋予活动以意义或从活动、体验、联结中获得意义,也包括从中获得的满足感(Muthert 2007:189)。它也与"个人与世界的关系有关,在这个关系中,个人将自己的生活置于一个广阔的意义框架内,以便产生目的、价值、连贯性、联结、超越、能力、认可、福祉和激励等结果"(Alma and Smaling 2000:23)。因此,"有意义体验"这一概念可以说是概念和评价的标准,用以评估个体从活动或事件中获得的联结感和满足感。如前所述,这个建构的"意义"部分实际上比"体验"部分更重要。

休闲与有意义体验

那么,休闲、意义和体验之间是什么关系呢?关于这个话题,学者们已做出不少有趣的研究。例如,埃里克·科恩(Erik Cohen)就以在 20 世纪 70 年代提出的"游客体验模式"①而闻名遐迩(1979)。该模式注重个人与日常生活的疏离

---

① Erik Cohen 是以色列希伯来大学社会学和人类学系的著名教授。他从事社会人类学、社会学理论和旅游研究。在 1979 年发表《旅游体验的现象学》一文中,他把旅游体验划分为 5 种主要模式,即游憩模式(recreational mode)、消遣模式(diversionary mode)、体验模式(experiential mode)、实验模式(experimental mode)和存在模式(existential mode)。国内大多数文献把"diversionary mode"翻译为"转移模式","diversionary 除了"转移,转移…注意力之外",还有"使得到消遣"的意思,而且根据作者原文的语境,译者认为翻译为"消遣模式"更贴切。

程度，以及对未知和"他者"的接近程度。这是一个从日常生活现实的中心向一个"外在中心"的移动过程，后者是位于家庭环境之外的定位点①。日常体验被那些科恩归类为游憩（关键词：娱乐）、消遣（关键词：恢复精力）、体验［关键词：（舞台的）真实性②］、实验（关键词：找回自我）和存在（关键词：终极怀旧）的体验模式所转变或取代。例如，巴奈特（Barnett）从另一个角度研究了休闲体验的结构，并确定了四个维度或概念，她称为意识、厌倦、挑战和痛苦。这是为了描述青少年在闲暇时间进行各式各样活动时，他们会如何解释这些活动带给自己的主观感受（Barnett 2005：131）。然而，亚普·伦基克（Jaap Lengkeek）修改了科恩的模型，用隐喻概念代替了体验模式。他的论点基于波特（Potter）的"外在性"（out-there-ness）概念，与科恩的"外在中心"（centre-out-there）概念相对立。"外在中心"概念涉及多方面，从根本上来说是现实的一部分。它预先假定想象力存在，而想象力则是通过隐喻的叙述来表达。旅游体验，作为一个"外在中心"概念，在伦基克看来无非暂时用一个日常现实来替换另一个日常现实（Lengkeek 2001：176）。"外部性"在意义上超越了"外在"，因为它整合了"意义、概念和感官观察"，在这个意义上，它超越了"外在中心"概念，其中感官观察不断被置于新的情境中。通过这种方式，情境被注入了新的意义（2001：179），并保持动态。因此，伦基克认为，"外在性"概念更适用于休闲体验，因为它们与固化的中心无关，而与"定向和隐喻参照"③相关。通过暂停日常现实来表达的隐喻定向，其体验方式有以下几种：娱乐（无忧无虑地与日常脱离）、变化（与日常现实解离）、兴趣（幻想和吸引力）、狂喜（悬搁日常和他者的不可及性，引发惊奇高潮和掌控（揭示未知和此前难以触及的"外在性"形成新的信念）（2001：81-182）。约翰·凯利也赞同这些观点，将休闲视为一种存在方式，它以行动和意义为养料，从想象中注入现实世界。休闲成为一种"自成目的和自我证明的体

---

①　定位点（point of orientation）指的是一个可以用来确定位置或方向的点或位置，就像在导航或定位的时候，我们需要确定一个定位点，以此来判断自己的方位和行进方向。

②　舞台真实性（staged authenticity）。1973年，麦坎内尔（MacCannell）在《舞台的真实性》（Staged Authenticity）一文中首次将"真实性"的概念引入到旅游动机、旅游体验的研究中。舞台真实性是指游客在旅游过程中所接触的一种现象，即游客所接触到的当地文化，并非具有原始文化特征，而是经过当地居民或者旅游经营者经过修饰而搬上舞台的一种文化表现形式。

③　定向和隐喻指称（Orientation and metaphorical references）：定向指称是指概念之间存在的一种关系取向或方向性，反映一个概念与相关概念之间在逻辑、本质或行为上的一种倾向或方向；隐喻指称是指使用隐喻的语言来指称一个概念的特征或属性。例如娱乐提供无忧无虑的定向，变化提供与日常脱离的定向，兴趣提供幻想和吸引力的定向等。这些定向显示了休闲与日常生活的不同方向性。休闲通过暂停日常现实来表达隐喻，如娱乐、变化、兴趣等，表达了如脱离常规、探索未知等含义。

验",在被不同因素塑造的同时,它也在塑造着外部世界(Kelly 2012:242)。

另一位学者迈克尔·沃特金斯(Michael Watkins)通过现象学描述法研究[1],对休闲意义的产生方式及人们体验休闲意义的不同方式做了非常有趣的探索(Watkins 2000,2013;Watkins and Bond 2007;Watkins and Schulz 2007)。他不仅超越了休闲科学学者的"心理过程的内在世界"立场,还超越了休闲研究学者"社会文化力量的外在世界"立场。沃特金斯同时反思了休闲的现象性、情境性、时间性和价值性意义(Watkins and Bond 2007:289-290)。他区分了四种不同性质的休闲意义,即消磨时间;行使选择;逃避压力;取得成就。这些休闲意义的复杂性因情境、意图、时间、行为、情感和结果等维度的不同而有所不同(Watkins and Schulz 2007:484)。他的研究结果与其他学者的发现高度一致。(Watkins and Bond 2007:303-304)。沃特金斯声称已经证明,从现象学角度来看,休闲是"相互关联的方面和意义组成的统一体系",具有"意识结构的变化",反过来,其中现象性、情境性和时序性又直接与休闲体验本身相关。意义被理解为"连续的体验",呈现出不同的理解层次(Watkins and Bond 2007:303-305)。

罗斯·内维尔(Ross Neville)对休闲与体验的关系有不同看法。他认为休闲要么被视为"通过"体验,要么被视为"拥有"体验(2014:5)。对于第一种通过体验的休闲,他指出休闲获得了"评价—享乐功能"(例如消费行为所表达的),在极端情况下"具有关于休闲真正性质的形而上学立场",这反过来显示了休闲的情感结果和个人心态之间的对应(Neville 2014:5)。这意味着休闲的语义功能获得了更多关注。作为描述休闲的另一种方法,休闲研究可采用定性、现象学和/或诠释学的方法追溯"个人体验中的意义单元"(2014:5)。除了成为一种揭示休闲意义的手段之外,体验也被认为是这些意义所围绕的关键。这意味着探索休闲目的和意义的过程需要对个人内心生活进行认识论探究(2014:6)。就第二种情形即拥有体验的休闲而言,内维尔发现了一个本体论或形而上学承诺,而不是认识论承诺。休闲作为体验超越了活动或行为,是"一种感受生活的领域"。它"唤起意义而不需要生产力",使学者能够接触一种被忽视已久的生存状态。它与那些"令人精神焕发和更新"的生命力量相关(2014:6)。因此,他选择"整体意义"而不是"体验主义"。体验不应被视为反思休闲的开端或方法,而应

---

① 现象描述法研究(phenomenographic research)是以访谈中被访者的经验陈述为研究资料,其目的是用不同方式从质的角度界定不同人对特定现象的体验、领悟和理解,因此它被视为一种以经验为基础的研究方法。

将其作为一个概念来理解。休闲应该被理解为"关系术语"，是"许多具有能动性力量互动的结果"(Neville 2014：10‐11)。内维尔认为，休闲不仅仅是"自由时间、不工作的非义务时间、非工作、心态、存在状态、*skholē*①、自我完善的义务"，最重要的是，它还是一种：*体验*(2014：11)。

　　一些学者对休闲和体验之间相互关联的方式持保留态度。以查尔斯·西尔维斯特和肯·罗伯茨为例。正如他自己所说，西尔维斯特想要使休闲研究中的体验概念去神秘化。他认为，体验越来越被视为一种创造快乐的工具，然而休闲体验"使人变得更健康、更有创造力、更仁慈"的价值却被忽视了。因此，体验不应被视为一种"意识状态"或一种"心态"：这会将体验限制为包含感觉、记忆和情感的个人和主观事物，而忽略了共享和集体体验(Sylvester 2008：32)。体验概念应该被诸如健康、福利和福祉等主题所取代(Sylvester 2008：35)，因为——受到杰斐逊(Jefferson)的启发——这些主题对幸福的追求包含了他人的利益。在这个意义上说，休闲体验成为美德：即欢迎他人的参与，表达关怀和仁慈(Sylvester 2008：37‐38)。"有价值的体验""美德体验"超越了作为一种主观感觉的快乐概念，它与幸福带来的快乐相关。这与对休闲意义的追求一致。罗伯茨希望细化对"剩余休闲"("剩余的"时间和金钱)在休闲研究中应有地位的批判。他承认，由于"剩余休闲"在社会上产生了广泛问题(例如性别问题、暴力、失业)，导致了把休闲概念化为体验(2006：211‐213)。克里斯·罗杰克(Chris Rojek)(1995)将后现代思想中的"休闲去中心化"观点引入休闲研究，从而强化了这个趋势。它意味着停止研究物自体(*an sich*)(即脱离人们对其体验的感知和理解)，转向研究普通人对其休闲体验所赋予的意义。对这些体验的研究产生了两个广泛的休闲概念，两个人们试图在生活各方面实现的概念：自我决定和满足感(Roberts 2006：215，221)。然而，在考虑到其对休闲社会学研究的影响时，罗伯茨指出将休闲体验概念化也有其局限性。除了难以对大样本的休闲体验进行社会实证研究之外，还产生了这样一个问题，即如何评估在休闲时间内获得的体验意义的性质。例如，如何将其与有意义的工作体验区分开来？人们"在休闲时间有各种各样的体验"，这些体验都应该被研究，但不能以牺牲"传统的休闲概念"(剩余休闲定义)为代价(Roberts 2006：221)。罗伯茨的主要观点是，应

---

　　① 本书其他地方均被译为"休闲"，但在此处未直接翻译是为了区别学者内维尔与古希腊对休闲的看法。也就是说，在内维尔看来，skholē 不足以体现他所认为的"休闲"。

该拒绝休闲的体验定义，而应该研究休闲体验。

关于休闲、体验和意义之间关系的这些不同反思，都统一在"重要性"这个基本的哲学概念中。"重要性"是一个跨越休闲其他维度如时间、活动和空间的价值概念(Iwasaki 2008：232)。它植根于人们对意义的追求，因此可以说是创造意义或发现意义的最本质特征。对休闲体验的各种功能或益处的学术研究，或诸如幸福感、积极认同、社会联系、韧性和人类发展等"意义途径"的学术研究(Iwasaki 2008：235)，都是同一过程的重要组成部分：通过追求"重要性"来寻找意义。这就回到了布莱克肖的立场：即休闲是动态的和流动的，它本身是一个过程而不是一个具体事物。他声称，休闲已经成为一种诠释学实践：它不再被定义为"…好或坏的方面…工作与休闲的对立，严肃休闲与随意休闲的对立，作为自由的休闲和作为限制的休闲的对立"(Blackshaw 2010：141-142)。相反，休闲的本质在于追求快乐、幸福和自由，其意义已深化为对"未知的已知"的诉求，即休闲的奥秘能在追求中被发现。意义在这个层面上指的不是日常意义，而是终极或本体论意义。因此，所有关于游戏、工作、游憩、自然、艺术、体育、音乐、庆典、快乐、乐趣、美学、美感、崇高、时间、健康、福祉、幸福、旅行、超越等可以被视为休闲体验(*Erlebnis*)，作为经验(*Erfahrung*)的一部分，来努力把握其"重要性"。

结论

社会学的诠释学转向催生了更为全面的休闲研究，并带来了对休闲体验、休闲活动的意义以及休闲本身的目的和意义的考察。此外，后现代主义思想和体验经济的发展也促进了对休闲体验和意义的研究。本章的目的是在哲学反思和概念分析，以及包括休闲学在内的不同学科学者研究的基础上，理解"意义""体验"和"有意义体验"概念的属性和前因，以及它们与休闲的关系。

意义是一个动态概念，它与词语或文本的语言意义或内涵相关，或者与活动、体验以及由此产生的满足之间的相互作用的重要性相关。本章讨论了意义在更广泛的非语言层面上的应用。意义与不同的现象学层面相关，例如日常意义和终极意义，或者横向意义和纵向意义。日常意义以非反思的体验为基础，而终极意义则指个体为其生活设想的目标和方向。意义的横向维度与人与人的关系有关，而纵向维度则与个体和更高的、超越的力量或理想之间的关系有关。另一个区别可能是寻找生活*中*的意义和寻找生活*自身*的意义。在这两种情况下，都无法给出普遍有效的答案。

就体验而言，其定义和操作特性仍是难以捉摸的，但有一点是明确的，即体验既有客观成分，也有主观成分。体验的主观成分包括个人对体验对象（事件或活动的内容）的感觉、知识、意识以及与体验对象的关系。它可能与艺术、体育、阅读、亲近大自然或在大自然中活动、去剧院、去国外旅行、看电视、发生性行为等相关。体验可以有积极或消极的特质，体现（德语）体验（*Erlebnis*）或经验①的特征。然而，体验（*Erlebnis*）涉及感官的情绪反应，对事件的直接观察或参与，经验（*Erfahrung*）则与在个人可能拥有的所有体验和意义的总体背景下对*Erlebnis* 的理解相关。然而，为了全面理解体验的主观特性，重要的是对"活动模态"和"存在模态"两种模态进行反思。"存在模态"有助于人们认识自身与他人、自然和超然的联系，从而能更全面地表达人类体验。为了理解体验的认识论特质（例如，其真理主张），切不可忽视体验的话语内容，也不能不承认体验是人类知识的基础。女性主义学者坚决主张，应该在具体情境中研究体验，并促进对个人体验的自我反思。这与伽达默尔所称的"体验的主观化"一致，他将其视作对现代社会至关重要的生活哲学的基础（Neville 2014：2-3）。

因此，有意义体验是一个建构，它描述了活动或事件之间的相互作用，以及这种相互作用所指向的概念内涵和价值判断，也描述了个人所感受到的联结感和满足感等主观体验的本质。尽管在 *Erlebnis* 层面上的体验也具有某种意义，但在这个建构中"意义"要素实际上比"体验"要素更为重要。因此，更合理的方法是根据体验所具有意义的种类来描述和定义体验。凯克斯赞成意义的多元主义，这些意义都指向美好生活和幸福感。王（Wong）将其与目的感、理解、负责任行动和生活评价联系起来。

休闲研究已经从不同角度广泛关注了休闲与有意义体验之间的相互作用。例如，科恩聚焦于不同旅游情境下的各种体验模式，他将其称为游憩、消遣、体验、实验和存在等模态，而沃特金斯则将消磨时间、选择活动、逃避压力和实现成就作为评估标准，来衡量人们认为自己的休闲体验所具有的意义。意义被视为

---

① *Erlebnis*：这个词通常指的是一个更直接、更个人化的体验，它通常与单一事件或短期活动有关。例如，去音乐会或旅行可以被描述为"*Erlebnis*"。这种体验通常是深刻的、情绪化的，可能会立即改变我们的感知或心态。*Erfahrung*：这个词通常用于描述长期积累的知识或技能。它可以指的是通过时间、实践或学习积累的经验。例如，一个人可以通过多年的工作或学习获得"*Erfahrung*"。因此，我们把前者翻译为"体验"，后者为"经验"。"经验"的范围更广一些，我们几乎所有的意识行为都是经验，无论主观感受还是理性思辨，但"体验"主要强调经验中主观的印象，但是英语只有"experience"。

具有不同层次含义的体验连续体。内维尔提出休闲与体验密不可分。事实上，他认为休闲本质上是体验，可以通过以及拥有体验来确证它。对休闲的目的和意义的探索，要么是进入个人内心世界的一种认识论探究，要么通过一种超越纯粹休闲活动或行为的被感知的生活领域进行。对休闲研究中使用"体验"这一方式，批评者认为将休闲视为一种心理状态或一种意识状态过于狭隘和主观，无法涵盖所有休闲体验，此外还应考虑体验的公共方面。这促使内维尔提出，学者们应更深入研究诸如健康、福利和福祉等"有价值的体验"，因为它们超越了仅将休闲视为主观感觉的这一观点，并使休闲与作为幸福组成部分的满足感保持一致。罗伯茨建议研究人员放弃将休闲体验化的定义，因为当试图评估在休闲时间获得的体验所具有意义的性质时会产生问题。尽管如此，他仍赞成对休闲体验本身进行研究。

关于休闲与有意义体验之间关系的"普遍"结论是：即休闲与体验之间的本体论关系仍然不确定，对"休闲体验"概念化及其对人的意义更是如此。这一切都取决于"什么是休闲？"这个问题的答案。布莱克肖认为休闲具有流动性，坚称关于其本质的问题是无法回答的。休闲是一种极具动态性的活动，其意义已经深化到对"未知的已知"的追求。休闲的奥秘是在寻找人生中"重要之物"的过程中发现的，可以说这预示了其生命意义。"生命的意义是什么？"这问题似乎相当狂妄，因为它暗示存在一种单一的行为解释可以概括存在的整体意义。然而，有足够的（概念的和实证的）证据可以假定，休闲似乎确实能传达这个看似难以理解的问题的一小部分答案。如果人类能够在休闲（时间）中（尝试）创造出他们想要的生活，并从重要之物中获得启发，那么他们必须时不时地，更好地理解自己、生命和宇宙（Bouwer and Van Leeuwen 2013：595）。

参考文献

Alma，H. A. and Smaling，A.（2009）'Zingeving en levensbeschouwing：een conceptuele en thematische verkenning' in Alma，H. A. and Smaling，A.（eds）*Waarvoor je leeft. Studies naar humanistische bronnen van zin*. Amsterdam：Humanistic University Press：17 - 34.

Barnett，L. A.（2005）'Measuring the ABCs of leisure experience：awareness，boredom，challenge，distress'. *Leisure Sciences*，27：131 - 155.

Bartky，S. L.（2002）*Sympathy and Solidarity，and other essays*. Lanham，MD：Rowman and Little Field.

Baumeister, R. F. (1991) *Meanings of Life*. New york: The Guilford Press.
Blackshaw, T. (2010) *Leisure*. London/New york: Routledge.

Borg ter, M. B. (2000) *Waarom geestelijke verzorging? Zingeving en geestelijke verzorging in de moderne maatschappij*. Nijmegen, the Netherlands: KSGV.

Borg ter, M. (2003) *Zineconomie. De Samenleving van de Overtreffende Trap*. Schiedam, the Netherlands: Scriptum.

Boswijk, A., Thijssen, T. and Peelen, E. (2007) *The Experience Economy. A new perspective*. Amsterdam: Pearson Education Benelux.

Boswijk, A., Thijssen, T. and Peelen, E. (2011) *A New perspective on the experience economy* https: //yuiworld. files. wordpress. com/2011/07/1-a-new-perspective-on-the-experience-economy.pdf (retrieved on 13 August 2015).

Bouwer, J. (2003) *Van de kaart naar het gebied. Het domein van de geestelijke zorgverlening*. Kampen, the Netherlands: PThU Kampen.

Bouwer, J. and van Leeuwen, M. (2013) The meaning of liquid leisure, in Blackshaw, T (ed.) *Routledge Handbook of Leisure Studies*. Abington/New york: Routledge: 584 – 596.

Cameron, M. (2012) 'Meaning: semantic and foundational theories', in Marenbon, J. (ed.) *The Oxford handbook of medieval philosophy*. Oxford: Oxford University Press: 1 – 17.

Coalter, F. (1997) 'Leisure Sciences and Leisure Studies: Different Concept, same Crisis?'. *Leisure Sciences*, 19(4): 225 – 268.

Coalter, F. (1999) 'Leisure sciences and leisure studies: the challenge of meaning' in Jackson, E.L. and Burton, T.L. (eds) *Leisure studies: prospects for the twenty-first century*. State College, PA: Venture Publishing.

Cohen, E. (1979) 'A phenomenology of tourist experience'. *Sociology: The Journal of the British Sociological Association*, 13(2): 179 – 201.

Damásio, B.F., Koller, S.H. and Schell, T. (2013) 'Sources of meaning and meaning in life questionnaire (SoMe): psychometric properties and sociodemographic findings in a large Brazilian sample'. *Acta De Investigación Psicológica*, 3 (3): 1205 – 1227.

Delle Fave, A., Brdar, I., Freire, T., Vella-Bodrick, D. and Wissing, M. P. (2010) 'The eudaimonic and hedonic components of happiness: qualitative and quantitative findings'. *Social Indicators Research*: 185 – 207.

Dretske, F. (2005) 'Experience' in Honderich, T. (ed.) *The Oxford Companion to Philosophy. Second Edition*. New york: Oxford University Press: 281.

Eagleton, T. (2007) *The meaning of life*. Oxford: Oxford University Press.

Erlich, H.S. (2003) 'Experience—what is it?'. *International Journal for Psychoanalysis*, 84: 1125 – 1147.

Ford, D. (2007) *The search for meaning: a short history*. Berkeley/Los Angeles/London: University of California Press.

Grouden, M. E. and Jose, P. E. (2014) 'How do sources of meaning in life vary according to demographic factors?'. *New Zeeland Journal of Psychology*, 43(3): 29 – 38.

Grouden, M. E. and Jose, P. E. (2015) 'Do sources of meaning differentially predict search for meaning, presence of meaning and wellbeing?'. *International Journal of Wellbeing*, 5(1): 33 – 52.

Iwasaki, Y. (2008) 'Pathways to meaning-making through leisure-like pursuits in global contexts'. *Journal of Leisure Research*, 40(2): 231 – 249.

Kekes, J. (2000) 'The meaning of life'. *Midwest Studies in Philosophy*, XXIV: 17 – 34.

Kelly, J. R. (1994) 'The symbolic interaction metaphor and leisure'. *Leisure Studies*, 13: 81 – 96.

Kelly, J. R. (2012) *Leisure*. Urbana, IL: Sagamore.

Kruithof, J. (1968) *De zingever. Een inleiding tot de studie van de mens als betekenend, waarderen en agerend wezen*. Hilversum, the Netherlands: Uitgeverij Paul Brand.

Lengkeek, J. L. (2001) 'Leisure experience and imagination. Rethinking Cohen's modes of tourist experience'. *International Sociology*, 16(2): 173 – 184.

Liu, H., yeh, C.-K., Chick, G. and Zinn, H.C. (2008) 'An Exploration of the Meanings of Leisure: A Chinese Perspective'. *Leisure Sciences*, 30: 482 – 488.

McLean, D. L. (1997). 'Response to Coalter: Understanding the "meaningfulness" of leisure'. *Leisure Studies*, 19(4): 273 – 275.

Meaning, www. thefreedictionary. com/meaning (retrieved on 7 August 2015) and www. oxforddictionaries. com/definition/english/meaning (retrieved on 7 August 2015).

Muthert, J. K. (2007) *Verlies en verlangen. Verliesverwerking bij schizofrenie*. Assen, the Netherlands: Van Gorcum.

Nevile, R. D. (2014) 'Leisure and the luxury of experience'. *Leisure Sciences: an interdisciplinary journal*, 36(1): 1 – 13.

Oksala, J. (2014) 'In defence of experience'. *Hypatia*, 29(2): 388 – 403.

Park, C. L. (2005) 'Religion and Meaning' in Paloutzian, R. F. and Park, C. L. (eds) *Handbook of the Psychology of Religion and Spirituality*. New york/

London: The Guilford Press: 295 – 314.

Pine, J. B. and Gilmore, J. H. (1999) *The Experience Economy. Work is theatre and every business a stage.* Boston: Harvard Business School Press.

Przelecki, M. (2000) 'The meaning of life'. *Dialogue and Universalism*, 10(1/2): 101 – 106.

Ragheb, M. G. (1996) 'The search for meaning in leisure pursuits: review, conceptualization and a need for a psychometric development'. *Leisure Studies*, 15: 245 – 258.

Ramberg, B. and Gjesdal, K. (2005) 'Hermeneutics'. *Stanford Encyclopaedia of Philosophy* http: //plato. stanford. edu/entries/hermeneutics/ (retrieved on 5 August 2015).

Reker, G. T. (2000) 'Theoretical perspective, dimensions, and measurement of existential meaning' in Reker, G. T. and Chamberlain, K. (eds) *Exploring Existential Meaning: Optimizing human development across the lifespan.* Thousand Oaks, CA/London: Sage Publications: 39 – 55.

Roberts, K. (2006) *Leisure in contemporary society. Second Edition.* Cambridge: CABI.

Rojek, C. (1995) *Decentring Leisure. Rethinking Leisure Theory.* London: Sage Publications.

Scott, J. W. (1991) 'The evidence of experience'. *Critical Theory*, 1 (4): 773 – 797.

Scott, J. W. (1992) 'Experience' in Butler, J. and Scott, J. W. (eds) *Feminists theorize the political.* London: Routledge: 22 – 40.

Sirgy, M. J. (2012) *The psychology of the quality of life. Hedonic well-being, life satisfaction and eudaimonia.* Dordrecht/Heidelberg: Springer.

Spracklen, K. (2009) *The meaning and Purpose of Leisure. Habermas and Leisure at the End of Modernity.* Basingstoke: Palgrave Macmillan.

Steger, M. F. and Dik, B. J. (2009) 'If one is looking for meaning in life, does it help to find meaning in work?'. *Applied Psychology: Health and Well-being*, I(3): 303 – 320.

Stoker, W. (1993) *Is vragen naar zin vragen naar God? Een godsdienstwijsgerige studie over godsdienstige zingeving in haar verhouding tot seculiere zingeving.* Zoetermeer, the Netherlands: Meinema.

Svarstad, H. (2010) 'Why Hiking? Rationality and Reflexivity Within Three Categories of Meaning Construction'. *Journal of Leisure Research*, 42(1): 91 – 110.

Sylvester, C. (2008) 'The ethics of experience in recreation and leisure services'. *Journal of Park and Recreation Administration*, 26(4): 21 – 41.

van Woudenberg, R. (2002) *Filosofie van taal en tekst*. Budel, the Netherlands: Damon.

Watkins, M. (2000) 'Ways of learning about leisure meanings'. *Leisure Sciences*, 22: 93 - 107.

Watkins, M. (2013) 'Using Intentional Attributions to Explain Change in Leisure Meanings'. *Leisure Sciences*, 35: 89 - 106.

Watkins, M. and Bond, C. (2007) 'Ways of experiencing leisure'. *Leisure Sciences*, 29: 287 - 307.

Watkins, M. and Schulz, J. (2007) 'The development of the leisure meanings inventory'. *Journal of Leisure Research*, 93(3): 477 - 497.

Wolf, S. (2010) *Meaning in life and why it matters*. Princeton: Princeton University Press.

Wong, S. (2012) 'From logotherapy to meaning-centered counselling and therapy' in Wong, P. T. P. (ed.) *The human quest for meaning: theories, research and applications*. New york: Routledge: 619 - 647.

第四章
休闲与认同

在第二章,我们深入探讨了自由和自由意志这两个在哲学史上的主要议题。而个人认同(即什么是"自我")无疑是另一个至关重要的议题。在休闲领域中,这两个议题的相关性比在其他概念领域更加密切,本章将对此进行深入探究:人们可以利用休闲赋予的自由,作出与自己已经稳定的个性特征(例如:对积极生活方式的特定偏好)一致的选择,或者进一步巩固个性特征,例如帮助个人(在发展的或内在的动态个性中)发现自己的真正喜好。换言之,休闲行为和相关体验有助于个体表达自己是谁,或者探究自己想要成为什么样的人。

休闲研究中充满了引人入胜的理念,包括休闲在生命历程中的作用,以及休闲选择与个性特征、人们在休闲时间里期望表达或希望满足的心理需求和欲望之间的动态关联。当然,心理学家如克莱伯(Kleiber)和伊索霍拉(Iso-Ahola)等心理学家,以及以迪纳(Diener)和奇克森特米哈伊(Csikszentmihalyi)为首的倡导积极心理学范式的研究者们,他们的广泛研究成果为这些话题提供了丰富的论据和洞见。

然而,这里蕴含了一个更深层次的问题。在人们能够谈论休闲相关的体验,或者表达欲望、决定利用休闲时间来满足某些特定需求等之前,我们需要消除关于"个人"定义的一些概念障碍。毕竟,正如第二章所述,休闲时间往往涉及不同活动,人们主要以上述活动所产生的体验质量为标准来选择活动。根据不同的休闲活动,人们会在不同的社会结构中与不同社会阶层的人进行互动,其中可能涵盖各种社会规范,这些规范为不同休闲情境设定了各种规则(可接受的或可预期的)。在所有这些变化中,假设:存在一个相对稳定的核心,即自我,其所做出的选择可以被自我和他人视为与其特定的个性特征一致。我们将把这方面需要做的工作建立在对个人认同这个基本哲学讨论之上,这与人何以为人有关:即

"我是谁"和"你是谁"？

这些问题的答案与休闲研究高度相关，因为个人认同和休闲选择行为紧密相关，正如前文所述：休闲可以成为人们自我"表达"的主要情境，例如，通过选择符合他们价值观、需求和愿望的活动，向世界表明他们所重视的事物。与此相关的是，休闲对个人认同所具有的*建构性*力量，也就是说，个人依据偏好和自身兴趣来选择探究某项活动，这有助于塑造自我，形成独特的偏好、需求或价值观。

这些心理层面和存在层面的问题，对休闲研究方法论和休闲管理具有重要启示。也就是说，许多在休闲研究中常见的、与休闲政策相关的研究方法，例如调查顾客对某些休闲设施或旅游目的地的愿景和需求时，只有在预设了心理行为的连续性和可预测性（至少在统计学意义上如此，即跨群组性①）的情况下，才能得出有意义的解释。如果调查对象对过去经历、当前期望、个性特征等方面的报告真实可信，将有助于预测未来的休闲行为，进而帮助确定休闲设施管理部门所要制定和执行的策略，但前提是，我们可以有把握地假定这些调查对象（或者他们代表未来更大的消费者群体）会继续表现出与所提供的回答相一致的行为，或者未来偏好模式和选择行为的变化在逻辑上与测量结果吻合。

在本章，我们将详细讨论休闲和个人认同的关系。首先我们将讨论哲学传统中关于个人认同的基本观点。

哲学观点中关于个人认同的基本特征

基本的哲学直觉认为关于"我是谁"的问题可以有两种类型的答案。第一种回答与人们认为对其个性特质至关重要的东西有关，比如价值观、个性行为和观点、希望和梦想、对未来的计划等等，这些决定了他们认为自己是怎样的人。第二种回答与第一种相关，但更为抽象：人们可以认为自己与一年前、五年前或十年前是同一个人——那么是什么使这种想法能够成立呢？

个人认同的哲学问题主要与第二种回答相关，但显然也与第一个回答高度关联。本章的基本论述顺序也是如此：首先讨论哲学分析中个人认同的基本观点，然后融入社会交往、具身性、现象学和叙事性等视角。这些概念都与将要详

---

① 跨群组性（across groups）在统计学上是指不同人群（如不同的年龄段、不同的收入水平等）的统计结果是一致的。

细阐释的休闲分析高度相关。

然而，首先应该区分"认同"的三重主要含义。第一层含义是"同一性"，即一个物体和另一个物体是同一事物。当两个物体拥有（足够多的）相同属性时，它们在*性质上*是同一的。例如，两个苹果可以在大小、颜色和形状上有所不同，但根据一些有限却实用的检查标准，它们仍然是"苹果"的两个实例，因为它们享有足够多的"相同"特征。相比之下，数量同一性的含义是"完全相同的物体"，例如，我们在五分钟前见到的人和此刻在我们眼前的是同一个人。

第二层含义是个人认同，通俗地说就是"自我"之所以能被定义，是由于个人特性保持不变，或能明显地被追溯到个人早期的特性。这种认同正是休闲社会心理学的核心特征（参见 Kleiber *et al*. 2011），也是本章后续讨论的重点。

第三层含义是社会或文化形式的认同，涉及个体可能被视作*社会*或*文化*群体组成部分所具有的特性（例如，在社会或文化情境中扮演特定角色）。第九章将重点讨论休闲在创建具有共同价值观的群体或社区中的作用，以及共同创造解决社会问题方法的可能性。

下面将讨论关于个人认同的三种标准哲学观点：*简化视角*和运用*生理*或*心理标准*来定义认同的方法。由于这些观点无法独立解释某些关键部分，我们将提出第四个综合的、互动的视角（源自具身认知理论），该视角（尽管不无争议）在概念上足够丰富，足以成为描述参与休闲活动的人们的基础，并可以通过实例来佐证。

第一种关于个人认同的标准哲学观点是*简化视角*，主要认为个人认同取决于（贯穿时间的连续性）一个既非生理也非心理的实体，比如，灵魂。该观点基于人的身心二元论，即身体和灵魂作为不同实体，二者之间具有根本区别：在不同时刻被认为是相同事实，无论是心理事实还是生理事实，都被称作是不可还原的（Korfmacher 2006）。这种观点在柏拉图、笛卡尔和许多宗教思想家的观点中可以找到。当然，简化视角的问题在于，它取决于（在现代，经常是在宗教或精神领域）关于自我，或作为自我载体的灵魂这种非物质实体的说法的真实性，而这种说法在现代科学或学术界的支持很有限。

第二种标准哲学观点使用*心理标准*来定义个人认同，主要与约翰·洛克（John Locke 1689）和德里克·帕菲特（Derek Parfit 1984）的研究有关。其核心论点是，如果存在心理特性的连续性，比如重叠记忆，那么在时间 2 和在时间 1 就是同一个人。假设 25 岁的约翰可以记得 15 岁的约翰，同时，35 岁的约翰可以记得 25 岁的约翰,那么就存在一个重叠的记忆链,即使 35 岁的约翰不一定记得 15 岁的约翰,我们也可以说 35 岁的约翰和 15 岁的约翰是同一个人。其他能够构成这种心理连续性的特征是类似的信念模式和性格特征,或者一致的跨时间的意向—行动组合(例如:如果某人今天决定明天做某事,如果没有发生阻止她实现这个意愿的事件,通常会按照计划执行)。

使用心理标准定义认同存在循环论证的问题,因为并非所有记忆都可靠:某些人可以记住自己实际上未经历的事情(参见 Hirstein *et al*. 2005)。因此,心理连续性只能依赖"真实记忆",以区别于虚假不可靠的记忆。问题在于,在定义"真实记忆"时会出现循环。假定某人宣称某事是"真实记忆",这取决于以下几个命题的正确性:假设 X 是一个真实记忆,如果(当且仅当)① 某人过去经历过 X;② 这个人现在记得她经历过 X;并且③ 这个人和过去事实上经历过 X 的人是同一个人。只有在个人认同的概念已经被预先假定的情况下才成立。毕竟,需要一个"我"作为这些真实记忆的载体。

第三种标准哲学观点使用*生理标准*来定义个人认同。在这种推理过程中,个人认同问题被简化为关于身体基础的问题,即当前的身体或大脑(或被认为构成认同的任何物质实体或特性)是否与过去一致。提出心理过程可被还原为生理学解释的生理学家和神经生理学家非常赞同这一观点,宣称完全可以根据人的生物学特征和行为(通常是大脑活动),来解释诸如信念、态度、愿望等概念。

帕菲特(Parfit 1984)依据一个关于远距离传送装置的思想实验提出反驳。有些人可能会认出实验中的装置,这是电视剧《星际迷航》的虚构装置。故事内容如下:一个人走进了地球上的一个远距传送装置,该装置准确地测量出这个人所有的生理和心理特质,而后将其肉体摧毁。与此同时,在火星上,一个相互联系的远距传送装置根据测量数据重造了这个人,从而产生了一位属性相同的分身。帕菲特认为,我们直觉上会认为这个分身与原身共享所有记忆、个性和身体特征,所以原身和分身可以被视作同一人。如果属实,则认同不依赖于物质基础(肉体或大脑)的时间连续性——因为这种基础在时间上是断裂的。

当然,现在(到目前为止)还不存在远距传送装置,思想实验的有效性取决于*直觉*和个人认同的依据,而非该装置的实际可行性。因此,如果分身和原身相同,那么个人认同的生理标准就无法成立。然而,远距传送装置的思想实验本质上是一个虚构的、瞬时的,并且传送速度比现实中生命更新速度更快的过程。也就是说,在整个生命过程中,除了眼睛和大脑皮层的某些部分,构成我们身体的大部分分子都被替换了。再进一步说，如果我们赞同在眼睛和大脑的这些部分也被更换的情况下，个人认同仍能保持，那么至少生理标准并不比其他标准更有说服力。

生成论与认同叙事

鉴于上面提及的简化视角、生理标准和心理标准都不足以解释一个合理严谨的个人认同概念，因此还需要其他理论对此进行解释。第四种方法：*生成论*，一种基于*具身认知和嵌入式认知范式*的动态互动观点，可以说提供了一个更实用、生态更合理的解释。

本节将探讨生成论和叙事这两个重要概念，它们有助于解释个人认同问题。接下来将讨论叙事在大众心理学中的作用（即对他人心理状态的归因进行探讨，这使我们得以解释行为）以及社会互动的具身认知基础。这些理论和概念丰富了我们的概念工具箱，在本书后面章节中，可以用它们来分析休闲行为和有意义的休闲体验。毕竟，休闲活动在最能体现个人认同的时候（尤其是需要娴熟技能的活动，包括严肃休闲活动、运动中畅的体验和无与伦比的美感体验），往往是基于身体的情感和分析认知过程的动态、有意义的互动。

在现代认知哲学中，"具身认知"与"嵌入式认知"确切否定了在概念上将精神/心理与生理分开的必要性。换言之，上文描述的生理或心理标准的区分具有一定意义。作为解释心理过程的另一种方法，具身认知理论认为，解释心智时需要考虑心智控制身体的方式，以及身体特质是如何反过来促进和/或限制心智活动的。在此基础上，许多观点认为认知也是*嵌入式*的，这意味着环境（即生物体的外部因素）特性对解释认知过程也至关重要。

生成论采取了明显动态的、以过程为中心的更加严谨和综合的视角（Varela *et al*. 1991）。生成论认为，应当依据身体和世界的互动过程来理解认知。一个行动者并不像她拥有蓝眼睛或卷头发那样*拥有*一个信念。当然，有了信念就意味着付诸行动，不管这种信念在与世界的相互作用中意味着什么。这个原则尤其适用于感觉运动活动：比如观察就不是被动获取信息的过程，而是一个与环境互动的具体模式（O'Regan and Noë 2001；Noë 2004）。

值得注意的是，采取生成论方法也意味着开始整合关于"我是谁"问题的两种回答，本部分就此展开论述：生成论观点不仅仅是形式上可识别的标准，它还整合了在与所有相关的内在(如情感、期望)和外在(如环境—心理互动、社会反馈)过程互动中建立个体认同内容的观念。这对分析休闲具有重要意义,因为休闲在个人层面上拥有选择有意义和成长性体验的潜力,这对个体认同内容有重要贡献。

发展心理学研究结果已证明,在成长过程中构建认同的动态和互动观点非常重要。幼儿的自反性描述涉及身体特征(Keenan 2002),比如,"我有这么高,我可以做到那个",以及以自我为中心的关注力(McAdams 2001)。在定义自我形象时,这些儿童很少把自己的特征和观点与他人的特征或观点进行比较。在童年后期和青春期,则出现了更多的心理描述(即指向内在过程,如感受、情绪、信念),以及更具合作性的道德倾向(即试图将自己与他人联系起来,评估自己的选择是否符合社会规范,并通过与他人比较理解自我)。从儿童到成年的过程中,出现了一种以自我理解为基础的自我—他人辩证法,即由情境驱动的心理认同与差异化的社会中介互动机制。

在这个动态互动过程中,什么可以算作"自我"呢? 丹尼尔·丹尼特(1992)提出了一个特别精彩的观点:他把自我定义为叙事重心。物理学中的重心不是实际物体或物体中的有形物质,而是一个由物体的形式和行为所定义的虚拟点。同样,个人根据过去经历、深层价值观、当前需求和愿望以及对未来的展望所做的一切选择,共同通过暗示一个连贯的叙事核心即生活故事来定义自己是谁。鲍尔和范·莱文(2013)也提出类似观点:个人认同是在叙事背景下通过增加新的体验建构的。休闲在叙事中尤为重要,因为在不同的休闲情境中表现不同的行为可以使人们的体验多样化。人们基于类似连贯的、构成我们生活故事的一系列体验来理解自我和他人(见 Van Leeuwen 2009)。如果这个故事的某些部分足以对自我和他人产生意义,就可以认为它们与个性特征有关。根据支持这一特征的生活故事中的一系列事件,我们可以将某人描述为运动型、热情型、严肃型,或者他也可以这样定义自己。

这就是认同叙事的本质,即将体验置于一种有意义的秩序中。这与德·格拉齐亚(2005)的观点一致,他认为自我创造(即自我管理,"有意识地,深思熟虑地自我塑造")是对自我叙事的自主书写(即个人如何理解自己、身份认同以及希望如何向他人展示自己的连贯故事表达)。如第二章所述,休闲在塑造"自我创造"形式中尤为重要。也就是说,人们可以利用休闲中固有的自由来探索其他行为模式和情境,探索构建个人叙事的不同方式。从某种意义上说,休闲活动提供了个人"实践"成为想要理想自我的场所，并体现在人生的其他选择中。

罗伯茨（2013）强调了休闲在创造生活叙事中的潜在作用。他认为，休闲活动对于创造不同生活阶段的连续性非常重要，例如通过某项活动（如爱好，体育俱乐部会员资格等）来表达热爱。比如，即使当生活中的其他重要方面发生变化时（当你搬到大学学习、成为父母或退休），个人可以通过保留自己的休闲习惯，来加强自己生活故事的连贯性。这种基于休闲的连续性也有助于发展或维护个体认同，例如，通过严肃休闲来培养技能、能力或加强社会关系，以应对生活变迁带来的不确定性。

讲故事与大众心理学

到目前为止，我们已经介绍了一组非常有价值的关于休闲的分析概念。第一，有观点认为，叙事是个人认同的主要组成部分，其中（休闲）体验有助于构建有意义体验的个体叙事，而讲故事则是休闲提供者的辅助实践，能够促进以休闲为指导的人格发展。第二个观点，即理解自我和他人是一个不断变化的过程，尽管到目前为止这一观点鲜为人知，但同样重要。换言之，个人认同的关键方面是在与他人的互动中建立的，而这种互动包含了具身因素和情境因素。

为了明确并整合这些因素，我们可以借助丹·哈托（Dan Hutto 2009）的*叙事实践假说*。该假说阐述了儿童成长过程中叙事如何有助于培养理解他人的能力，这一能力是成功进行社会交往（当然包括许多休闲活动）的基本技能。

为了理解哈托的观点，需要借助另外两个定义。第一个定义是大众心理学：这是一种依据理性决策过程来理解意向行为的实践。如果某人做了某事，另一个人可以把这个人理解成他已经想要、决定、希望、考虑做某事等等——观察者能在自己身上发现，但并不能在他人身上直接观察到的心理过程，然而由于可以理解他人的行为，仍然可以认为他人具有这种心理过程。因此，许多大众心理叙事预设了（甚至要求）心理状态的归因，由于行为主体表现出合适的（即预期的、叙述一致的）行为从而能够合理化这些归因。

关于第二个定义，在认知哲学中，*心智理论*或"读心术"是指将他人理解为拥有思想、情感、个人价值观、理由等的个体，尽管无法直接接触到这些心理内容，但可以预测他人的行为。虽然个人无法看到别人的内心想法，当然也并不拥有像魔术师所宣称的拥有"读心"的超能力，但可能会有意识或下意识地受到与思想相关行为的影响,例如面部表情,从而能够预测他人行为。

哈托的假设整合了这两个定义。他的核心观点是,"心智理论"在很大程度上存在于理解他人行为的叙事连贯性的能力中,也就是说,大众心理学从根本上讲是叙事实践,其中故事和讲故事在促进主体间性和社会认知方面发挥了重要作用。解释他人的行为包括(重新)构建类似故事的叙述,将观察和假设的心理归因置于连贯脉络中。比如有人会说:"我觉得哈利那么用力地踢垃圾桶是因为他感到沮丧,也许他早些时候听到了坏消息。"叙事实践假说是一种关于人们如何获得"读心"能力的假说,即通过接触明确描述包含诸如信仰和欲望等心理状态的故事,并解释这些故事如何在构建和引导故事人物的行为和生活选择方面发挥重要的因果作用。

如果考虑童话故事、儿童故事书等,当然很容易理解成人与孩子们分享的许多故事以及作为睡前仪式经常重复的许多故事实际上是类似的。像这样的故事/叙事是一种泛文化现象,而且,正如斯卡利塞·杉山(Scalise Sugiyama 2005)所述,没有比这更好的语言和更紧凑丰富的故事来解释大众心理学的概念了。

因此,根据哈托(2009)的观点,在日常社会交往中*使用*大众心理学技巧,是一种通过叙述故事来解释他人(以及自我)行为的原因、动机、感觉等的行为。在成长过程中获得这样的大众心理技能在很大程度上需要(如通过父母)讲故事来实现,在这些故事中,他人(和自我)的行为也同样被解释为原因、动机、感觉等。

具身与参与式意义建构

许多休闲活动属于集体活动,其成功举办取决于信息交流。其中一些信息是通过言语传递的,但也有许多信息隐藏在非语言暗示中,例如面部表情和肢体语言。这体现了哈托描述的心智理论叙事能力其实是更基础过程的表达,这正是生成论主张的核心所在:认知的具身本质。在介绍自我作为叙事重心的概念时,我们已经简要提及具身认知概念的核心是生物学对心理学的影响:心理过程(思想、观念、情感、体验)的涌现基于具身过程,而大部分具身过程具有自发性和直觉性。个体的有意识理性决策往往基于身体,比如情感。

加拉格(Gallagher 2005)认为(有意义的)言语源自身体动作*和*声音的同步表达。也就是说,(表达的)"意义"来自共享的行为结构。而这些共享的行为结构出于必要被嵌入意义的交互过程,涉及个体与他人及其共享的物理环境的结构耦合。其基础是主体间相互作用的结构（即身体句法）①，而行为、声音和符号表达的意义则来自这些互动。因此，我们可以提出这样的假设，即这些行为结构之所以有意义，部分原因在于它们是同类动物之间（如母亲和孩子）不可避免的（即自动发生的）互动适应过程。

斯特恩（Stern 1985）支持*情感调谐*②概念，至少就其本体论/发展方面而言。婴儿和母亲能够分享情感状态，在很大程度上依赖于镜像行为结构。这种镜像行为③在孩子远未发展出连贯语言能力时就已出现。在这些镜像行为例子中，发声、面部表情、身体动作等在强度、节奏、持续时间和形状等方面进行无意识调谐。这些互动的一个非常重要特征是其*跨模式性*：斯特恩（1985）提到，在 39％的情况下，母亲的反应模式不同于孩子的行为模式；在 48％的情况下，至少在某些反应特征上是不同的。例如，孩子挥臂动作的节奏可以与母亲的感叹节奏相匹配。或者，孩子的面部表情（从微笑到皱眉再到微笑）与母亲的声调变化（高到低，再到高）相匹配。

由于模式不同，这些匹配*并非模仿*；斯特恩认为，这些匹配表现了与行为主体（某些方面）感觉的行为特征相协调，这就是他所称的*情感调谐*："那么，情感调谐就是一种行为表现，它表达了共同情感状态的感觉质量，而不是对内心状态确切的行为模仿"（Stern 1985：142）。值得注意的是，在大多数情况下（67％），互动的行为主体在很大程度上并没有意识到他们正进行着这些协调活动：他们正在相互作用，通常并不是以有意识的方式来控制实现这一目标的手段。

情感调谐现象及其在定义我们是谁和我们理解的他人是何人的过程中发挥的作用，对我们理解休闲具有两方面的重要意义。

首先，许多休闲活动在本质上是社交性的，需要采取足够的情绪和态度调谐措施才能成功。如果观众对音乐所提供的情感线索有类似反应，那么一场音乐会的体验就会更加令人印象深刻：如通过同步鼓掌，或在歌曲结束后产生共鸣

---

① 身体句法（bodily syntax）是语言学家和认知科学家使用的术语，指人类身体运动的语法结构和组织方式。类似于语言语法中单词和短语之间的关系，身体运动也遵循一定的规则和结构，这些规则和结构能够产生意义和信息。例如，手势、面部表情和身体姿势等都可以被视为一种身体语言，这种语言可以传达情感、意图和信息等。

② 情感调谐（affect attunement）也被翻译为"情感共鸣"、"情感调和"等。本书统一翻译为"情感调谐"。

③ 镜像行为（mirroring）是指一个人不自觉地模仿另一个人的手势、语言模式或态度的行为，经常发生在社交场合，特别是在亲密的朋友或家人的陪伴下，此行为发生频率较高。镜像行为可以与被模仿的人建立融洽的关系，因为非语言手势的相似性使人感到与展示镜像行为的人更有联系，使个人感到更多的参与感和归属感。

而爆发欢呼来表达享受和兴奋。艺术家还可以利用这些同步反应来增强表演的激情,例如用手势、呐喊和吟诵来调动观众情绪。

其次,情感调谐的跨模式性意义重大。建立跨模式情感调谐的能力形成了有意义和生成性的张力,这对发展更高层次认知能力至关重要,因为更高的认知能力往往基于共享情感和调谐同步的身体句法(参见 Lakoff and Johnson *et al.* 2003; Van Leeuwen 2009)。与此相关的是*隐喻*在语言中的作用:它们将会话意义置于字面意义之外,以吸引听众展开理解,以全新视角看待事物,用全新方式体验事物,因此创造了更令人振奋和激动的新语境。"堆积如山的文书工作"并非是现实中真正的地质构造,但通过使用这种非字面意义的描述,听者被迫感受到任务之艰巨,就好像正不幸地等待着办公室工作人员把这座山放在她的办公桌上一样。个人认同的叙事本质使人们容易受到隐喻的启发,第九章的一个重要论点将是,休闲活动如何拥有类似的力量来重新定义态度和重塑视角。

社会实践使人们能够建立并探索身体和(特别是)社会规范,这与罗伯特·布兰顿(Robert Brandom 2000)的哲学观点高度一致。布兰顿(1994,2000)提出一种他称之为推理主义①的立场,它构成了整体主义语义学,产生于给予和要求解释的社会实践中。这种实践包括行为主体的承诺(致力于社交游戏,包括它所需要的一切)、承认认可(接受他人的行为以表达世界观)和行使权利(强调个人行为的正确性)(Barasen 2000)。

驱动给予和请求推理的一种动力在于具身情感[达马西奥(Damásio 1998)所宣传的,也与上述的情感调谐一致],以及与之相伴的现象学。布兰顿将具身情感如欲望直接指向意图,即感知的行动意图。人们倾向于以叙事形式来理解这些行动意图:通过(重新)建构某人在决策前的故事,可以在某种程度上洞察他人意图。这种洞察力是理解个人认同叙事以及有助形成该认同的社交心理过程的核心。从这个意义上说,归因于经验、信念和行为的叙事框架使我们能够把他人视为有希望、有梦想、有动机、有欲望的全面发展的人,从而实现包括休闲场域在内的有意义的社会互动。

所有这些社会互动的基石,都有助于参与式意义建构的实践(De Jaegher

---

① 布兰顿的推理主义语义学主张,从推理而不是表征来阐明概念使用,从而确定语言的意义(李红、黄如松,2015)。他以实用主义"实践优先"的原则,开创了一条语用解释语义的研究进路来阐释语言的意义。在解释地位上语用学具有优先地位,而语用学本质上是规范的事情,只有从规范语用学的角度才能对语义内容进行充分的解释(陈水英、冯光武,2022)。

and Di Paolo 2007)，这是一种集体实现有意义交流的社会实践。当然，人类也参与了联合行动、反应和互动过程。这种社会互动是试图实现互补和互惠目标的复杂互动协商的基础。团队一起参与体育比赛，或者爵士乐队演奏即兴创作的音乐，均为具身参与式意义建构过程的典型例子，这些互动过程都需要大量的非语言、基于身体和面部表情的交流。人们通过做出即时的、几乎是潜意识的行为和反应，来描述意图以及根据他人决定快速规划自己的行动，进而使比赛得以进行，或使得音乐能够成为参与者和观众都可以理解和享受的艺术。

休闲中的生成与叙事

本章阐明的观点和概念将在后续章节得到更广泛应用（尤其在第六、八和九章），这里我们将在休闲情境下演示这些思想的应用，主要有两个例子：第一个关于主题公园体验，第二个关于具有明显叙事元素的休闲事件。

第一个关于主题公园体验的例子，展示了认知和（基于身体的）情感的高度相关性，以及将二者人为分开造成的困惑。回想一下与生成论相关的一个主要观点是，认知和情感在现实中是不可分割的（也许概念上可分，但如果非要将其分开，就必须付出巨大努力）。

比涅（Bigné）等人（2006）研究了情感和认知在影响主题公园满意度中的作用。他们指出，"按传统来说，满足感被认为是一种认知状态，受认知前因影响并且具有相对性，也就是说，它是一种将主观体验与先验标准相比较后产生的结果"（Bigné *et al.* 2006：834）。

他们在分析中提出了两种解释路径。第一种是情感—认知路径，即认为生物、感官或认知活动产生情感，这种情感体验是一种认知活动："游客感受到的积极唤起影响了他们对主题公园的感知（即一种先入为主的认知偏差）和愉悦感。"另一种路径则相反，即认知—情感路径，它反过来表明对人与环境关系的认知评价会引发情感反应："先入为主的认知偏差会激起游客的兴奋感，从而增加了他们的愉悦感"（Bigné *et al.* 2006：835）。比涅等人声称认知主义观点更好地解释了愉悦感对主题公园满意度和顾客忠诚度的影响。

然而，基于本章已介绍的生成论视角，这里或许可以提出一个更全面的观点：具身体验是一种唤起感/满足感（或相反的情绪），而且最初不需要以有意识/"认知的"方式来处理这些体验，即某些事情可以使你从中获得简单的快乐，或者让你"感觉不舒服"。当调查人员要求主题公园游客表达他们对公园的看法时，基本上强制大多数人运行自我反思程序：游客们需要在参观后分析自己的非语言体验，并将这些分析用于采访，或者量化这些定性体验来回答调查中的问题。

由此"玩得开心"或不开心（以及介于两者之间的一切）的体验具有情感/现象和认知维度，但这些维度并不能像比涅等人所认为的那样可以轻易分离。区分它们需要付出努力：参与研究项目的受访者在进行理性评估之前，需要先思考并解释自身，而这个过程相当容易出错。

除概念上区分认知和情感未必正确之外，还有几个额外参数可能会产生很大变化，从而对数据产生举足轻重的影响。其中社会参数在起作用：受访者的观点会受到同伴的影响，尤其是在大多数类似参观主题公园的集体活动中，同伴的影响是难以避免的。此外，受访者和调查人员之间的社交互动也会产生影响，例如受访者是否愿意坦诚地向调查人员进行解释。

文化参数也可能相关，特别是在使用故事和通过讲故事来增强体验的主题公园里，比如迪士尼的卡通人物，或者荷兰主题公园"艾夫特琳"（De Efteling）广泛使用的童话故事。因此，游客对特定童话故事或人物的熟悉程度决定了自然联想的范围，也决定了与这些公园的人物和主题景点相遇所引起的体验的新颖性和特点。

认知参数的变化是多样的，因为用语言表达体验的能力可能会有很大差异——正如上文所述，这非常重要。情感参数的变化是对情感线索的反应，可能存在明显个体差异，以及情感反应的深度和特征也存在不同。这包括基本偏好差异，例如，在主题公园，青少年①可能更喜欢坐过山车，而青春期前的孩子可能更喜欢邂逅卡通或童话人物。

这里的关键在于，认知分析和情绪反应之间的常规区分，它们既可以被单独测量，也可以用简洁的因果链描述，这是非常大的简化，而且不一定必然能提高解释潜力。因此，我们仍需澄清许多概念才能得到有效的解释。

第二个需要提到的例子汇集了本章诸多元素。正是休闲活动为解释、建构和重构叙述认同提供了适当的有意义社交互动和共享体验环境：例如在荷兰布

---

① 根据世界卫生组织的定义，青少年（adolescent）的年龄从 10 岁到 19 岁，是介于儿童期和成年期生命周期之间的人群。

雷达市举办的一年一度的"布雷达红发节"（Breda Redhead Days）①活动。该活动最初是一个红发人自发的低调的聚会，现在已经发展成一个持续多天的重大节日，包括活动、游戏、表演和聚会。来自世界各地成千上万的红发人聚在一起共同庆祝。最重要的是这个节日使人们相遇：喜庆、积极、休闲的气氛促进了现实生活中的相遇和现实社交网络的自发形成，当所有人都回家后，这些社交网络可以通过在线形式继续存在。

红发人能够结成友谊的原因在于他们有很多相似经历（可以讲述很多类似的故事），如社会排斥或偏见。参与红发节使这些人能够改变故事情节：活动本身会将其显著身体特征置于不同的、更积极的角度（在不同价值观的背景下，很多积极体验共同创造了不同的叙事，拥有红头发是件积极的事情），从而建立起自信和更有情感韧性的态度，促进（社会）网络的形成。在这种网络中，可以建立新的行为和新的关系。

红发节作为*休闲*活动的意义在于节日气氛有助于创造（相对）自由的环境，通过有意义体验（如共享活动、休闲活动）来重新整理或重塑个人价值观，这些体验囊括了不同种类的故事。在这种情况下，基于参与者显著的身体特征，他们所经历的任何历史都被积极重构。

此外，这种对新体验和新友谊的开放性也是一个将休闲与心智理论（或大众心理学）联系起来的有趣因素。当然，参与者的心智更容易接受他人在类似情况下的故事，而作为积极的重新规划的休闲事件会提高人们的分享欲望。这类休闲事件能使个体更加开放，更多地去理解他人的观点、感受、价值观和意图，这将有助于加强社会联结。

结论

本章主张将人视为整体，考虑人与环境的身体互动和基于身体情感对决策

①　译者在 2017 年赴荷兰布雷达应用科技大学交流时，该校一位教授为我们做了一场关于"红发节"的学术报告。那些拥有红头发的人，因为与众不同，在学校和工作等环境中经常受到嘲笑甚至歧视。直到有一天，一群红头发的人决定发起聚会，分享彼此的经历。2005 年刚开始时，聚会的人很少，后来逐渐发展为有 80 多个国家的成千上万红头发的人参加的为期三天的节日。在聚会中，因为红头发不愉快的经历让大家很容易产生共鸣，很快就建立了友谊，而且在聚会结束之后还能通过网络保持联系。这个节日验证了许多学术结论，还引发了很多学术讨论，比如前面讨论的"叙事"。因为有了这个节日，拥有红头发不再是噩梦，反而能带来愉悦体验特征，从而改变了个人认同的叙事。

过程的影响。在此过程中,社会互动和在特定社会文化背景下被认为是可接受的规范会调节这些决策。个体的个人认同则可以通过以往一系列的决策、态度、记忆以及期望、需求和欲望等来理解,总体上体现了叙事的连贯性。

休闲的有趣贡献在于,休闲活动中产生的有意义体验会丰富个人叙事的重要时刻(例如,特别令人怀念的年轻时的假期,某次气氛非常浪漫且特别的事件,让他正好有合适心情去见一位生活伴侣,等等)。反之亦然,恰当的休闲情境可以塑造期望,可以恰当地激发参与者的开放性,改变他们的观点、想法甚至价值观。上文"红发节"的例子已经揭示了部分效果。当然,这种重塑效应更广泛地体现在慈善活动中:人们利用(休闲)活动的事件性,感受节日和被接纳的氛围,置身于事件内容的特定叙事框架中(特定活动、故事、媒体使用,以及提供给游客的体验);通过休闲活动,使人们相信或做一些他们本能上不愿意做的事情。第九章将讨论关于应用这种休闲的深层动力。

"红发节"的例子表明,如果一个人能改变故事,就有可能影响他人的行为,这就是休闲所具有的强大潜力。我们在此回顾第二章强调的游戏的重要性。游戏被定义为一种制造模糊性的方式,(形象地说),是为系统引入动能,从而产生失衡,这种失衡表现为游戏性、出乎意料的事件或运动,会要求自我纠正产生改变——它迫使整个系统(个人或群体)去旅行、去改变、去做事情。如果在表演中艺术家向观众呈现令人兴奋和意外的东西,它会激发群众的反应。

游戏和叙事是休闲生产者(如音乐家、作家或活动组织者)的重要资源:采取讲故事的方式,即以一种叙事连贯、有意义和/或有效的方式呈现思想和体验,能创造意想不到的表演效果。然后,观众可以用他们自己对共享故事的贡献来补充这场表演:根据个人认同的叙事特征,通过创造一条从不稳定状态到正常状态的道路,使这条道路"对个人具有意义",即以自然的方式契合自己的生活故事。在这些互补的体验中,观众与表演者、休闲组织者和参观者、艺术消费者和艺术家之间的互动,将会给生活故事带来巨大转变。这将是本书第八章和第九章的讨论重点。

参考文献

Bigné, J. E., Andreua, L. and Gnoth, J. (2006) 'The theme park experience: An analysis of pleasure, arousal and satisfaction'. *Tourism Management*, 26: 833 - 844.

Bouwer, J. and van Leeuwen, M. (2013) 'The Meaning of Liquid Leisure' in Blackshaw, T. (ed.) *The Routledge Handbook of Leisure Studies*. London/New York: Routledge.

Brandom, R. B. (1994) *Making It Explicit: Reasoning, Representing, and Discursive Commitment* Cambridge, MA/London: Harvard University Press.

Brandom, R. B. (2000) *Articulating Reasons: An Introduction to Inferentialism*. Cambridge, MA/London: Harvard University Press.

Bransen, J. (2000) 'Normativity as the Key to Objectivity: An exploration of Robert Brandom's Articulating Reasons'. *Inquiry*, 45(3): 373 – 392.

Damásio, A. R. (1999) *The feeling of what happens: body and emotion in the making of consciousness*. New York: Harcourt Brace.

DeGrazia, D. (2005) *Human Identity and Bioethics*. New York: Cambridge University Press.

De Jaegher, H. and Di Paolo, E. A. (2007) 'Participatory sense-making: An enactive approach to social cognition'. *Phenomenology and the Cognitive Sciences*, 6(4): 485 – 507.

Dennett, D. (1992) 'The Self as a Center of Narrative Gravity' in Kessel, F., Cole, P. and Johnson, D. (eds) *Self and Consciousness: Multiple Perspectives*. Hillsdale, NJ: Erlbaum.

Gallagher, S. (2005) *How the body shapes the mind*. Oxford: Clarendon Press. Hirstein, W. (2005) *Brain Fiction: Self-deception and the riddle of confabulation*. Cambridge, MA: MIT Press.

Hutto, D. (2009) 'Folk Psychology as Narrative Practice'. *Journal of Consciousness Studies*, 6(6 – 8): 9 – 39.

Keenan, T. (2002) *An Introduction to Child Development*. London/Thousand Oaks, CA: Sage Publications.

Kleiber, D. A., Walker, G. J. and Mannell, R. C. (2011) *A social psychology of leisure. Second Edition*. State College, PA: Venture Publishing.

Korfmacher, C. (2006) 'Personal Identity'. *Internet Encyclopedia of Philosophy* www.iep.utm.edu/person-i/(retrieved on 18 February 2013).

Lakoff, G. and Johnson, M. (2003) *Metaphors We Live By. Revised Edition*. Chicago: University Of Chicago Press.

Locke, J. (1690) *An Essay Concerning Human Understanding*. London: Thomas Bassett.

McAdams, D. P. (2001) *The Person—An Integrated Introduction to Personality Psychology*. New York: John Wiley and Sons Inc.

Noë, A. (2004) *Action in Perception*. Cambridge, MA: The MIT Press.

O'Regan, K. and Noë, A (2001) 'A sensorimotor account of vision and visual consciousness'. *Behavioral and Brain Sciences*, 24(5): 883 – 917.

Parfit, D. (1984) *Reasons and Persons*. Oxford: Oxford University Press.

Roberts, K. (2013) 'Leisure and the Life Course' in Blackshaw, T. (ed.) *Routledge Handbook of Leisure Studies*. London/New York: Routledge.

Scalise Sugiyama, M. (2005) 'Reverse-engineering Narrative' in Gottschall, J. and Wilson, D. S. W. (eds) *The Literary Animal*. Evanston, IL: Northwestern University Press.

Stern, D. N. (1985) *The Interpersonal World of the Infant: A View from Psychoanalysis and Developmental Psychology*. New York: Basic Books.

van Leeuwen, M. (2009) *Thinking Outside the Box—A Theory of Embodied and Embedded Concepts* (PhD thesis). Nijmegen, the Netherlands: Radboud University Nijmegen.

Varela, F. J., Thompson, E. and Rosch, E. (1991) *The Embodied Mind: Cognitive Science and Human Experience*. Cambridge, MA: The MIT Press.

第五章
休闲与伦理

随着时间的推移，休闲思想一直在不断地被定义、传承、保存和改变。本书第一章阐述了不同的休闲历史观，从古希腊哲学家倡导的以美好生活和人类幸福为中心的休闲理念开始，到现代休闲观认为休闲是一门对人类繁盛和福祉至关重要的实证科学，形成一个完整的循环。人们注意到，各种各样的休闲理念似乎都与"存在的本质或成为人"有关。存在的本质或成为人反过来又与关于什么是（人）生命本质的本体论问题有关。这个问题的可能答案包括自然主义的、生物学的观点，比如"生命是一个动态更新的过程"，"所有的生命均由细胞组成"，"生命基于 DNA 系统"（Venter 2012）；心理生物学观点与"感知和思考等心理活动能力"相关，或与一些哲学观点有关，比如"生命是生命物质或事物的特征属性"（Hoffman and Rosenkrantz 1999：504），或者"生命可以被看作我们通过不同方式旅行所见到的风景"（Naess 2002：xi）。

这些对生命本质的"数字化"和"诗意化"描述并不一定是彼此对应或对立的。正如亚科比（Yacobi）所述，这些对生命本质的描述可以同时成立，"生命是一种动态更新的过程，主要表现为新陈代谢、繁殖、内部调节、生长和适应"（2014：40），但是"生命也是一系列的时刻和记忆。其中一些必须忍受，另一些则是令人愉快的、被认为或解释为美好的东西"（2015：90）。佩特-莫兰（Painter-Morland）以更深层次的方式将生命体和无生命体联系在一起，从而进一步"融合"了这两种观点。这与德勒兹（Deleuze）的观点一致，莫兰认为：无生命体不应该被认为是人类活动的"被动对象"，其自身便拥有"施为的能力"（competence of agency）[1]（2013：492）。

---

① 也可翻译为"主体能动性的能力"。吉尔·德勒兹（Gilles Louis Réné Deleuze，1925 年 1 月 18 日—1995 年 11 月 4 日）是法国著名后现代主义哲学家，是 20 世纪 60 年代以来法国复兴尼采运动中的关键人物，德勒兹正是通过激活尼采而引发了对差异哲学和欲望哲学的法兰西式热情。

生命被视为"影响和被影响"的"物质力量和流动"(2013：484)，也与自然有关
(2013：493)。两种生命形式都补充了人类所设想的现实，并让位于生命在本质
上是关于"尝试各种不同的'成为'的本体论概念(2013：492)。按照这一思路，
"存在的本质"或"成为人"都可以被看作一种动态状态，或者是融合个人、社会、
自然或环境的努力。(人的)生命从人类与这些领域的互动中产生，在这些领域
中被赋予形态，并由人类主导这些领域。这就引出了一些哲学问题，比如"这些
互动的本质是什么?"生命是否具有终极目的或意义，或特定的价值? 人类如何
(尝试)实现预设的生命目的? 或者正如第三章结尾所述，即个人如何找寻他们
生活中的"重要之物"?

几个世纪以来，学者们一直在思考这些问题，从哲学角度来看，这些问题都
是伦理问题。伦理学与生活有关，在其他方面，佩特-莫兰将之定义为"生活的研
究"(Painter-Morland 2013：484);邓·哈托认为伦理学是门"规范性地反映人
类实际生活的学科"(Den Hartogh *et al*. 2013：1-5);汤姆逊(Thompson)认为
伦理学是关于生活的艺术，他把生活描绘为"我们正在用来逐步构建的……一种
艺术作品的素材"(Thompson 2010：13);西尔维斯特提出伦理学应重点关注
"人们应该如何生活"(Sylvester 1987：173);而德雅尔丹提出要寻求"我们应该
如何合理维护生活"这一问题的答案(DesJardins 2014：14)。这与古希腊人主
要的哲学问题"怎样才能过上美好生活?"产生了共鸣，也是柏拉图和亚里士多德
思考的主要问题。正如第一章所述，柏拉图认为，过一种美好的生活可以归为通
过参与游戏来做出正确的选择和做正确的事情。亚里士多德认为，伦理学与理
解人类生活有关。他提出，追求美好生活是人类应该争取的最高理想，而这需要
参与或拥有休闲(*skholē*)来保证。"美好生活"中的"美好"这个形容词从根本上
是一个规范性概念，与休闲有关。因此，这一休闲理想似乎与伦理学密不可分。

然而，尽管在休闲与伦理的关系中假定了中心和原则，但是休闲学者们也承
认"当代休闲模式中缺乏伦理思考"(Lovelock 2015)。这导致《休闲研究年鉴》
在2015年发布的征稿启事中，要求投稿论文研究休闲领域中的伦理问题。另一
方面，《世界休闲学刊》(Robertson 2015)察觉到有必要对幸福进行反思，也在
2015年发布了相关的征稿启事。休闲与幸福之间的关系问题触及休闲的本质，
接下来这个问题将会明晰起来。这些基本问题似乎将(再次)成为学界的关注
焦点。

本章在休闲与伦理对反思休闲理念所具有的本体论价值的背景下，拟从哲

学视角探讨休闲与伦理之间的（相互）关系。首先，通过反思伦理的基本概念、道德反思的本质、最常用的理论方法和美好生活可能的终极形态或目的，来探讨伦理本质。其次，将重点讨论休闲学者如何理解和论述休闲与伦理的关系。第三，本章将会尝试深入探索休闲与伦理之间的相互联系，进而构建休闲伦理的基础。

伦理是什么？

伦理学，也被认为是道德哲学，是哲学的五个主要领域之一。另外四个领域分别是认识论（对知识的研究）、形而上学（对现实本质的研究）、美学（对艺术或美的价值的研究）和逻辑学（对论证和合理推理原则的研究）。伦理学涉及什么是道德上的善与恶，正确或错误的行为，研究道德价值、信仰、原则和理论。但从根本上讲，伦理学只尝试解决一个问题："我们应该如何生活？"（Desjardins 2014：13）。本节将思考伦理的本质、伦理学的研究方法以及人类（美好）生活的终极目标。

"伦理"和"道德"是定位和阐明伦理本质的两个核心概念。这两个概念在道德哲学的语境中界定了对人类行为的研究。然而，人们并没有就它们的确切含义达成共识。一些学者交替使用这两个概念（例如：Cohen 2004：12）。辛格（Singer 2015）将缺乏概念共识归因于人们对"伦理"的理解方式，即伦理与以道德为研究主题的学科有关，但又等同于道德。其他学者有时甚至以完全不同的方式对二者进行了区分。例如，伦理学除了反思行为对错之外，还与"个人偏好、情绪反应、宗教信仰、社会期望和基因决定论"有关（Lynn 2007：790），因而扩大了伦理的研究领域。关于"道德"，哲学家雷切尔（Rachels）认为不可能就道德给出"一个简单的、没有争议的定义"来说明什么是真正的道德，有太多关于过有道德的生活的概念了（1999：1）。然而，当人们反思知识的本质与"信仰与正当性"之间的关系时，为了能在认识论上更明晰，对"伦理"和"道德"进行区分就很重要。在面对文化多样性时，基于单一原则达成普遍共识的理念可能会受到极大挑战（Barteau and Trainor 2014：98-99）。那么，这两个紧密相关的概念在词源上的含义是什么呢？

"伦理"一词源自希腊语"*ethikos*"，而"*ethikos*"又来自"ethos"一词，意为"习惯、习俗、传统"（Desjardins 2014：14）或"性格、礼仪"（Skorupski 2003：203）。这导致伦理一方面关注指导其成员行为的社会或社群的规则和惯例，另一方面也关注着人们的情感及以特定方式采取行动的理由（Skorupski 2003：204）。

"道德"源自拉丁语的习惯(*mos*)(复数形式 *mores*),也有习俗(custom)的意思。在通常用法中,"伦理"和"道德"被视为同义词。如前所述,(有些)学者把它们当作同义词,因为道德是指反映社会或社群规范和价值观的生活方式。这种表述与对伦理含义的描述在很大程度上有所重合。特·海伍(Ten Have)等人指出"道德"体现在两个方面:从一般的(或广义的)含义来看,道德类似于"伦理",描绘了符合特定社会或社群惯例的行为,或从特定的(或狭义的)含义来看,它与"好的、可取的、对的或允许的"(1998:10)等积极特征有相同含义。一般意义上,"道德"的反义词是"无道德的"(a-moral)、"非道德的"(non-moral)或者"非伦理的"(non-ethical),在特定意义上,其反义词是"不道德的"(immoral)。雷切尔认为,在做出正确的道德或伦理决定时,人们需要用充分理由来支撑自身的论点,还要考虑所涉及的每个人的利益。他把这称为"最低限度的道德概念"(1999:19),即无论采用何种理论,都应该将其看作一个起点。因此,为了达到本章的目的,我们足以得出结论,"伦理学"作为一门学科、一种道德哲学,是指对道德语言、道德规范的正当性以及对连贯的伦理理论发展的研究(Knoepffler 2009:18)。换言之,伦理学涉及"对道德的研究以及应用理性来阐明特定情况下决定是非的具体规则和原则"(Crane and Matten 2007:8)。反过来,"道德"则涉及"嵌入社会过程的规范、价值观和信仰,而这些规范、价值观和信仰界定了个人或社群的是非对错"(Crane and Matten 2007:8)。

在过去的两千多年里,人们一直反思、研究和辩论伦理学,将其视为合理化和法典化的道德。随着时间推移,道德基础的哲学表述发生了变化(Burns 2008:13)。因此,如果要完整描述过去几个世纪道德思想的历史演变,内容上就过于烦琐了。本章的目的只是选取几条线索,简要反映历史上主要的伦理立场。

伦理学起源于人们开始思考生活的最佳方式之时。在前现代时期,哲学家们从"人的本质,人在宇宙中的位置以及人与神的建构关系"中寻求道德的基础(Burns 2008:9)。采取符合道德的行为是为了实现人的本质。形而上学和目的论①

---

① 目的论(teleology)其中 telos 就是"目的"的意思。目的论致力于探讨事物产生的目的、本源和归宿,认为自然界的一切事物都有其存在的目的。神学唯心主义把上帝说成是宇宙万物的最高指导,认为世界是上帝创造的,万物是由上帝安排的,因此自然界的一切都是合乎目的的。在如何解释世界的事物和现象以及它们之间关系的问题上,目的论认为某种观念的目的是预先规定事物、现象存在和发展以及它们之间关系的原因和根据。目的论有两种主要的表现形式,即外在的目的论和内在的目的论。传统上目的论与哲学自然论(或偶然论)是对立的。例如,自然论者会认为人有眼睛所以人有视力,即所谓"形式决定功能"(function following form);相反,目的论者认为人有眼睛是因为人需要视觉,即是所谓的"功能决定形式"(form follows function)。

引导着这一时期的道德思考。在现代，人们的关注点转向了人的心灵。知识"不再从形而上学或目的论开始，而从认识论开始"(Burns 2008：11)。人类无法认识事物本身，只有当他们认为认识对象是"可感觉的"(sensible)和可经验的时候，他们才能真正理解对象本身。思想本身成为道德思考的新基础，而现实是由机械过程构成的。这推动康德在伦理学上形成了"绝对律令"的观点，意味着普遍有效的原则可引导人的行为。"后现代"时期(主要但不是限于)在语言和行动中建立了道德思考，这提高了道德领域的可及性。人们因先验知识不合适并且无效，拒斥将其作为道德基础。道德问题应该根据人类行为的后果来分析。与此同时，在20世纪末的道德话语中，人们为道德提供本体论基础的理论需求变得更加强烈了。

这篇非常简短的(也是不完整的)历史概述可以被视为现代伦理学家继承的各种伦理理论的基石。尽管尚未就道德问题、道德问题的基本本质以及解决道德困境采用的原则等问题达成理论共识(Baggini and Fosl 2013：xv)，然而，为了对伦理学所关注的广泛领域有一个总体认识，区分主要研究领域及其所采用的伦理学方法将会有所帮助。

在文献中可以找到伦理学不同的组织方式。尽管应用伦理学完全包含了理论伦理学，但勾勒伦理学概貌的一种方式是将其区分为理论伦理学和应用或实践伦理学(Gras-Dijkstra 2009：97)。作为伦理学的支柱之一，理论伦理学是指解释道德本质的标准，通常分为三个分支：元伦理学(关注道德判断的本质和伦理理论的基础或原则)、描述伦理学(研究人们的道德信仰)和规范伦理学(研究用于评估行为本身正确与否的标准和原则，因此有时被称为"规定性")。规范伦理学在反思行为或行动的道德或伦理品质时，应用了不同的或被界定为"传统的"与"当代的"伦理方法(Gras-Dijkstra 2009：100)。*传统的伦理学方法*主要包括三种伦理学理论，即道义论(关注应遵循的义务和推动正确与良好行为的原则)，目的论，也被称为"结果主义"(关注行为的目标和行为给自我或他人带来的结果)和美德伦理学(关注一个人应该获得的性格品质以便能够以一种好的或正确的方式行事)。结果主义可能是伦理学中使用最广泛的道德决策方法，它基于这样一个哲学假设，即所有行为都有一个特定目标并有其内在目的(*telos*)。诉诸结果主义方法的主要理论是功利主义(为大多数人寻找最大的善或幸福)、享乐主义(将快乐或幸福作为生活目标)和利己主义(为自身利益而行动)(Thompson 2010：71-79)。*当代伦理学方法*大致分为三类。它们分别是(人类)权利、公平与正义伦理学;关怀、共情和同情伦理学;以及美德伦理学。现代的美德伦理学是对传统美德伦理学的完善和进一步澄清。现代美德伦理学也反映了行动者的性格特征并拓宽了其范围,其中包括幸福主义(*eudaimonism*)(行动的最终目标是人类的繁盛、幸福感或幸福)和实践智慧(*phronesis*)(拥有实践智慧,以决定哪种美德适用于何种特定情况)(Gras-Dijkstra 2009:131)。

应用或实践伦理学是伦理学的另一支柱。这看起来可能是矛盾的,因为伦理学从根本上说与实践有关,因此被定义为"应用的"(applied)或"实践的"(practical)。然而,由于如战争的合法性、自由和性、公民权利以及医学领域的发展等道德话语,从 20 世纪 60 年代开始在美国公共领域占据了主导地位,"应用的"概念因此被提出并"制度化"(institutionalised)(Haldanc 2003:492)。不同领域的专业人士有必要反思自身责任以及自身行为可能会导致自身陷入道德边缘。应用伦理学在商业伦理、医学或生物伦理、法律伦理、媒体伦理、环境伦理、动物伦理、消费者伦理,以及休闲和旅游伦理等领域得到了应用。因此,应用伦理学研究的是道德意识(通过专业人士)被付诸实践的方式,以及在特定现实领域中为解决伦理困境,理论(通过专业人士)可以或已经被实现的方式。然而,值得注意的是,一些学者对"应用的"和"实践的"伦理进行了区分。例如,林恩(Lynn)认为"应用的"伦理学是"以自上而下、线性和演绎的方式将理论伦理学的答案应用于具体案例",而"实践的"伦理学则"通过整合我们从关于道德问题的具体案例中学习到的知识,以及能够帮助我们更好地理解和解决道德问题的概念性见解来寻求最佳答案"(2007:791)。在他看来,实践伦理学与解释学有关,即它是"一种同时具有丰富概念和处于现实生活的伦理学",实践伦理学通过"解释个人的意图、观念、意义、理解和交往"来寻求道德理解(Lynn 2000:6)。

学术界用于划分伦理学研究领域的方法有很多。其中一种方法是从四个元伦理学视角出发,即美德、权利、效用和关怀,从上面给出的比较结构化的解释中过滤出"主题内容",并进而开始讨论幸福和繁盛(基于美德);正义、公平和自主权(基于权利);快乐和满足(基于效用和用途);没有约束或压力的关系(基于关怀和共情)等四个方面(Picard 2013:59)。另一种方法也是从元伦理学出发(解释主要伦理立场的基本假设、概念化和分类),拓展到基础伦理学(反思伦理的规范、价值及基础结构),最后到应用规范和价值观以及确定冲突和困境的具体领域(Knoepffler 2009:15)。然而,无论伦理研究的建构或组织模式如何,其基本目标,如上文所述,仍是相同的,即反思过上美好生活的先决条件以及(或者)成为（人）的不同方式。在对美好生活或成为人的反思中，有两种功能相互重叠的伦理对话。一方面，它利用伦理"批判"来审视"世界观、社会制度、决策和行为"如何影响人类生活（Lynn 2007：791），可以称之为"模式 1 伦理学"。另一方面，对美好生活先决条件的反思也包括伦理"愿景"。"愿景"被用来预测改善人类生活的方式；优化"成为人"的意义，即"主动推动错误的或者需要改善的事情产生积极的改变"（Lynn 2007：791）。伦理学的第二个功能可以被称为"模式 2 伦理学"。

总之，用几句话可以概括"美好生活"的最终目的。根据西尔维斯特的说法，目的是指将事物本身视为一种善；因为有内在的善，所以"（目的）是为自身的利益而选择的"（1987：174）。那么，美好生活的最终目的或终极价值，就可以被看作是人类行为和行动所指向的包罗万象的道德目标。如前所述，亚里士多德认为美好生活的伦理目标，或人类生活的最高目标，就是心盛幸福（*eudaimonia*）。人们认为心盛幸福（*eudaimonia*）的概念是人类最高的善，包含两个希腊语，即*eu*（善）和 *daimon*（上帝、精神、守护神）。幸福的字面意思是"好的精神"或"因虔诚而受到的祝福"（Holowchak 2004：xi）或者"忠于自己的内心"（Begum *et al.* 2014：314）。在英语中，它通常被翻译为"happiness"（幸福）。

在现代，不同学科的学者们试图用概念性的含义来解释幸福，比如"最大的善、快乐、最高程度的满足、克服恐惧的力量、服从上帝或拥有良知"（Begum *et al.* 2014：314）；一种享受和感觉良好的状态（Layard 2005：12）；（年轻人）感觉兴奋或（老年人）感觉安宁（Mogilner *et al.* 2011：401）。然而，除了"快乐"之外，哲学家们还把幸福视为美德、"人类本性的实现"，"我们的自然目的"和"我们不可能获得的东西"（Pawelski 2013：247）。由于幸福含义非常主观且具有个体界限，人们并没有就幸福的确切意义达成普遍共识。然而，把幸福作为生活的最终目标或目的的态度、人生观或道德立场被称为享乐主义。

从广义上讲，享乐主义关注"最大化快乐和最小化痛苦"（Peterson 2006：78）。这既适用于感官快乐也适用于精神快乐（Thompson 2010：74）。享乐主义关乎人类福祉（Stebbins 2014：8）并影响道德选择，驱动着人类行为。安·兰德（Ayn Rand）警告说，幸福不应被视为一种标准，一种在"实现具体目标"过程中用于指导人类选择和行为的抽象原则，而应当成为"道德目的"。她认为，可以通过将自己的*生活*作为关注重点，以及追求"这种生活所需要的理性价值"来实现幸福，而非将幸福视为引导个人生活的未定义的关注重点（Moen 2012：115）。尽管兰德关于道德和伦理的立场因以利己主义为基础引起了哲学家们的广泛反对,但她警告人们要对引导人类行动的"标准"持批判态度,这一警告值得认真对待。

除了"幸福"和"福祉"外,"*eudaimonia*"还有其他含义。例如,胡塔(Huta)认为将"*eudaimonia*"翻译为"繁盛或卓越"更好,因为亚里士多德对"*eudaimonia*"的阐释超越或包含了幸福的外延。亚里士多德认为"*eudaimonia*"是"根据理性和沉思表现出卓越或美德的积极行为"(2013:202)。*Eudaimonia* 是生活的目的或宗旨,它可以同时表现出智力的美德(实践和纯理论思维)和品格的(或道德的)美德。尽管此两者对美好生活都很重要,但亚里士多德倾向于通过沉思来达到纯粹的理论美德(Brown 2003:611-612),只有当参与活动获得"幸福"时,"幸福"才是指道德上的善(Brown 2003:612),而 *eudaimonia* 关乎自我实现(Yacobi 2015:85),并被认为是繁盛或卓越,其从根本上包含了"道德上的善是美好生活不可或缺的一部分"(Brown 2003:612)。

总之,美好地生活是一种"存在方式"(Van Zyl 2015:154),能够带来"*eudaimonia*"(幸福/幸福感、繁盛/卓越)。享乐主义方法主要关注能够带来幸福的行为,并在道义论或结果论基础上对其进行评估,而幸福主义(*eudaimonic*)方法更关注人类对生活问题的价值和价值观念,以及这些价值观念如何反映在"感觉、反应、态度和欲望"中。主张幸福主义的人思考这样一个问题,即一个人想要成为什么样的人(Van Zyl 2015:184),因而经常诉诸美德伦理学。

休闲与伦理

本节探讨了休闲学者如何构思"当代"休闲与伦理之间的联系。在 20 世纪晚期,学者们开始对这种联系产生兴趣,但仍然缺乏探讨二者之间联系的学术精神。随便查阅前些年出版的休闲研究领域的几本主要著作,就会发现完全缺乏关于休闲与伦理的明确条目或章节(例如,Bull *et al.* 2003;Cross 2004;Rojek *et al.* 2006;Opaschowski 2008;Best 2010;Blackshaw 2013)。西尔维斯特研究了 1900 年到 1983 年之间的学术文献,发现这些文献以某种方式把游戏、休闲和游憩与最高的善(最终目的)联系起来。20 世纪 90 年代以来的这些研究似乎为虽不稳定但日益涌现的著作拉开了序幕。西尔维斯特把"宗教、自我表达活动的内在价值以及与艺术、自由和幸福的联系"作为游戏、休闲和游憩的主要目的,并将"自由时间"和"休息"作为主要手段(1987:181-182)。这些作者们认为,生命的最终目的取决于塑造人类生活的伦理信仰。伦理信仰是基础的，但也具有实际意义。这些信仰的本质没有得到普遍认同，这意味着，比如，休闲的最终目的所具有的含义，要求对问题采取不同的解决方案（Sylvester 1987：183）。因此，美好生活表现在不同的生活领域，休闲也是如此。美好生活和休闲都"需要高度的个人自制，更广泛的自由表达以及更大的公民权利"（Sylvester 1987：183）。

美国休闲与游憩协会（American Association For Leisure and Recreation）（AALR）的当选主席哈罗德·史密斯（Harold Smith）在 1987 年的山间休闲研讨会（Intermountain Leisure Symposium）上发表了主旨演讲，这一演讲引发了人们对休闲与伦理之间联系的兴趣，引起人们对此二者之间的关系进行研究（Smith 1987：6-7）。他注意到美国休闲与游憩协会的建立源于改善"生活和居住环境"即"生活质量"的需求，其主要关注的是"环境伦理"，史密斯又把他所称的"人类伦理"作为对生活质量一词的补充。而在研究酗酒对人们生活的影响时也应考虑指导在生活质量领域内活动的价值观。在演讲结束时，史密斯宣布在未来几年发起两项倡议：第一，建立休闲和游憩的伦理准则；第二，1989 年在波士顿举办第一届关于休闲与伦理的国际研讨会。

1989 年研讨会的成果是一本题为《休闲与伦理：对休闲哲学的反思》（Fain 1991）的论文集，旨在激发学术思考和讨论。该论文集由五个主题组成：休闲、伦理和哲学；休闲科学和服务中的道德生活与专业实践；道德发展与休闲体验；休闲的全球视角；以及休闲与伦理的多学科著作（1991：327）。正如副标题所示，这些成果以休闲哲学为背景，围绕休闲在社会中，如文化、游戏、管理、体育、娱乐和教育等不同领域的道德意蕴展开。讨论的哲学问题涉及道德休闲、古典休闲、自由与休闲、民主、美好生活与超越、神学与环境等问题。费恩（Fain）在证实德·格拉齐亚（De Grazia）的分析时指出，休闲作为一种理想在现代社会已经消失，取而代之的是"一种自由时间或美好生活的理想"，这个理想特别体现在"人们对任何工业产品的享受"中（1991：9），因为自由和道德反思是休闲的核心，那么休闲应该被重新定义为一个承载价值观的概念。此外，休闲不应被视为"一件事、一段时间或一种状态"，因为休闲"对个人的意义是因时而异的"（Fain 1991：23）。由于休闲是"个人选择'应该'如何生活的自由"，它应该在诸如"我'应该'做什么？"，"我'应该'是什么人？"以及"我'应该'成为什么人？"这样的问题上进行道德反思（Fain 1991：30，316）。卡普兰（Kaplan）预计，这种与休闲的道德联系将会使哲学比当时（25 年前）获得更多的休闲话语权（Kaplan 1991：

44），但回顾历史时可以发现事实并非如此。在休闲领域内，人们确实研究过与道德困境相关的伦理学，然而哲学反思却一直停滞不前。应用伦理学在休闲领域比理论哲学对话更有价值，并与休闲产业中的众多行业联系在一起。下一节我们将通过阐释伦理学在游憩和旅游这两个相对较大的休闲领域中的地位来证明这一观点。在每个案例，我们都会提到几个例子，最后通过一位休闲学者提出的哲学反思来进行总结。

首先，关于游憩与伦理学的对话，麦克纳米（McNamee）和布雷肯里奇（Brackenridge）为哲学融入休闲研究建立了一个案例，通过反思休闲研究中的伦理学范围，他们在反思二者关系方面迈出了第一步（1998：28）。他们注意到，应用伦理学正在学术界和社会的不同领域获得发展，并且在休闲著作中也有所发展。他们区分了作为社会科学的伦理学和作为道德哲学的伦理学。前者讨论如性虐待和夜总会等性问题、妇女和农村贫困、行为不良、性别问题、旅游、体育等问题，但未进行道德分析（1998：30）。在伦理学作为道德哲学的情况下，麦克纳米和布雷肯里奇确定了他们认为适合休闲研究议程的主题。这些项目关注体育领域内的性骚扰和虐待、公平竞争和指导等问题。伦理反思内容应包括政策、行为和实践准则、组织者、教练、球员、服务提供和管理（1998：32）。五年后，在《休闲和户外游憩百科全书》中的伦理学部分（2003：155-157），麦克纳米提到了几个新兴的休闲领域。在他看来，未来几年人们将需要对商业伦理、环境伦理、存在伦理、女性主义伦理、管理伦理和体育伦理等休闲领域进行伦理反思。作为一个有思想的教育家，麦克纳米奠定了坚实的理论基础，他耐心地论证了道义论、结果论和美德论对伦理决策的影响，尤其是在环境伦理领域内这些理论对伦理决策的影响。麦克纳米主要关注休闲权利的问题，因为在为尽可能多的人最大化休闲机会的过程中，个人和少数群体的权利往往会被忽视甚至被侵犯（2003：155）。

麦克林（McLean）和约德（Yoder）提出游憩和休闲服务并非处在道德真空地带。这些服务超越了单纯的快乐和乐趣，必须考虑员工对客户、同事、社会和自然所负有的伦理责任（2005：7）。麦克林和约德关注诸如性骚扰、安全、检举、赌博、营销、自然环境、职业行为、伦理准则、文化、旅游和治疗性游憩等主题，并特别关注可用于解决职业实践中的道德困境的技术和方法。

亨德森（Henderson）强调可持续发展与休闲之间的关系，和麦克纳米一样，她阐述了过度消费的负面影响以及污染对环境的危害（2014：71）。一方面，她强调要从公正的角度看待人们所拥有的休闲权利，但同时在另一方面也强调了人类对"人类完整性和环境资源保护"所肩负的普遍责任（2014：77）。休闲应该着眼于如何应用正义原则来支持人们过上更好的生活，并制定支持这一目标的政策。对于亨德森而言，最大的挑战是将公正和可持续性与"多样性与统一、自由与公共利益、个人生活方式、专业实践以及休闲学术研究的短期和长期目标"联系起来（2014：77）。

范·莱文为思考休闲与伦理的关系提供了理论和哲学支持。他认为，核心问题在于"我在休闲时间里被容许做些什么？"。在寻找"答案"的过程中，他确定了休闲领域本身的原则，这些原则可以为个人做出正确的选择提供方向，或者在他们评估反常或偏差的休闲形式时发挥作用。这些原则与经济和心理领域都有关。注重利润最大化的经济领域往往是休闲活动的主要情境，而心理领域则与人们有意识地以有意义的方式来实现其自由选择有关，这也与容忍他人选择的能力有关（2011：48）。范·莱文专注心理领域，认为构成或激发伦理意识的两个因素是法律和个人责任。他将生活视为锻炼道德意识和培养良好休闲生活的场所，其中蕴藏着邂逅和冒险的机遇，这些机遇可以促进个人的自我发展。这都是为了在不同的生活实践中实现"游戏性"，即休闲概念本身所隐含的概念（2011：51）。例如，通过体育，人们可以学习如何竞争；如何发挥"公平竞争"的精神和伸张正义；如何合作与做到无私；以及如何珍惜健康的身体和精神（2011：50）。

其次，要讨论的是旅游业。卡斯塔涅达（Castañeda）指出，在 1960 年到 1980 年期间，旅游业要么被视为本质上是"好的"，要么被视为本质上是"坏的"（2012：47）。这一判断取决于旅游业对社会各界的影响。当旅游业提高经济潜力和生活质量时，它被认为是"好的"，而当它腐蚀文化、滋生犯罪、破坏环境、传播疾病（艾滋病）时，它被认为是"坏的"（Ahmed *et al.* 1994：38）。至少在 20 世纪 90 年代初，这些负面影响被归类为"第三世界的发展伦理、旅游带来的社会和自然环境影响；以及个人旅行者行为的伦理性质"（Fennell and Malloy 2007：28）。卡斯塔涅达认为，"好或坏"的概念不应该在这些领域的伦理反思中起主导作用，因为用它作为指导依据归根结底是对旅游业的道德化，而这在性质上是非常单一的。相反，它更应追求旅游业的"伦理化"，并将旅游活动的利弊以及受益者和受害者都考虑在内。

洛夫洛克（Lovelock and Lovelock）支持这一观点。他们还认为，使用"影响法"来评估旅游是失败的，并主张可持续的旅游业不仅仅是一个过程，而且也"超越影响或结果,超越法律和法规范畴"。可持续旅游应被定义为伦理规范本身(Lovelock and Lovelock 2013:8)。这有助于界定代理商的"义务、职责和责任",同时也有助于反思"旅游业的规划、设计、实施、开发和监管"的伦理价值(Castañeda 2012:48)。此外,它还促成了不同的伦理准则的建立,例如《旅游权利法案》(Tourism Bill of Rights)和《旅游守则》(Tourism Code)(1985)以及《全球旅游业道德准则》(Global Code of Ethics for Tourism)(1999/2007)。

　　简而言之:当前一种商业伦理模式正推动旅游业内部在不同层面进行伦理反思。当人们在反思伦理与旅游之间的关系时,也要考虑所有利益相关者、敬业和良好行为的相关原则、员工之间以及员工与客户、社会、环境和其他生活形式之间的互动。文献中涉及一些重要的实际问题,包括旅游业对贫困、人权、原住民、腐败、定价、营销、气候、动物、儿童(性旅游和童工)、浪费、狩猎、医疗旅游和残疾等方面的影响(Lovelock and Lovelock 2013;De Leeuw and Kannekens 2013:235-239)。除了针对上述问题的应用伦理方法,旅游业部门的伦理反思主要集中在该领域企业的企业社会责任(CSR)上,更具体地说,集中在可持续旅游和环境伦理方面。这是由于当前全球面对气候变化所产生的紧迫感。然而,也有学者对此提出批评。例如,伯恩斯(Burns)从更哲学的层面呼吁在学术和专业实践中采用伦理方法,以消解旅游"产品"(人、城市、风景、手工艺品等)的工具价值。在她看来,在为满足"顾客"的个人快乐和需求时,不应仅将"产品"视为经济对象和商品来销售,而应依靠其内在价值来营销(2015:124)。人、城市、风景、地方、手工艺品和动物的价值都高于单纯的消费价值。对可持续旅游的反思应与一般的旅游伦理学相辅相成。

　　威尔顿(Welten)也对目前片面地关注环境和气候问题的做法表达了类似的批评。可持续旅游的社会方面有可能会被人们忽视。旅游现象的核心是游客自身。旅游部门无法回答"我在什么时候是一名好游客?"的问题(Welten 2013:153)。在这个世界上,只有游客才能为他自己的态度、期望和行为负责。这个世界不应被设想为一个愿望清单,而应被视作人类构建认同的舞台。威尔顿将游客视作世界主义者,用阿皮亚(Appiah)的话说,世界主义者体现了陌生人世界的伦理观(Welten 2013:176)。世界主义伦理的核心是热情好客,即一种对自己和陌生人都公正的心态或态度,并通过对自己和他人的开放实现"我和他们"之间有意义的邂逅。世界主义者超越了令人尴尬的游客凝视,承认人为地给旅游业贴上"有利于经济"或"基于社区的旅游"的伦理标签可能会造成附带损害,并珍视自由的再分配（鲍曼）（Welten2013：176）。世界主义者能够超越旅游者的自由化身，这些旅游者正在寻找"外面的现实生活"，其中他者被视为纯粹的对象。通过热情好客，这些他者得以重新获得身份。

这些追求与后现代的"流动休闲"的概念有什么关系？布莱克肖对这种建构给出了他的解释，尽管关于流动休闲的伦理学他研究得相对较少，但仍可以从他在2010年出版的书中找到一些线索。例如，他提出："休闲本身不包括任何形式的伦理规范，但当人们自由地参与休闲活动时，他们就会建立自己的伦理规范"（2010：47）。他还认为，只有在考虑到不同类别的休闲活动时，关于休闲的价值陈述才具有有效的概念意义，这就需要"同类的良好规则"（2010：46）。这一立场似乎更倾向于在活动和互动中实现的"善"，而不是倾向于把美好生活当作"存在方式"或"成为方式"。然而，尽管他并没有对此进行广泛的研究，但在他的"流动休闲"范式中又出现了另一条线索，这一线索引导着人们反思伦理、休闲和后现代性之间的相互关系。这就是"生活艺术"的概念（2010：148）。布莱克肖认为生活艺术与"自我管理"有关（2010：145）；这是一种"个人关注"，描绘了"自主和真实的生活"，从根本上来说，它肩负"自我和他者相互依存的责任"，这种责任构成了"普遍存在的伦理模式"的基础。生活艺术为一个人成为"完整自我"提供了潜能（2010：150）。这关乎智慧，关乎休闲（*skholē*）的本质。这就需要对休闲伦理的基础进行反思，可以说，休闲伦理与"生活艺术"这一概念存在本质上的联系。

休闲伦理的基础

伦理可以被视为个人或群体所追求的道德原则或价值观，是一种指导哲学或者具有道德重要性的意识（www.merriam-webster.com/diction-ary/ethics）。伦理是指一个目的，一个宗旨或一个主要目标（Kaplan 1991：42）。休闲伦理认为休闲本身就是一种价值基础，是一种应该为其自身而追求的终极利益，它通常与工作伦理形成对比（Baumeister 1991：129）。更具体地说，休闲伦理"与个人参与的休闲、消遣、游戏和游憩等活动有关"，是实现个人成就的主要手段，并与工作态度无关，即与"新教工作伦理"无关（Cunningham *et al*. 2012：425）。帕尔认为，休闲的价值与这样一个事实有关，即休闲是"完满的人类生活的基本组成部分"，其"唯一目的是与人类存在的整体重新相连并融为一体"（2009：91 –

92）。完满的人类生活隐含着与美好生活的关系，正如亚里士多德所说，对美好生活的追求是通过参与或享有休闲来保证的。因此，伦理和休闲在其与美好生活、心盛幸福（*eudaimonia*）的关系方面在本质上是紧密相连的。作为一种指导哲学或具有道德重要性的意识，休闲伦理可被视为"生活艺术"的同义词。两者都关注存在方式、关注如何成为人，用布莱克肖的话说，就是关注一个自主的、真实的生活和一种伦理的存在方式。生活艺术已经成为西方道德的一种新的重要形式。

　　从哲学上看，生活艺术可以简单地描述为学会面对自己与世界的方式，从而使生活变得有意义与美好，并与个人道德取向相一致（Dohmen 2014：22）。正如"艺术"一词所表明的，在让生活成为艺术作品的过程中，它关注的是拥有美好生活，并学习属于这种艺术形式的技能，以求让生活变得美好（Van Tongeren 2014：17 - 18）。纵观历史，学者们都在反思"我该如何生活？"这一问题。古希腊人在实践智慧中找到了答案，例如，自我认识（苏格拉底），代表绝对的善的道德教育（柏拉图），美德伦理学（亚里士多德），享乐主义［伊壁鸠鲁（Epicurus）］和一种与普遍理性有关的自治（斯多葛派学者）。美好生活需要自我认识、其他取向和更好的习惯，在古希腊人看来，还应与朋友一起锻炼（Dohmen 2014：22）。古典生活艺术所表达的基本道德原则被视为自我关怀，而自我关怀反过来又包含了生存的伦理学和美学。这是过上美好和美丽生活的方法（Dohmen 2008：55、59）。

　　现代晚期，哈多特（Hadot）认为哲学应当是一种具有宇宙—宗教性质的"生活方式"（Van Tongeren 2014：111）。福柯（Foucault）吸纳了古希腊人自我关怀的理论，但批评他们信奉自然主义的本质论，这种本质论仅描述了一个绝对的道德标准（Dohmen 2014：22）。福柯认为现代生活艺术永远不能忽视权力、自由、管理和自我关怀的概念。

　　德国哲学家施密德（Schmid 2002）和荷兰哲学家多门（Dohmen）是 21 世纪欧洲生活艺术哲学的重要倡导者。其"哲学"的核心是"自我责任"，从根本上说，这属于道德或伦理范畴。"自我责任"预设了一种"自我实现"的伦理，即最佳的自我发展（Van Tongeren 2014：121 - 122）。它是追求实现个人卓越的理想，尤其体现在与实践有关（而不是"创制"）的行为中。这意味着生活目的并不在于最终产物，而在于实现方式（Dohmen 2010：95）。我们可以在生活中找到反映当前生活艺术的现行生活方式的具体例子，这些例子是作为自由的实践（通过不断地超越来表达最大的开放性）、精神性（以神秘主义、空间性、时间性和智慧为特征）、禅宗生活（实现自我内心的变化）、美德伦理（通过培养优雅和令人满意的性格来表达卓越的生活）、享乐主义（拥抱快乐，享受和欢乐）和美学（反映生活的意义、连贯性及生活深度的深层维度）（Dohmen 2008：85-127）。范·特伦（Van Tongeren）总结说，现代生活艺术似乎是一种自我完善的完美组合，一种对不在自我能力范围内的东西无动于衷的繁盛、幸福的生活，以及对自主和个人能力的信心（2014：132）。"生活艺术"在社会学上的对应概念可以说是吉登斯的"生活政治"。他认为这是一种生活方式的政治，源于"选择的自由和生成的力量"，创造了"道德上合理地促进自我实现的生活方式"，并在存在主义背景下，发展了关于"我们应该如何生活"这一伦理学问题（1991：215）。然而从根本上说，生活艺术是一种积极尝试，尽管它包含了道德行为，但在概念上没有具体地关注道德，也不涉及传递关于良好实践的信息①。生活艺术与过上美好而充实的个人生活息息相关。知道如何生活被称为拥有"智慧"（*sofia* and *phronesis*），这也是美好生活的必要条件（Osbeck and Robinson 2005：82）。因此，"生活艺术"可以被视为一种伦理学，也可以被认定为模式 3 伦理学。

　　因此，休闲伦理背后的指导哲学可以被视为一种生活艺术，它以生存伦理和美学为基础，旨在围绕自我关怀、自我发展、自我完善、自我实现和自我责任等理念展开。休闲伦理的核心在于关注个体的自我道德、智慧和成为完整的人，其目标是实现心盛幸福（*eudaimonia*）和美好生活这一令人向往的远方。

结论

　　不同（种类）的休闲理念似乎都与存在的本质或成为人有关。成为人意味着尝试在生命的流动中达到自己的目的，而生活本身就是一个在社会不同阶层水平上变化、适应和成长的动态过程。从哲学角度来看，生活就是体验各种"成为"的过程，即生活是与不同生活领域进行互动的过程。这就引出了一些伦理问题，例如人如何体验成为人的过程以及他们认为生活的目的是什么。假设人们在生活中追求"重要之物"，这至少表达了一种被认为是好的价值观。古希腊人认为如何追求"美好生活"是哲学的首要问题。从根本上讲，这是一个伦理问题。既

---

　　① 　这意味着生活艺术更关注过好个人生活的整体方法，这可能涉及道德行为，但不仅限于此。换句话说，"生活艺术"不是关于遵循一系列规定的规则或做法，而是关于发展自己独特的生活方式，过上充实和有意义的生活。

然古希腊人将休闲（*skholē*）视为人类应当追求的最高理想，那么从中可以推出休闲与伦理之间的紧密联系。尽管两者之间存在相互联系，但休闲学者鲜少对两者关系进行研究。更具体地说，关于休闲与伦理关系的理论哲学反思十分滞后。

在探讨休闲与伦理之间的可能联系时，本章首先探讨了道德与伦理的本质、伦理理论以及美好生活的终极意义和目的。道德关注的是指导个人或群体行为的价值观、规范和信仰，而伦理作为一种道德哲学可被视作对道德的研究，以及在判断正确或错误的行为或实践中运用的原则和规则。通常采用三种主要的道德判断理论，即道义论、结果论和美德伦理来评估行为或实践。这三种判断理论都关注寻找"我们应当如何生活？"这一人类根本问题的"答案"，或者更正式一点："什么是美好的生活？"。学者们通常将亚里士多德关于（美好）生活的终极意义和目的，即把其关于心盛幸福的观点视为人类行为的主导原则。心盛幸福通常被视为享乐，这意味着从本质上说，人类是为了幸福、快乐和幸福感而从事活动，并且通常是根据道义论或结果论的推理来判断自身是否幸福。然而，对这一概念的另一种解释认为，人类的繁盛和卓越是成为人的核心。幸福主义（*eudaimonism*）的观点通常应用于价值伦理推理来判断人类行为和/或实际情况。

休闲学者主要采用应用伦理学方法来评价休闲实践。休闲产业的两大领域：游憩和旅游中的实践都体现了这一点。

在游憩领域，性骚扰和虐待、公平竞争和指导，也包括政策、行为和实践的准则、组织者、教练、球员、服务提供和管理都被确定为伦理研究的主题。此外，有人指出应以公正原则为主导来考虑人和环境的融合。另一种观点则认为，"游戏性"是休闲活动中主要的道德原则，因为"游戏性"能使人在法律和个人责任的范围内实现自我发展。

在旅游领域，伦理反思已经从单纯的"影响—驱动"实践分析转向了一种更为全面的方法，涵盖所有的利益相关者。这种方法拓宽了伦理反思的范围，包括敬业精神和良好行为的相关原则，以及员工之间、员工与顾客、社会、环境和其他生活形式的互动。诸如贫困、人权、原住民、腐败、定价、营销、气候、动物、儿童（性旅游和童工）、浪费、狩猎、医疗旅游、残疾等问题越来越受到企业社会责任（CSR）的关注，成为商业伦理的核心问题。世界主义的观点已被作为旅游领域的核心道德原则来表达。这意味着，在陌生人的世界里，人们通过表现出热情好客来扮演道德的代理人。"真正的"好客使游客和当地居民都摆脱了殖民限制。

　　然而，关于休闲与伦理之间的关系，不仅仅要反思道德原则在休闲实践中的应用，还需要研究更多内容。人们必须回答关于休闲伦理的本体论基础的问题。布莱克肖提出的"流动休闲"的观点暗示了"答案"的方向，并引发了人们对"生活艺术"概念的反思。"生活艺术"这一概念越来越被认为是西方道德的新形式。生活艺术关注拥有美好生活，学习属于这种艺术形式的技能并使生活变得美好。它涉及自我关怀、智慧以及存在的伦理学和美学。休闲伦理的基础涉及由心盛幸福（eudaimonia）召唤的负责任的自我发展和智慧。本章得出了"休闲"应在概念上与"自由时间（活动）"区别开来的结论。因为休闲涉及的范围比单独的活动和时间更广泛，因此它是支撑建构自由时间（活动）的原则或伦理，休闲关乎成为一个完满的人。

参考文献

Ahmed, Z. U., Krohn, F. B. and Heller, V. L. (1994) 'International Tourism Ethics as a way to World Understanding'. *The Journal of Tourism Studies*, 5(2): 26 - 44.

Baggini, J. and Fosl, P. S. (2013) *The Ethics Toolkit. A Compendium of Ethical Concepts and Methods*. Oxford/Malden: Blackwell Publishing.

Batteau, A. W. and Trainor, B. J. (2014) 'The Ethical Epistemes of Anthropology and Economics'. *Journal of Business Anthropology*, (1): 96 - 115.

Baumeister, R. F. (1991) *Meanings of life*. New York: The Guilford Press.

Begum, S., Jabeen, S. and Awan, A. B. (2014) 'Happiness: A Psycho-Philosophical Appraisal'. *The Dialogue*. IX(3): 313 - 325.

Best, S. (2010) *Leisure Studies: Themes and Perspectives*. London/Los Angeles: Sage.

Blackshaw, T. (2010) *Leisure*. London/New York: Routledge.

Blackshaw, T. (ed.) (2013) *Routledge Handbook of Leisure Studies*. London/New York: Routledge.

Brown, L. (2003) 'Plato and Aristotle', in Bunnin, N. and Tsui-James, E. P. (eds) *The Blackwell Companion to Philosophy. Second Edition*. Malden/Oxford: Blackwell Publishers: 601 - 619.

Bull, C., Hoose, J. and Weed, M. (2003) *An Introduction to Leisure Studies*. London/New York: Pearson Education.

Burns, G. L. (2015) 'Ethics in Tourism' in Hall, C.M, Gössling, S. and Scott,

D. (eds) *The Routledge Handbook of Tourism and Sustainability*. London/New York: Routledge: 117 - 126.

Burns, R. P. (2008) 'On the Foundations and Nature of Morality'. *Harvard Journal for Law and Public Policy*, 31(1): 7 - 21.

Castañeda, Q. (2012) 'The Neoliberal Imperative of Tourism: Rights and Legitimization in the UNWTO Global Code of Ethics for Tourism '. *Practicing Anthropology*, 34(3): 47 - 51.

Cohen, S. (2004) *The Nature of Moral Reasoning. The framework and activities of ethical deliberation, argument and decision-making*. Oxford: Oxford University Press.

Crane, A. and Matten, D. (2007) *Business Ethics. Second Edition*. Oxford: Oxford University Press.

Cross, G. S. (ed.) (2004) *Encyclopedia of Recreation and Leisure in America*. New York: Tomson/Gale.

Cunningham, P. H., Tang, T. L., Frauman, E., Ivy, M. I. and Perry, T. L. (2012) 'Leisure Ethic, Money Ethic and Occupational Commitment Among Recreation and Park Professionals: Does Gender Make a Difference?'. *Public Personnel Management*, 41(3), 421 - 448.

De Leeuw, J. and Kannekens, J. (2013) *Bedrijfsethiek en MVO voor HBO*. Budel, the Netherlands: Damon.

Den Hartogh, G., Jacobs, F. and van Willigenburg, T. (2013) *Wijsgerige Ethiek. Hoofdvragen discussies en inzichten*. Budel, the Netherlands: Damon.

DesJardins, J. (2014) *An Introduction to Business Ethics. Fifth Edition*. New York: McGraw-Hill.

Dohmen, J. (2008) *Het leven als kunstwerk*. Rotterdam: Lemniscaat.

Dohmen, J. (2010) *Brief aan een middelmatige man. Pleidooi voor een nieuwe publieke moraal*. Amsterdam: Ambo.

Dohmen, J. (2014) 'Levenskunst betekent willen wat je doet'. *Filosofie Magazine*, 22(6): 20 - 26.

Ethic, www.merriam-webster.com/dictionary/ethics (retrieved on 19 May 2015).

Fain, G. (1991) 'Moral leisure' in Fain, G. (ed.) *Leisure and Ethics: Reflections on the philosophy of leisure*. Reston, VA: American Alliance for Health, Physical Education, Recreation and Dance: 7 - 30.

Fennell, D. A. and Malloy, D. C. (2007) *Codes of Ethics in Tourism: Practice, Theory, Synthesis*. Clevedon, UK: Channel View Publications.

Giddens, A. (1991) *Modernity and Self-Identity. Self and Society in the Late*

Modern Age. Stanford, CA: Stanford University Press.

Gras-Dijkstra, S. (2009) *Values in Tourism. An Itinerary to Tourism Ethics.* Meppel, the Netherlands: Edu' Actief.

Haldane, J. (2003) 'Applied Ethics' in Bunnin, N. and Tsui-James, E. P. (eds) *The Blackwell Companion to Philosophy. Second Edition.* Malden/Oxford: Black-well Publishers: 490 – 499.

Henderson, K.A. (2014) 'The Unsustainability of Leisure' in Elkington, S. and Gammon, S. J. (eds) *Contemporary Perspectives in Leisure. Meanings, motives and lifelong learning.* London/New York: Routledge: 67 – 78.

Hoffman, J. and Rosenkrantz, G. (1999) 'Life' in Audi, R (ed.) *Cambridge Dictionary of Philosophy. Second Edition.* Cambridge/New York: Cambridge University Press: 504.

Holowchak, M. A. (2004) *Happiness and Greek Ethical Thought.* London/New York: Continuum.

Huta, V. (2013) 'Eudaimona' in David, S. A., Boniwell, I. and Ayers, A. C. (eds) *The Oxford Handbook of Happiness.* Oxford: Oxford University Press: 201 – 213.

Kaplan, M. (1991) 'Leisure and Ethics: connections and judgments' in Fain, G. (ed.) *Leisure and Ethics: Reflections on the philosophy of leisure.* Reston, VA: American Alliance for Health, Physical Education, Recreation and Dance: 31 – 45.

Knoepffler, N. (2009) *Angewandte Ethik.* Cologne/Vienna: Böhlau Verlag. Layard, R. (2005) *Happiness: Lessons from a new science.* New York: Penguin.

Lovelock, B. (2015) 'Call for Papers:"Ethics and Leisure"', special issue *Annals of Leisure Research* http: //idrottsforum. org/call-for-papers-ethics-and-leisure-special- issue-of-annals-of-leisure-research/ (retrieved 12 April 2016).

Lovelock, B. and Lovelock, K. M. (2013) *The Ethics of Tourism: Critical and Applied Perspectives.* London/New York: Routledge.

Lynn, W. (2000) 'Situating Ethics' in *Geoethics: Ethics, Geography and Moral Understanding.* Minneapolis: Doctoral Dissertation, Department of Geography, University of Minnesota: 1 – 17.

Lynn, W. (2007) 'Practical Ethics and Human-Animal Relations' in Bekoff, M. (ed.) *Encyclopaedia of Human-Animal Relationships.* Westport, CT: Greenwood Press: 790 – 797.

McLean, D. J. and Yoder, D. G. (2005) *Issues in Recreation and Leisure. Ethical Decision Making.* Leeds/Champaign, IL: Human Kinetics.

McNamee, M. (2003) 'Ethics' in Jenkins, J. M. and Pigram, J. J. (eds)

Encyclopedia of Leisure and Outdoor Recreation. London/New York: Routledge: 155 - 157.

McNamee, M. and Brackenridge, C. (1998) 'Ethics in Leisure—An Agenda for Research' in Scraton, S. (ed.) *Leisure, Time and Space: meanings and values in people's lives*. LSA Publication No.57. Brighton: Leisure Studies Association.

Moen, O. M. (2012) 'Is Life the Ultimate Value? A Reassessment of Ayn Rand's Ethics'. *Reason Papers* 34(2): 84 - 116 http://reasonpapers.com/pdf/342/rp_342_9.pdf (retrieved on 21 March 2016).

Mogilner, C., Kamvar, S. D. and Aaker, J. (2011) 'The Shifting Meaning of Happiness'. *Social Psychological and Personality Science*, 2(4): 395 - 402.

Naess, A. (2002) *Life's Philosophy. Reason and Feeling in a Deeper World*. Athens, GA: University of Georgia Press.

Opaschowski, H. W. (2008) *Einführung in die Freizeitwissenschaft. Eighth Edition*. Wiesbaden: Verlag für Sozialwissenschaften.

Osbeck, L. M. and Robinson, D. N. (2005) 'Philosophical Theories of Wisdom' in Sternberg, R. J. and Jordan, J. (eds) *A Handbook of Wisdom. Psychological Perspectives*. New York: Cambridge University Press.

Painter-Morland, M. (2013) 'Life' in Luetge, C. (ed.) *Handbook of the Philosophical Foundations of Business Ethics*. Dordrecht/Heidelberg: Springer: 483 - 494.

Parr, M.G. (2009) 'Repositioning the position: revisiting Pieper's argument for a leisure ethic'. *Leisure/Loisir*, 33(1): 79 - 94.

Pawelski, J.O. (2013) 'Introduction to Philosophical Approaches to Happiness' in David, S. A., Boniwell, I. and Ayers, A. C. (eds) *The Oxford Handbook of Happiness*. Oxford: Oxford University Press: 247 - 251.

Peterson, C. (2006) *A Primer in Positive Psychology*. Oxford/New York: Oxford University Press.

Picard, M. (2013) *Filosofie: Van Plato's hemel tot Zeno's paradox*. Kerkdriel, the Netherlands: Librero.

Rachels, J. (1999) *The Elements of Moral Philosophy. Third Edition*. New York/London: McGraw-Hill.

Robertson, B. (2015) 'Call for papers: "Leisure and Happiness"', special issue *World Leisure Journal*, 57(2): 164 - 165.

Rojek, C., Shaw, S. M. and Veal, A. J. (2006) *A Handbook of Leisure Studies*. Basingstoke: Palgrave Macmillan.

Schmid, W. (2002) *Filosofie van de levenskunst. Inleiding in het mooie leven*.

Fifth Edition. Amsterdam: Ambo.

Singer, P. (2015) *Ethics*. www.britannica.com/topic/ethics-philosophy (retrieved on 18 November 2015).

Skorupski, J. (2003) 'Ethics' in Bunnin, N. and Tsui-James, E. P. (eds) *The Black-well Companion to Philosophy. Second Edition*. Malden/Oxford: Blackwell Pub-lishers: 202 – 230.

Smith, S. H. (1987) 'Ethics in Recreation and Leisure Services' in Nelson, D. A. (ed.) *Proceedings of the Eighth Intermountain Leisure Symposium*. Ogden, UT: Weber State College http://files.eric.ed.gov/fulltext/ED288819.pdf (retrieved on 1 March 2016).

Stebbins, R. A. (2014) 'Leisure, Happiness and Positive Lifestyle' in Elkington, S. and Gammon, S. J. (eds) *Contemporary Perspectives in Leisure. Meanings, motives and lifelong learning*. London/New York: Routledge: 28 – 38.

Sylvester, C. (1987) 'The Ethics of Play, Leisure and Recreation in the Twentieth Century, 1900 – 1983'. *Leisure Sciences*, 9: 173 – 188.

Ten Have, H. A. M. J., Ter Meulen, R. H. J. and van Leeuwen, E. (1998) *Medische Ethiek*. Houten/Diegem, the Netherlands: Bohn Stafleu Van Loghum.

Thompson, M. (2010) *Understand Ethics*. London: McGraw-Hill.

van Leeuwen, M. (2011) 'Het leven is één groot spel: ethiek en vrije tijd'. *Vrijetijdsstudies*, 29(2): 48 – 53.

van Tongeren, P. (2014) *Levens is een kunst. Over morele ervaring, deugdethiek en levenskunst, 6e druk*, Zoetermeer, the Netherlands: Klement.

van Zyl, L. (2015) 'Eudaimonistic Virtue Ethics' in Besser-Jones, L. and Slote, M. (eds) *The Routledge Companion to Virtue Ethics*. New York/London: Routledge: 183 – 196.

Venter, J. C. (2012) 'What is life? A 21st century perspective' http://edge.org/conversation/j_craig_venter-what-is-life-a-21st-century-perspective (retrieved on 31 October 2015).

Welten, R. (2013) *Het ware leven is elders. Filosofie van het toerisme*. Zoetermeer, the Netherlands: Klement/Pelckmans.

Yacobi, B. G. (2014) 'What little remains of life'. *Journal of Philosophy of Life*, 4(1): 38 – 47.

Yacobi, B. G. (2015) 'Life and the pursuit of happiness'. *Journal of Philosophy of Life*, 5(2): 82 – 90.

间章二
休闲、后现代体验与关怀

导言

在本书的前一部分(第二至第五章),我们探讨了历史和当前哲学讨论的几个核心主题,并将其应用于休闲。下一部分(第六至第九章)我们将从休闲视角出发,辅以哲学观点,来探讨当前和未来的重要主题,并将重点讨论休闲在后现代(或流动的现代)背景下的可能作用。体验是一个在后现代社会中起决定性作用的概念。在第三章中,我们已经探讨了该概念的基本特征;而在间章二中,我们将继续对后现代性进行分析,并在此背景下分析体验的概念,为后续章节的讨论做准备。

后现代性与休闲

我们早在间章一和第三章提及后现代性,布莱克肖(2010)对流动的现代性的不同解读,以及休闲在这一背景下的地位(特征)。由于接下来的章节将明确在当今流动价值观和透视意义①背景下休闲对自我决定和/或共同创造福祉的作用,因此这将有助于更深入地理解后现代性的一些核心思想。

当然,"定义"历史发展历程,尤其在用寥寥数语勾勒几个世纪价值观的思想演变过程时,将其框定在特定解释中总是很危险的。斯普拉克伦(2011)在试图总结休闲的历史时,不无道理地担忧会对历史中诸多与情境相关的思想、概念、

① 透视意义(perspectival meanings)是指因为不同的观察者或文化背景而导致的不同解释或理解。在不同的文化、历史和社会背景下,人们可能会因具有不同的经验、信念和价值观对同一事物作出不同的理解和解释。因此,透视意义指的是由于不同的透视或视角所导致的多样化解释或意义。

理论和解读的细微差别做出不公正的判断。

尽管如此，我们仍需确定某些关键思想以便能够使用它们，并以此为基础建立我们自己的解读和推论。因此，必然不可避免的是，下文对后现代性的描述是有限的，甚至从某些角度来看，几乎可以肯定是错误的。实际上，"真理"是一种难以捉摸且难以企及的理想，这一理念是后现代思想的核心洞见。

并非总是如此。启蒙运动是17、18世纪的欧洲在文化、社会、政治和科学方面取得发展的时期，在这一时期，大众对真理和科学持有不同态度。这一时期的许多思想家[其中一些最重要的思想家有笛卡尔、牛顿（Newton）、康德、伏尔泰（Voltaire）、狄德罗（Diderot）、卢梭（Rousseau）、歌德（Goethe）、休谟（Hume）、洛克（Locke）、华盛顿（Washington）和富兰克林（Franklin）]都表现出了对人类能力的强烈信心、对理性思维和科学（而非宗教）逐渐增强的依赖和对客观知识的追求[通过弗朗西斯·培根（Francis Bacon）发展的经验主义和客观主义科学方法，推断出科学研究的框架①]。这种基于科学的乐观主义有两层意思：实际上关于宇宙和其中所有事物如何运作的真理确实存在，而恰当应用科学方法确可发现这个真理。

直到今天这种乐观态度仍然存在，主要表现在自然科学、科学技术和分析哲学领域（见本章下文），但在人文和社会科学领域中，一种不同的态度占据了主导地位：认为客观真理是难以企及的虚构之物。人们可以通过强调一些有助于解构乐观主义图景的深刻见解，来勾勒从人是"宇宙主宰"的启蒙思想到后现代性的存在主义困惑的发展过程。利科（Ricoeur 1970）有一著名论断：尼采（Nietzsche）、马克思（Marx）和弗洛伊德（Freud）是怀疑学派大师。下文将依次对这个"学派"做一些扩展介绍，并概述推动后现代性的解构过程的几个关键阶段。我们将简要描述五个重要阶段。

阶段一　哥白尼（*Copernicus*）

作为科学革命旗手之一的哥白尼，其主要洞见已经包含了这一解构过

---

① 这句话的意思是，启蒙运动时期的科学家们通过推广弗朗西斯·培根所发展的经验主义、客观主义科学方法，建立了一种科学研究框架。这个框架基于观察和实验，以发现事物的真实本质和规律为目标，强调客观性和实证性。因此，这个框架可以被看作一种推导出来的科学方法论，包含从观察和实验中获取信息，到对这些信息进行逻辑和数学分析，最终推导出普遍可适用的规律和真理的整个过程。这是启蒙运动时期的一项重要成就。这种科学方法的发展促使人们相信，通过严谨的科学研究和实证，我们可以发现客观、普遍适用的真理。同时，这也为现代科学的发展奠定了基础，成为当今科学研究不可或缺的方法论。

程的第一批种子。1543 年,哥白尼发表了《天体运行论》,主张以日心说(即以太阳为中心)取代当时通行的地心说(即以地球为中心)宇宙模型。因此,哥白尼解构了地球是宇宙中心的观念,他的洞见意味着人类并非上帝创造的中心。

阶段二　查尔斯·达尔文(*Charles Darwin*)

达尔文的杰出洞见当然是所有生物都是通过自然选择进化而来。这个过程可以在许多不同的情境下发生(已经发生了,而且仍在发生),通过在大时间跨度内的积累微小变化而发生。因此,达尔文的进化论解构了人是造物之巅的观念:人不是被创造出来的,而且在任何一般意义上,人类都不一定是自然界最成功或"最好"的产物。

阶段三　弗里德里希·尼采(*Friedrich Nietzsche*)

尼采是利科所称的"怀疑大师"之一,他在许多著作中批评基督教(如《反基督教者》,1895),并声称基督教犯了"重估一切价值"的罪(*Umwertung aller Werte*):即基督教的道德体系维护弱者,与自然之道直接对立。在自然之道中,"权力意志"(*Wille zur Macht*)是人类主要的动力原则。事实上,随着科学和知识的发展,尼采说人类杀死了上帝,上帝不再需要作为一种理念来指导我们的生活。这样一来,尼采就解构了上帝主宰人类存在的观念。

阶段四　卡尔·马克思(*Karl Marx*)

马克思是利科所称的另一位"怀疑大师",他将历史分析为阶级斗争的过程,即精英阶级与无产阶级、工人的斗争。他的著作呼吁解放作为人类生存焦点的工作,以及作为社会真正支柱的工人。因此,马克思解构了精英阶层应该统治大众的观念。

阶段五　西格蒙德·弗洛伊德(*Sigmund Freud*)

弗洛伊德是利科所称的第三位"怀疑大师",他为启蒙时代对人类能够获得终极知识和控制自然的乐观主义信仰敲响了最后的丧钟。他的心理学理论认为本我(无意识的、不可控制的、本能的)对有意识的思维和行为有重要影响。因此,弗洛伊德解构了人类可以完全控制自己思想和行动的观念。

根据人文和社会科学领域内许多思想家的说法,通过这些以及其他解构性步骤,在 20 世纪,启蒙运动的乐观主义被后现代性所取代。后现代的洞见包括以下观念,即人并非位于宇宙的中心,也非造物之巅,没有主宰我们的"上帝",普通公民不应该依赖精英阶层来告诉他们该做什么,人甚至不能完全控制自己的言行。后现代的核心思想是，没有一成不变的东西，也没有单一的真理……只是有许多不同的故事和意见。在 20 世纪，一个重要的社会政治发展促成了真理和意见的多元化，那就是前欧洲殖民地的解放。这些殖民地（重新）逐渐获得了独立，并找到自己的文化声音，加入全球讨论中。这导致了关于世界是什么或应该是什么样子的故事和观点的激增。让·弗朗索瓦·利奥塔（Jean-Francois Lyotard 1979）将后现代性描述为宏大的、单一的、放之四海皆准的叙事的终结：启蒙运动的"叙事"是关于欧洲伟大历史力量的故事，但这种狭隘观点已不再适用。相反，在后现代性中，不存在单一的统一真理，只有许多平行的个人故事、观点和经验，它们能否成为真理受到高度地方性和情境性的约束（local，context-bound）①。

这种对普遍真理判断的悬搁影响了许多思想家以及科学理论和分支。例如，托马斯·库恩（Thomas Kuhn 1962）提出，科学中具有确定真理的观点值得怀疑。相反，他声称在科学发展过程中存在范式转换，从特定范式出发，不可能以中立且客观的态度确定哪种是"最好的"范式，总会存在学科或文化偏见。理查德·罗蒂（Richard Rorty 1989）声称不存在普遍的道德准则，所有道德主张都受到环境约束。而让·鲍德里亚（Jean Baudrillard 1981）甚至认为现代媒体已经把我们带到了*超现实*的状态中：电视和（最近）互联网等媒体呈现和虚构了如此大量的信息，以至于这些信息丧失了自身意义。由于当前的媒体消费者专注于消费非真实的刺激物，我们正在失去判断真伪的能力。

本书前面几章已经介绍了一些后现代思想。具体而言，第二章（关于自由）、第三章（关于有意义体验）和第四章（关于认同）都主张在休闲中以体验为中心，舍弃绝对自由的理想（相反，感觉到某种自由或者存在某种符合自我价值观和愿望的事物便已"足够自由"），这为下文阐释后现代的深刻见解埋下了伏笔。在后现代范式中，我们如何解读休闲还存在着其他重要影响。

一个重要洞见是休闲在后现代的*商品化*中发挥关键作用：后现代社会已将体验转化为可供购买和消费的事物。派恩和吉尔摩（1999）提出*体验经济*的概念并加以推广，即体验经济是一种经济动态，消费者愿意为商品和服务的*体验价值*支付溢价。一罐普通可乐代表一定的价值，但如果是像可口可乐这样的品牌，则代表了一种特定的品质，甚至是一种特定的生活方式（营销人员通过设计别出

---

① 这意味着在后现代主义中，真相和意见是基于不同地方和情境的，而不是普遍适用的。也就是说，真相和意见可能因时间、地点、文化和社会环境等因素而有所不同。

心裁的、巧妙的、诱导性的广告编造而成），那么对顾客而言，产品的价值（她愿意为此支付的价格）就会大大增加。几年前，格哈德·舒尔茨（Gerhard Schulze 1992）在描述体验社会（*Erlebnisgesellschaft*）时便已指出这一见解的核心。他认为拥有体验是日常生活的重要目标，甚至越来越多的（后）现代西方消费者汲汲追求更极端的体验，不断寻找体验危险、激情和刺激的方式，在此过程中他们尝试突破隐私、低俗趣味和极端界限，以求获得新奇和令人兴奋的体验。这种对新奇和刺激不断升级的追求，意在弥补由于媒体过度刺激和城市过度拥挤而累积的麻木、无聊和冷漠。

罗素（Russell 2013）强调了休闲在历史发展过程中的作用，然而这些发展却使我们陷入当前后现代的混乱之中。他粗略描述了 19 世纪到 20 世纪社会过渡时期的状况，我们所熟知的后现代社会于这一时期诞生，然后重点介绍了英国社会的情况。与上文舒尔茨的观点一致，罗素强调城市化是该时期的关键进程之一。从实际意义上讲，城市发展意味着有更多民众，继而可以更有效地维持更多的休闲设施，并提供更多休闲机会。城市化也是前文提及的后现代要素的关键驱动力，例如社会加速，信息量激增①，导致了处理这些增加的信息负荷的持续压力，例如选择消费什么。

罗素提到的另一个历史发展是普通工薪阶级生活条件的改善，主要是建立了规章制度以保持工作/非工作的平衡②，以及收入的增加。人们拥有更多的自由时间和可支配收入意味着其休闲和度假的可能性和需求也会增加。另外，如果提供某种程度的自由，人们就会去探索这种自由，从而需要不断开发或发现新的体验。此外，罗素说：阶级（和性别）障碍不再那么重要，意味着社会互动变得更具活力，不那么僵化，不那么"安全"③，也更有可能产生新的基于休闲的互动方式。布莱克肖（2010）强调了后者，他认为流动的现代性（在他眼中）是混乱且

①　此处"impressions"指的是在后现代社会中人们暴露于大量的信息、刺激和体验之中，特别是由于城市化和技术进步所导致的信息或印象。这些印象可以来源多样，例如媒体、广告、社交互动和其他文化现象。个人被不断涌现的信息和刺激所轰炸，需要处理和解释这些信息和刺激，以便选择要消费的商品和决定如何生活。因此，这里把它翻译成"信息负荷"或"信息量"。当强调人们对于信息的感受和体验时，那么可以翻译成"印象"或"感受"。

②　指在现代社会中，越来越多的人们开始意识到工作和生活之间需要平衡，并逐渐形成了一种规范化的理念和实践：规定工作时间，限制加班，提供休息时间和假期等。

③　不那么"安全"是指社交互动不再像过去那样受到阶级和性别的限制，人们可以更加自由地选择与哪些社会群体进行交往，这种自由选择可能会带来一些挑战和不确定性，因为与不同群体的交往可能会涉及接触不同的文化、价值观和生活方式，需要更加开放和包容的心态去面对和理解。因此，这种社交互动相对于过去来说更具有风险和挑战性，但也更加多元化和丰富。

不太明确的"后现代性"的替代方案。在他看来，流动的现代性意味着社会不再按照性别、阶级和种族等陈旧的社会特征来划分等级。相比之下，我们现在的休闲选择没那么僵化了，事实上我们可以自由选择休闲方式。

布莱克肖(2010)通过对比两个隐喻强调了流动的现代休闲概念的新颖性：*麦当劳化与宜家化*，分别代表了休闲中的理性控制与享乐熵增(hedonistic entropy)①。社会学家乔治·里兹(George Ritzer 1993)认为，在现代社会，我们可以见证麦当劳化的进程：它强调效率、可计算性和可预测性，其目的是控制休闲过程。这种过于理性的经营方式导致了一种奇怪的矛盾局面的产生，即对消费者和员工来说，一切有价值的东西都被去除了：对于消费者而言，在麦当劳用餐缺少令人愉快的感觉，对于员工而言，在那里工作也很难获得成就感。相比之下，布莱克肖支持宜家化思想，认为它是一个有效的隐喻，刻画了当前休闲行为的细节：个体有机会以个人喜欢的方式创造和改造所处环境，这最符合流动的现代性的概念。在这一意义上，宜家化表明了利用休闲中的自由来探索个人有意义的休闲体验的核心要义。

休闲与有意义体验(回顾)

维瑟(Visser 1998)分析了充斥于(后)现代社会的体验压力，并提出了几个重要观点，以帮助理解在后现代或流动的现代情境下的体验。在本节中，我们将重点探讨该分析中的几个观点。在第六章至第九章的分析中，这些观点能够为我们从休闲哲学角度开展休闲的概念化研究提供参考。在前几章中(例如第三章关于有意义体验，第二章关于自由以及第四章关于认同)，我们强调了(有意义)体验对休闲的重要性：拥有这样一种令人满意的感觉是许多休闲活动所追求的目标，也是判断其是否成功的质量标准。

在维瑟看来，把体验作为在世之在的一种表达方式，其含义是模糊不清的。对尼采来说，这种模糊性以双重衰退的形式出现，是一种*虚无主义灾难*。一是

---

① 熵增是一个热力学概念，表示系统的无序程度增加的趋势。在休闲中，熵增指的是随着时间的推移，个人的活动和体验变得越来越无序和不可预测，这恰与理性控制相反。例如，在一个麦当劳化的休闲环境中，个人的体验被规划和控制，缺乏创造性和自由度，难以产生真正的享乐感；而在一个宜家化的休闲环境中，个人能够自由地选择和组合各种元素，创造出符合自己喜好和需求的休闲体验，更加具有创造性和自由度。

*剥削性*①的体验,另一则是*实验性*的体验。维瑟认为,无论哪种形式的体验,实际上在一般情况下,都以压力为特征:即拥有所有体验的压力和拥有独特体验的压力(无论是自己施加的还是来自同伴的)——例如,希望能丰富自己生活的快乐体验。我们可以在后现代休闲中见识到这种二元性,如果强行从悲观角度来看这件事,肯定像尼采那样认为这些选择是虚无的和灾难性的。

也就是说,在后现代社会中,由于媒体接二连三地刺激,肯定会存在一种压力迫使我们进行更频繁、更强烈的体验。广告告诉我们买什么,去哪里度假,通过社交媒体广泛分享自己的活动,而这创造了一个情境,在这个情境中,人们期望整天都能有美好的体验:完美的早餐、理想的夜晚和最具独创性的室内设计等等。当这种压力变得足够大之时,它便开始具有剥削性②:它几乎变成了一场竞赛,利用自己有限的资源以成为第一个或最好的体验者,以某种方式脱颖而出并获得最有效的体验。这解释了为何有些人会对自己及其休闲体验施加压力,以寻求最大的乐趣,特别是用享乐主义要素来定义体验质量时,这种现象更为显著。另外,我们发现托尔斯坦·凡勃伦(Thorstein Veblen 1899)提出的*炫耀性消费*,即人们要么去购买可以消费的商品,要么追求旨在能够缓解精神饥渴的体验,无论是在宗教、美学还是其他各种方面,这些现象在后现代消解深层意义的过程中已经出现。更具冒险精神的人也可能会利用休闲中的自由和后现代社会的道德不确定性来进行实验,特别是在他们的休闲活动中:寻求新的解释和体验。例如,当身体感觉成为主导时,当追逐快乐,追逐越来越极端的感觉成为规范时,这也可能是享乐主义。休闲可以成为这种探索的重要空间。我们在第二章中将更具实验性的休闲形式描述为*存在主义青春期*。在这里,我们可以体悟到罗萨(Rosa 2013)加速社会的概念,我们在间章一中也强调过这个概念,即他诗意地将此描述为人们陷入了一种*狂热的停滞*状态。

然而,如果我们以道德为中心视角来探讨剥削性和实验性的体验,特别是在休闲情境下来探讨此两者,相信我们最终可以获得一些更有价值的东西,发掘一些更有益的潜质。亚里士多德将休闲作为 *skholē*,作为对心盛幸福

---

①② 在后现代社会中,人们面临着各种媒体刺激和社交媒体的影响,会感受到一种压力,即"必须要有更多、更强烈的体验"。这种压力会促使人们不断地进行各种消费和活动,以满足这种体验的需求,但这种需求在很多情况下超出了人们自身能力和资源范围。因此,人们不得不在休闲时间里不断地进行各种消费和活动,以满足这种体验与享乐的需求。在这种状态下,人们的休闲时间和消费行为会变得越来越像一种被迫的、强制性的活动,即"剥削性"的休闲,因为他们不得不为了满足这种需要而不断地消耗自己的时间、精力和财力。

(*eudaimonia*)的追求，以及布莱克肖（2010）将休闲作为生活艺术，受前人启发，我们可以为休闲注入强大的乐观主义驱动力，重点关注幸福感和生活质量，因此，言外之意即是在休闲中加入特定的伦理和美学规范（见第五章）。这也可以是一种体验压力的表现方式，但目的不是体验本身，而是一种具有道义性的体验——这种体验的目的在于带来一种更理想的状态，比如说，增加福祉。这将是对海德格尔"关怀"概念的非常实际且具体的实践（literal implementation）[①]：一种以行动为导向的仁、一种改善生活命运的驱动力，从基本的在世之在的过程中迸发出来，形成持续的体验过程。第六至第九章将进一步阐述这个观点，它涉及休闲在这种以福祉为中心的动态过程中的作用。

在此之前，我们还需澄清和扩展一些额外概念。在第三章中，我们已经考察了有意义体验和休闲之间的联系。这次，我们将从生命哲学的视角出发，并结合威廉·狄尔泰（Wilhelm Dilthey）和马丁·海德格尔（Martin Heidegger）的观点［受维瑟（1998）分析的启发］来探讨体验。

狄尔泰认为，作为人意味着淹没在体验之中，更确切地说，认识自己意味着将生命的连贯性理解为一种时间现象。根据第二章介绍的并在第四章更广泛地探讨的叙事概念，我们可以认为，把自己理解为一个*自我*（*as a self*）意味着放大和缩小构成生命叙事的体验序列：体验的意义在于在此时此地的情境下体会它，并将其置于整体框架之中，在个人更广泛的生活情境中体会体验的作用。这种理解将随着时间的推移而愈加深刻，在记忆中，（自我）解释和沉思使得体验能留存在个人的生活叙事中，这也不会是一成不变的，而将随着个人身份演变而改变。

如上所述，体验作为压力而存在，但休闲（感知的）自由（我们在第二章中探讨过）可以为这种压力增添游戏色彩。在体验的压力中嵌入游戏性意味着引入一种流动性，一种对压力的创造，以及在自己生命叙事中添加体验标记的可能性。人们所经历的时间本身的延展性促成了这种流动性。柏格森（Burgson 1896）提出了类似观点，它包括这样的说法：在体验或回忆过去事件时，有意义的事件与那些没有重大事件的时期相比，会有不同的表现。在体验中，多事时期

---

① 当我们说"literal implementation"时，通常指的是按照某个概念或理念的字面意义进行实现的方式。也就是说，我们实现这个概念或理念时，不会去深究其背后的含义或目的，而是单纯地按照它的字面意思来执行。在上文中，"literal implementation"指的是按照海德格尔的"care"概念的字面意义进行行动，即采用一种注重实际、具体的方式，通过实践来改善生活命运。

似乎进展得更快("当你感觉有趣时,时间过得很快"),而无聊的时间似乎比实际时间长很多。在记忆中,情况似乎正好相反:多事时期比空虚、无事可做的时期占据了更多的记忆空间(Van Leeuwen 2009b;Wittmann 2016;也可参见Arstila and Lloyd 2014 的相关论文精选)。因此,在体验的过程中,一个枯燥/空虚的体验似乎可以持续很长时间:体验的时间被拉长了。在回忆的时候,一个令人印象深刻的体验变得更加突出,而一个无聊的体验几乎消失了。因此,此两者被记住的时间显示出完全相反的性质。

这一区别与第三章已经提及的"体验"概念的精确含义有关,即经验(*Erfahrung*)和体验(*Erlebnis*)之间的差别。在范·莱文 (2009b)看来,这两个子概念的特点分别是,"[Erfahrung 是]个体一种非常有意义的、本质上是个人的、有机的,内容丰富的体验……相反,Erlebnis 是更肤浅的、重复的或可重复的、更普遍的但最终是短暂的,没有滋养性的内容"(Van Leeuwen 2009b:185 - 186)。范·莱文(2009b)认为,为了描述出这些在英语上的细微差别,建议将 *Erlebnis* 翻译为"体验",将 *Erfahrung* 译为"经验"。

体验虽然转瞬即逝但有时却强有力,休闲便是"体验"的主要提供途径。休闲中的自由和游戏性使得人们可以探索新奇的体验,也可以探索定制的体验。这些体验使得一个人更加契合认为自己是谁,或者希望自己是谁的想法或希望。此外,休闲作为寻求体验的活动,有助于"充实"时间,避免无聊,并为一个人的生命叙事增色不少(例如,通过选择艺术的、运动的或令人兴奋的体验,这些体验与做选择的特定个性相一致)。这些休闲方式可以使得体验压力更具流动性,并更加契合个人叙事。

让我们暂时回到狄尔泰关于体验的时间概念上。经验的时间性在很大程度上意味着:它们被限定在特定的时间和地点之中,并从情境中获得大部分意义和独特性。然而,上面提到的时间缩放①有助于在个人的生命叙事中定位这些体验,这包括解释、寻找、赋予具有双重面向(即面向过去和未来)的意义。体验的意义在于,根据对过去事件的记忆来看待,以及对未来事件的预测,甚至是积极的筹划和预期。人们根据过去喜爱的体验,来谋划未来的行动和事件,因此这种推断是立足过往,朝向未来的②。基于我们所期望的结果,体验便具有*目的论*

---

　　① 指上文柏格森的观点。
　　② 也就是说人们会根据自己过去的体验和偏好,来确定自己未来的方向和目标,以期望未来的体验能够更符合自己的期望和价值观。

维度：这是我们所希望的，也是我们想要的，是我们试图达到的目标。根据个人所秉持的价值观制定这样的计划意味着为这个过程注入规范性，这与第五章对休闲伦理的探讨相一致：这是我们觉得是善的东西，是我们认为重要的东西。

利用休闲中的自由寻找活动、追求爱好、培养技能，游览目的地，从而为我们的生活增添价值，这意味着利用休闲体验的情境性，并沿着善的和乐观的路线将其拓展为更大的东西——生命叙事。在这里，我们看到了作为生活艺术的休闲的组成部分，正如布莱克肖（2010）可能认为的那样。选择正确的休闲体验可以让一个人的生活变得更加美好。

这是一种权力的表达，可以说是尼采权力意志（*Wille zur Macht*）的表现形式。这意味着掌控自己的生活，利用自由（例如在休闲中）和体验来突破未经探索、没有雄心、壮志未酬的生活的局限。哪些规范是适用的，这非常主观，所以确切地说，休闲具有多种形式。形成这些形式的规范可以是伦理层面的——正如我们在第五章中看到的那样；也可以是美学的：如果我们认为休闲是生活艺术的表达，是艺术生活的表达（无论这对个人来说意味着什么），那么这些规范都是非常合适的。

就像休闲一样，好的艺术作品同样也可以促进产生具有特殊价值的内容和特征的体验。艺术帮助人们*发掘*洞察自我和世界的能力以及个人真理。艺术也可以帮助人们揭示真正重要的事物以及（在个人或社群方面）重要的道德真理。欣赏或创作艺术可以以不同形式和强度产生这些效果，而产生这些效果的审美体验又可以以多种形式和强度存在。在第八章中，我们将探讨艺术和艺术表达，以及在这种情境下的艺术消费：作为自我决定的促进者。其中涉及的一些方法，以及探索的一些规范，可以努力达到的真实水平，可能相当极端——我们将探讨震惊艺术和刀刃作业中开拓性的休闲形式，即边缘休闲。

休闲与关怀[①]

在休闲中开辟的乐观的、以福祉为中心的视角，以与情境相联系的体验为基础，意味着我们将在本节简要地谈论最后一组观点。当然，在这里不可忽视的哲

[①]　海德格尔的"Sorge"在英语中被翻译为"Care"，在中文里被翻译为烦、操心、关照、关怀等。Sorge是一个含义复杂而丰富的概念，涉及到人类存在的本质和方式，所以很难有中文词可以完全涵盖其所有含义。结合本书的语境，在此选用"关怀"的译法。

学家就是海德格尔[①]。

此在(*Dasein*)是海德格尔(Heidegger)哲学的核心概念,指的是一种先验的处境性[②],一种先于任何认知分析的在世之在,它使得感知、体验、把握和理解成为可能。此在(*Dasein*)也可以指一个存在者、一个人,即展现了这种基本的认识论和社会开放性和情境性的存在者。我们从上面阐述的(瞬间的)体验概念中认识到的正是这种基本的处境性,即总是以特定的方式*存在于某处*。

在海德格尔此在(*Dasein*)概念中,有几个维度与我们正在努力理解的休闲相关。

第一,此在(*Dasein*)作为基本的处境性,是能将我们联合起来的东西,是我们作为人类共享的东西。豪格兰德(Haugeland 2005:423)强调了此在(*Dasein*)的社会维度,他把它描述为"一些社群成员共享的生活方式"。我们早已提及这一要求,即向他人敞开心扉,第四章的情感调谐以及第五章的休闲伦理。

第二,海德格尔认为,这种处境性,这种在世之在,表现为关怀(*Sorge*)。在世存在,生活在一个环境中,尤其是一个社会环境中,已经预设了这个世界以某种方式对我们而言很重要。我们总是以某种特定的方式存在于世界中,所以具有一种特定的态度,或情绪或其他形式的性格特征。在休闲中,关怀作为在世之在的一种方式,更多地趋向于关注乐观的、社交的、以提高个人为主的、有意义的、高质量的体验和活动。同样,我们可以说,休闲是关于探索与世界的愉悦互动,如果我们加上伦理和美学规范,这就使休闲成了生活艺术。

第三,在海德格尔看来,与每个此在(*Dasein*)的处境性相关的现象学都具有强烈的诠释学色彩。在体验过程中,我们被不断敦促着去解释我们自己、彼此之间的关系以及我们在世界中的位置。我们认为,休闲是这种诠释的一个重要领域。休闲,以及它所包含的自由含义作为一种诠释的存在方式开启了一个游戏场,这种诠释学模式可以被视为一种探索和实验。这一观点的部分内容在前面章节中已经谈及,其中叙事可以被视为一种可能的诠释学形式,而游戏(作为利

---

① 原文中"elephant in the room"是一个俗语,意思是指在讨论中被忽视或被认为是不可避免的但不愿意谈及的重要问题。因此,这句话的意思是在讨论中不能忽视海德格尔这位重要的哲学家。

② 先验的处境性(pre-conceptual situatedness)。Pre-conceptual 指的是在没有任何概念或认知分析之前,先验地存在于某个处境中;situatedness 指的是存在于某个特定的社会和文化环境中。本文把"situatedness"翻译为"处境性",把"context"翻译为"情境"。

用休闲中的自由的一种方式）可以被视为一种可能的诠释学工具，休闲可以通过它来促进探索。

总体而言，我们看到了以此在（Dasein）为休闲模式的潜力，并且我们将在第六至第九章中继续探讨这一观点。休闲不一定与人类作为此在（Dasein）是什么有关，也可能与他们能成为什么有关。休闲是一种追求，使我们得以实现潜力，使自我和世界符合伦理和美学定义的质量标准，并塑造和改善个人叙事。这就是休闲作为生活艺术的核心：休闲促进了在世之在的方式（乐观的、最佳的、注重优化的）和为世之在的方式（休闲是一种关怀：以美学为标准设定目标并努力实现它，例如，增进反思和公共福祉）。

休闲有助于在自由选择的基础上，按照叙事连贯的认同研究和发展目标来塑造在世之在，其中包括超验的、有意义的、丰富的和具有启发性的体验。

漫长的竞争

这里有一个有趣的切入点。在本书中，我们不会过度深入地探讨它，因为这个话题太过复杂，值得再写一本书来研究它。但在这里，我们确实想提及，并认为值得对它做出进一步研究：我们认为休闲作为一个交叉领域，可能有助于拉近两个哲学阵营之间长期存在的距离。我们已经理解了来自这两个传统的思想和概念，现在很有必要进一步明确这些思想和概念。

西方哲学有两个主要传统：分析哲学和欧陆哲学，前者主要植根于英国传统（盎格鲁-撒克逊传统），后者主要根植于德国和法国传统。主要的主题区别在于，分析哲学在其偏爱的主题和一般方法上侧重于（自然/实证）科学，而欧陆哲学则与文化和社会的研究即人文和社会科学领域的联系更为紧密。这意味着这两种哲学"学派"之间主要方法论的区别在于，分析哲学通常采取客观和基于逻辑的方法，而大陆哲学在方法论上则更常采用文学和现象学的方法。

其中的核心在于，这两种方法对于哪种关于世界的信息更相关或有价值，能提供最合适的对人及其在世界中的定位的描述和分析，持不同看法。欧陆哲学的显著特点是拒斥将自然科学方法作为探寻"世界是什么样的"的主要手段：科学方法论（甚至客观性的可能性本身）是由人类建构而成的，而人类所有的建构都发源于一定情境（历史的、社会文化的），因此应该在特定情境中评估它们的有效性。正是这种对立激发了威廉·狄尔泰强调区分人文科学（Geisteswissenschaft）（注重"生活体验")和自然科学(*Naturwissenscbaft*)(致力于以客观方法研究自然)。

这种区别在心智研究中表现得尤为明显。许多受分析哲学启发的心灵哲学试图把意识还原为更基础的东西[例如物理主义：思维要用物理过程来解释——这往往意味着把心理学的解释还原为涉及(微物理)大脑处理过程的解释]。现象学反对还原论,声称解释世界的主要视角是个人和个人体验,而不是原子和生物物理过程。我们早在本章中讨论过生活体验：它涉及只有自己才能体验到的*存在于此*的感觉,而且只能从第一人称视角(主观地)加以体验。用客观主义的科学术语来测量所涉及的过程并描述相关参数,并不能帮助我们理解曾经历过的各种事情到底是*什么样子*。相比之下,诗歌和文学虽然不能完美地刻画这些感觉,但它们却可以唤起这些感觉,而客观的、实证的、分析性的科学文本却不能做到这一点。

分析哲学家承认难以用语言描述现象学状态或内容;他们把这些感受和体验的基本特征称为感受质(*qualia*)(Nagel 1974),这是主观的、无法用客观术语来描述的体验感受。在心灵哲学中,有一个关于如何处理它们的重要讨论,如何在尊重它们的同时仍然保留更多客观主义科学方法和理论的强大解释特性。

在整合这两个传统的过程中,有一些重要的、令人兴奋的尝试。一些在具身认知范式下工作的哲学家和心理学家,例如那些支持生成论的学者(我们在第四章讨论过),试图整合来自现象学传统的知识,通常是梅洛-庞蒂(Merleau-Ponty)(Thompson 2007)和/或海德格尔[Clark 1997——他的书《此在：重整大脑、身体和世界》,呼应了海德格尔的此在(*Dasein*)概念],甚至试图整合来自佛教的知识(Varela *et al*. 1991)。范·莱文(2009a)试图在形而上学层面上澄清这一讨论。

鉴于本书已讨论过休闲的相关主题,我们认为分析哲学和欧陆哲学之间存在对立,并且这一观点的大致轮廓已经形成：休闲允许双方进入其研究领域,进行交叉研究。休闲中既有生物—心理学的观点,即分析哲学"阵营"涉及具身的感觉运动规划和行为的理论,也有存在主义—现象学的观点,即欧陆哲学"阵营"涉及基本的、预知的在世之在的理论。休闲是一种由社会确立的重要实践,它不仅具有具身性,也包含了体验的中心性思想,所以休闲对这两个概念都敞开了大门。休闲是一个探索空间,在其中人们能够在寻找意义和幸福的过程中探索对个人和社会将产生的影响,我们同时需要分析哲学和欧陆哲学两种视角来正确地探索休闲。

当然，我们并未妄想本书的微薄贡献将会彻底解决这个问题。然而，我们确实认为休闲领域为探索、假设、实验和分析许多与两种哲学传统相关的主题提供了一个饶有趣味的情境。在本书中，我们已借鉴了这两个哲学流派的主要思想和洞见。在第六至第九章中，我们将继续借鉴这些思想，并将提出一些后续问题以期有助于指导未来的休闲研究。

休闲哲学的当今和未来方向

因此我们现在认为，我们能够逐步实现前面一章简要描述的承诺。在第五章，我们曾说过：

> 因此，休闲伦理背后的指导哲学可以被视为一种生活艺术，它以生存伦理和美学为基础，旨在围绕自我关怀、自我发展、自我完善、自我实现和自我责任等理念展开。休闲伦理的核心在于关注个体的自我道德、智慧和成为完整的人，其目标是实现心盛幸福（*eudaimonia*）和美好生活这一令人向往的远方。

休闲作为一种关怀，一种寻找生活中美好事物的方式，为自我发展和他人更美好的未来而努力：这就是休闲作为生活艺术的理念。在本书的后续章节中，我们将在哲学视角下继续探讨休闲和美好生活在当前和未来的关键主题。

参考文献

Arstila, V. and Lloyd, D. （eds）（2014）*Subjective Time: The Philosophy, Psychology, and Neuroscience of Temporality*. Cambridge, MA: The MIT Press.

Baudrillard, J. (1981) *Simulacres et simulation*. Paris: Éditions Galilée.

Bergson, H. (1896), *Matiére et Mémoire*, English translation (1988): Matter and Memory, trans. Paul, N. M. and Palmer, W. S. New York: Zone Books.

Blackshaw, T. (2010) *Leisure*. London/New York: Routledge.

Clark, A. (1997), *Being There: Putting Brain, Body, and World Together Again*. Cambridge, MA: The MIT Press.

Haugeland, J. (2005) 'Reading Brandom Reading Heidegger'. *European Journal of*

Philosophy, 13(3): 421 – 428.

Kuhn, T. S. (1962) *The Structure of Scientific Revolutions*. Chicago: University of Chicago Press.

Lyotard, J.-F. (1979) *La condition postmoderne: rapport sur le savoir*. Paris: Minuit.

Nagel, T. (1974) 'What Is it Like to Be a Bat?'. *Philosophical Review* LXXXIII (4): 435 – 50.

Nietzsche, F. (1895) *The Antichrist*, trans. Mencken, H.L. Tucson, AZ: See Sharp Press.

Pine, B. J. and Gilmore, J. H. (1999) *The Experience Economy: Work is Theater & Every Business a Stage*. Boston: Harvard Business Review Press.

Ricoeur, J. P. G. (1970) *Freud and Philosophy: An Essay on Interpretation*, trans. Savage, D. New Haven: Yale University Press.

Ritzer, G. (1993) *The McDonaldization of Society*. Newbury Park, CA: Pine Forge Press.

Rorty, R. (1989) *Contingency, Irony, and Solidarity*. Cambridge: Cambridge University Press.

Rosa, H. (2013) *Social Acceleration. A new theory of modernity*. New York: Columbia University Press.

Russell, D. (2013) 'The Making of Modern Leisure: the British Experience c.1850 to c.1960' in Blackshaw, T. (ed.) *Routledge Handbook of Leisure Studies*. London/New York: Routledge.

Schulze, G. (1992) *Die Erlebnisgesellschaft: Kultursoziologie der Gegenwart*. Frankfurt am Main/New York: Campus.

Spracklen, K. (2011) *Constructing Leisure. Historical and Philosophical Debates*. Hampshire/New York: Palgrave Macmillan.

Thompson, E. (2007) *Mind in Life: Biology, Phenomenology and the Sciences of Mind*. Cambridge, MA: Harvard University Press.

van Leeuwen, M. (2009a) *Thinking Outside the Box—A Theory of Embodied and Embedded Concepts* (PhD thesis). Nijmegen, the Netherlands: Radboud University Nijmegen.

van Leeuwen, M. (2009b) 'The Digital Void: e-NNUI and experience' in Dalle Pezze, B. and Salzani, C. (eds) *Essays on Boredom and Modernity* (Critical Studies vol. 31). Amsterdam/New York: Rodopi Press.

Varela, F. J., Thompson, E. and Rosch, E. (1991) *The Embodied Mind: Cognitive Science and Human Experience*. Cambridge, MA: The MIT Press.

Veblen, T. (1899) *The Theory of the Leisure Class*. New York: MacMillan.

Visser, G. (1998) *De Druk van de Beleving: Filosofie en Kunst in een Domein van Overgang en Ondergang*. Nijmegen, the Netherlands: SUN.

Wittmann, M. (2016) *Felt Time: The Psychology of How We Perceive Time*. Cambridge, MA: The MIT Press.

第三部分

未 来 的 方 向

第六章
具身与虚拟休闲

使用以互联网和社交媒体为代表的信息和通信技术,已经成为 21 世纪最重要的休闲方式之一。起初,互联网是一种可供交换军事信息和共享科学数据的媒介,自 20 世纪 90 年代中期以来,互联网在商业和娱乐性媒体中的广泛使用改变了我们度过休闲时间的方式。除了可以消费各种各样的娱乐素材,我们还使用互联网来访问新闻媒体,以及为了研究搜集科学信息。互联网不仅仅是信息库,可能更为重要的是,它已经成为一个极其重要的用于社会互动、创造性表达和进行实验的领域。传统的社会互动方式包括面对面会见、寄信或打电话,而互联网和社交媒体使人们以一种质和量都不同于传统的社会互动方式进行互动。并且,越来越多的移动技术使我们可以随时随地做所有想做的事情。

随着我们的时间使用方式和与他人交往的方式发生更加深刻的变化,关于这些改变是否是*好的*,人们的观点大相径庭。有人可能会说,数以百万计的满意客户不会撒谎,因此,公众尤其是年轻一代已经将互联网和社交媒体视为生活中不可或缺、受益颇多的一部分。不过,也有批评者(比如,Greenfield 2003;Helprin 2009;Carr 2011)声称,人们使用互联网和社交媒体的方式改变了社会互动,*限制或改变了*人们表达自我以及与他人交往的方式,这种方式取决于技术的(不)可能性,而不是对于作为已经进化为特定程度的社交动物的我们来说在社交和/或心理方面最为有益的方式。

作为体验基础的具身

我们在第四章已简要介绍了具身认知理论。这一理论认为,解读心智时(心理过程)需要考虑到心智控制身体的方式,以及身体性能是如何反过来促成和/或限制心智活动的。由此观点可延伸出,许多人认为认知也是嵌入式的,也就是说环境特性(即生物的外部因素)对解释认知过程也至关重要。

我们还介绍了情感调谐和心智能力这两个完全具身现象,它们构成了大多数社交互动的基础。正如我们所指出的,我们需要一种具身的参与式意义建构过程来解释运动团队如何一起比赛,或者爵士乐队如何演奏即兴创作的音乐;这些复杂的互动需要大量非语言的、身体的和面部表情的交流。即时的、几乎是潜意识的行为和反应,以及通过预测对方抉择从而快速规划自己的行动,使得一起比赛或共同演奏音乐成为可能。

具身观点可以帮助我们根据人类感知和行动的基本特征来解释休闲选择。由于身体感觉构成了休闲中许多快乐体验的基础,比如简单的乐趣和兴奋感,以及像性行为这样重要的休闲方式,再到比如吸毒,通过参与极限运动和乘坐极限过山车来挑战生理极限等更极端的休闲方式,因此我们可以透过具身视角来解释休闲选择。

具身的直观(如情感、直觉)在做出道德决定以及确定个人认同的关键特征时起作用。关于道德规范起源的理论被称为*伦理自然主义*,该理论特别注重将具身感觉与社会道德规范联系起来。其核心观点是,道德是特定生物倾向的副产品,例如,人具有喜欢、渴望、震惊或对某些人、行动或情况产生强烈情感的本能倾向。这些直觉与上面提到的情感调谐现象密切相关。类似地,肖恩·尼古拉斯(Shaun Nichols)(2008：269)说,"情感在决定哪些规范能在我们文化历史中存续发挥了作用。特别是,禁止可能引发负面影响的行为规范具有更强的文化适应性。"因此,他的*情感共鸣假说*认为"禁止我们有情感厌恶倾向行为的规范将会比其他规范享有更强的文化适应性"。这里的核心思想是,不同文化背景下的大多数人(反社会者除外)都被"生物编程"过,能以特定方式对他人的情感表达做出反应。也就是说,我们的情感基本上是具身化、自动化和直觉化的,我们有意识的决定,包括我们的道德直觉,通常都有情感基础(同见,例如 Gallagher 2005；Damásio 1999)。

这些关于身体在决定道德行为和确定个人认同特征方面作用的见解,对我们理解虚拟的、在线休闲很重要。相比"线下"环境,这些以身体的特性和过程为基础的相关性在线上环境中是非常不同的。作为一种主要的休闲方式,在线社交互动所具有的具身维度,是非常重要的信息来源,从中我们获得互动对象的想法和感受,却几乎被我们忽视了。当某人发送电子邮件、发短信或加入讨论论坛的对话时,互动通过文字进行,这意味着肢体语言、面部表情和变化的声音无法参与到意义的建构之中。多人电子游戏甚至可能更加复杂:人们可以互相交谈,但在与其他玩家的互动过程中,最为突出的行为和"身体语言"为他们在游戏中选择的角色所有而不是通过玩家自己的身体表现出来。另一方面,可能令人十分困惑的是,尽管具身在虚拟领域中的作用被削弱了,但特定的社会联系仍非常重要。

本章,我们将对具身和虚拟化进行对比。具身是我们已经确立的作为理解人类认同基础的主题;虚拟化则是使用互联网、社交媒体和其他各种在线表达方式,并且正在成为日益重要的休闲方式。另外,值得注意的是,虚拟休闲(通过互联网、社交媒体)是托尼·布莱克肖(Tony Blackshaw)(2010)提出的休闲*流动性*的一个强有力的例证。鉴于上述观点,我们可以说虚拟(休闲)的兴起意味着休闲行为、文化消费和社会互动发生了转变。我们的问题是,作为极其普遍的休闲实践,这些非具身、虚拟互动(休闲形式)如何改变社会互动和休闲行为的各个方面?

技术和工具

由使用互联网和社交媒体引起的社会动力革新,脱胎于技术发展即信息和通信技术的发展。科技的使用在某种程度上阻碍了人类"本能"功能的发挥,这一观点并不新鲜,是*技术哲学*中反复出现的主题。作为哲学人类学的一个分支,技术哲学探讨了技术影响和改变人们的方式,有时这种方式甚至是根本性的。

特别是在工业革命时期(18世纪末到19世纪初),科技,即机器、工厂在普通民众的生活中变得愈渐重要,这一现象使得人们必须对人类与技术的关系进行哲学反思。迪克斯特休斯(Dijksterhuis)(1950)认为,工业革命以及技术在社会的持续扩张,是有条不紊地将数学模式应用到现实的漫长过程的结果(这一策略始于古代的几何学家和哲学家们,如毕达哥拉斯、柏拉图)。以高度结构化、可测量和可计算的术语理解世界的方式,引领了人类概念化世界的演变过程,即从神话世界观向*机械论*的现实观的转变。在这个演变过程中,世界的运作没有受到强权的干预,并且在原则上是可被理性所描述和理解的。在概念上迈出这一步是启蒙运动(见间章二部分)到来的先决条件,而相关的努力不仅仅是为了理解世界，也是为了通过工具和机器来*控制*世界，这是工业革命的种子。

　　根据盖伦（Gehlen）（1940）的观点，工具和技术的使用代表着人类的某些本质特征。也就是说，他把人的本质定义为匮乏性（*Mängelwesen*），即人是能力和力量不足的生物：缺乏其他动物所拥有的力量、速度或敏锐的感官，因此我们会利用技术来弥补不足之处。在某些欧陆哲学家的眼中，比如海德格尔（1977），现代客观科学和技术都是世界的概念化表达，这种概念化在本体论上将自然事物与工具和其他技术制品区分开来（Franssen *et al*. 2009/2013）。此外，将世界理解为事物、对象、原材料的集合，使得我们可以*利用*这个世界。这可能意味着开采资源，通过建设城市、工厂和道路来改变天然景观，但也可能意味着客观地看待世界，将世界与人类观察者相分离。此外，根据这个隐喻，一个人从现实本身的掌控中夺取知识，在必要时还可以借助强力手段——所谓强力是指在启蒙学者弗朗西斯·培根提出的经验主义科学模式中，由客观、超然的科学家所作的观察和实验。

　　尽管现代技术和科学取得了成功，但许多欧陆哲学家都反对这种"培根式观点"。正如我们在间章二中对内在的情境嵌入性体验的讨论，对于欧陆哲学家来说，保持完全的客观，即在思想上将人置于自然秩序之外是不可能的。使用技术或开展客观的科学研究，意味着否认（或者甚至是异化）此在（*Dasein*）在自然情境下的存在方式，其中"此在"指的是先于一切认知分析的，但使人能够知觉、体验、领会和理解的"在世之在"。相信我们能够远离这种基本情境性的想法会遮蔽真相。

　　培根确实构思了现代科学方法论的概要，其中包含了机械论的世界观，虽然他被指控支持人类与自然相分离的观点，然而他并非真的支持这一立场。如果说有人应被"指责"，那应当是*笛卡尔*，他将人类活的灵魂或心灵与自然界机械的、没有灵魂的其他部分区分开来（Mathews 2013）。如果这是真的，似乎至少有一部分欧陆哲学对"培根式观点"的批判建立在*稻草人论证*（即攻击对手观点的一种夸张说法，而非攻击对手的实际主张）之上。然而，尽管古典欧陆哲学在批判培根式观点的主要叙述中存在这一逻辑谬误，但这种分析人类使用科技的核心见解仍然是有意义的。使用科技的确影响了人类能力和行为可能性，并且这种渐进演变在某种程度上确实涉及抽象化和客体化的过程。

　　进化心理学的核心观点是，工具和技术的使用可以对人类能力的发展或进化产生深远影响，例如，可以让使用者发掘新的身体、认知和/或社会能力。举例来说，巴尔克(Barkow)等人(1992)、米森(Mithen)(1996)、诺布尔(Noble)和戴维森(Davidson)(1996)以及加登福斯(Gardenfors)(2003)都赋予了主要表现为使用语言和运用工具的抽象思维能力以特殊意义。这些理论认为，语言和符号化思维创造了对自我和环境的认识，并使原始人类能够区分两者。(正如盖伦所述)工具使我们的祖先有可能利用这种抽象思维来弥补不足，并在一定程度上控制环境，即建造更安全的住所，制造武器来猎杀更大的猎物，并制作衣服以在更恶劣的条件下生存。维森(Vaesen)(2012)认为，黑猩猩对人造物的使用令人印象深刻但终究有限，相较之下，人类使用工具的水平和广度更显示了我们作为人类这一物种的特征。

在这样的进化进程中，工具的使用改变着我们的认知能力。即使现在，我们也可以在大脑中看到这些变化的相关性(假设)，因为工具的使用改变了神经活动：处于施动者影响范围内(或称近体空间)的对象的神经活动与处于影响范围外的对象有关的神经活动有着明显差异。给测试对象提供一个工具，例如一根棍子，由于这个工具扩展了影响范围，因此也将改变近体空间的范围(Maravita and Iriki 2004)。人们认为这改变了空间和空间关系在主体大脑中的"表现"方式。而且，当提供行动的客体出现时，主体的*典型神经元*会表现出特定的激发模式(Gallese *et al.* 1996)。

根据这些观点以及来自考古学、人类学、心理学、神经科学等其他领域的诸多观点，人们普遍认为：机械工具、机器、发动机的发明和使用极大地扩展了人类的能力。*生理上*，我们可以比以前走得更快更远，建造更高大的建筑等等。*理论上*，科技创造了价值，促进了体验。比如奇克森特米哈伊和洛克伯格-哈尔顿(Rochberg-Halton)(1981)认为使用工具或技术，甚至是弹奏相对简单的尤克里里，不仅开发了身体行动的可能性，同样也为不同意义的归属提供了支撑：

> (这把尤克里里)使人能够在演奏音乐时施展他的才能，重温过去乐趣时也可以获得当下的快乐，同时还可以与他所爱之人分享快乐。在这个例子中，尤克里里就是一种多方面体验的催化剂；它不仅是发出声音的乐器，也是产生多种快乐情绪的工具。在演奏音乐的时候，人重温过去，并将他的感觉与周围人的感觉融合在一起。
>
> (Csikszentmihalyi and Rochberg-Halton 1981：73)

在 20 世纪，计算机的发展是一项重大的技术进步，其加强的不是身体能力而是*认知*和*社交*能力。它充分利用了互联网的显著特征，这是一种在社会关系（连接人与人）和信息（通过开放和协同数据库而提供访问大量数据的权限）方面惊人的联结潜力。作为技术哲学的变体，信息和通讯技术哲学试图理解这些发展所带来的影响。根据迪克斯特休斯关于"机械化"过程的推断，我们可以说电视、互联网、社交媒体正在促进"信息化"甚至"虚拟化"的发展。这意味着当前的问题在于：在经历了由工具使用和技术发展导致的长期认知和社会变革之后，如果我们进入*虚拟*时代将会发生什么？

这个问题与我们之前讨论的话题有共通之处：在间章二中，我们探讨了体验在整个现代和后现代（或流动的现代性）时期的变化模式。瓦尔特·本雅明（Walter Benjamin）也在多篇论文中探讨了这个想法［比如，《叙述者》，《关于波德莱尔的某些动机》，《机械复制时代的艺术作品》，见本雅明（4 vols.，1996 - 2003）］。他的观点至少在表面上是悲观的。他痛惜体验质量的下降，以及体验本质的凋敝；同时也对人们为应对这个变化所采取的行动感到遗憾。他的分析背景处于 19 世纪末城市生活的加速发展时期，他认为这对人们体验世界的方式产生了深远的影响。如前所述，我们在间章二中讨论狄尔泰和舒尔茨时已经注意到本雅明观点的特别之处，即深刻而特别有意义的体验会被重复而肤浅的体验所取代，也就是"体验"（*Erlebnis*）会代替"经验"（*Erfabrung*）。

本雅明描述的这些衰落过程与故事本质的变化有关，在他看来，在他研究的时代中，现代"故事"（比如小说、新闻报道）提供了预先解释的信息，然而实际故事（比如直接在一场社交活动中分享的一个篝火晚会童话）的开放性和不完全确定性则会吸引观众参与其中，因此故事是不断发展的，而且由于故事中的留白不断得到补充，这将有助于反思故事中人物的动机，从而也有助于反思人类本性。在故事的衰落中，我们失去了某种可能性：那就是以这种极其有效的互动方式传递、分享和/或唤起体验/智慧的可能性。本雅明认为这是与工匠根源疏离的过程（正如马克思认为的那样，机械化劳动的出现导致了存在主义脱节），是一个"真实的"嵌入式体验让位于更"技术性"的表层式体验的过程。

本雅明在其著作中将真正真实的和具有独特意义的体验界定为拥有光韵的东西（比如，一件独一无二的艺术品）。他试图使用与体验自然界无与伦比的美相关的半神秘主义现象学来阐释这个概念，由此将光韵定义为"一种独有的、无论离得多近还是带有距离感的表象或外观"（Benjamin 1996 - 2003，vol. 4：

255）。尽管在后现代社会中，光韵、真实和有深层意义的体验的衰落可能令人遗憾，但本雅明并不认为这种衰落是完全的衰败，因为光韵会被"震惊"所取代。

最令人震惊的后现代主义现象之一是当今互联网和社交媒体的使用方式，在某种意义上这种使用方式包含了无所不在、非常频繁和高度侵入的刺激［回顾间章二对舒尔茨体验社会（*Erlebnisgesellschaoft*）的引用］。当然，与之前提到的一些反培根式观点的欧陆哲学家看法一致，很多批评者认为我们使用互联网和社交媒体的方法和强度，正威胁我们远离"真实的"（proper）①具身情境。这是真的吗？在流动的现代性中，当我们在网上寻找的那部分休闲变为虚拟的、（很大程度上）非具身的时候，会发生什么呢？

在线的流动休闲

在前面几章中（例如间章二），我们看到布莱克肖（2010）重新定义了后现代性，他认为"后现代性"是一个很不具体的概念，［受齐格蒙特·鲍曼的启发（Zygmunt Bauman 1992）］转而使用*流动的现代性*这一概念。这一观点的核心在于互动模式、概念和思想的意义以及机构的职能是流动的，可以因时或因人而异。布莱克肖称，休闲是探索这些动态意义和功能的重要领域。

我们在网络上度过了大量的休闲时间。当我们把使用互联网和社交媒体视为现代重要的流动休闲行为时，有必要指出，这种流动性会以各种形式表现出来。当然，*社会流动性*决定了与特定社会阶层相关的组织和休闲方式的变化，以及群体或个人休闲行为（或缺乏休闲行为）的可预测性：因为在以前，社会是按照性别、阶级、种族的划分而构建的，但现在，我们的休闲选择已不那么僵化（即使还没有完全与旧的划分方式割席）。颠覆了这些旧的社会结构，如今的休闲大多是由个人自由所定义的。互联网和社交媒体使社会流动性中的"流动"形式尤为可能，我们将在后续部分对此进行探讨。然而，尤其重要的是，当我们在考虑社交媒体的作用和影响时，"流动的现代性"特有的流动性也通常表现为*心理流动性*，即网络上的观点、体验、分类是偶然的，因此是动态的。也就是说，与个体观点不同，互联网和社交媒体众说纷纭。并且重要的是，这为个体快速改变观

---

①　"proper"是指合适、恰当、正确的。此处指的是我们身体的存在与环境的相互关系，即我们的身体与周围的环境相互作用和互动的状态。在这种状态下，我们不是通过虚拟的媒介，如互联网和社交媒体，而是通过感官来感知理解世界。因此，"proper"在这里可以理解为"真实的"、"实际的"。

点，或是在不同情境下提出不同观点提供了可能性。

还有另外一个我们已经提到的问题：在线上，我们在很大程度上丢失了另一个影响和构建我们行为的重要锚点——具身的作用在在线互动中被消解了。从具身互动和知觉中获得的直觉，经过数百万年的进化构成了我们道德和交往能力的基石，然而我们却愈来愈少地使用这种能力。因此，在我们根深蒂固的具身倾向以及由在线活动的虚拟（非实体）特征所促成的新互动和行为之间存在着潜在冲突。

互联网和社交媒体已经改变并将持续改变我们与他人互动、消费娱乐以及形成个人观点的方式。这种虚拟化过程改变了通常由具身互动输入所主导的核心心理过程（同见 Van Leeuwen 2015）。我们将要讨论三个有关这种转变的例子：① 在线社会交往；② 非实体媒介的所有权和版权观；③ 缺乏身体互动的惩罚观。

虚拟化与具身之争 1：社会交往的在线流动性

互联网和社交媒体极大地拓展了我们与来自世界各地的人们进行即时社会互动的能力，现在我们可以轻松地与远在天边的人相联系，这种规模和便利程度前所未有。这就意味着，从一个重要角度来看，社交媒体对流动的交往来说是一个强有力的催化剂，流动的交往也是我们所称的后现代性或流动的现代性的典型特征。

正如我们已经提到的，在线上，社会流动性的潜力巨大，包括许多不同群体和个人的互动，与群体内部以及群体之间有关的各种互动方式和模式①。相应的，心理流动性也可以相当丰富。比如科尔（Kerr）等人（2004：15；引自 Grawford 2013：563）提出：

> 新媒体……允许用户并培养用户尝试使用不同的身份（Turkle 1995），在电脑游戏和网络聊天室等情境中都是如此，而摆脱某人背后的身份标签从而使用另外一个身份也令人感到快乐。

---

① 模式（script）指在社交互动中使用的一系列行为模式和规范，例如在社交场合中的言行举止、礼节和礼貌等。这些模式是人们在社交互动中遵循的一种指导，帮助他们理解和适应社交场合中的规范和准则，从而更好地与他人交流和互动。有时候也可以翻译成"行为模式"、"行为规范"。

这种流动性可能是偶然的,类似于人们在现实生活的不同社会环境中会表现出不同的行为(比如,与朋友在一起对比去拜访祖母)。然而,与"现实生活"相比,由于在线环境更加多样,加之一个人可以更快地在不同环境间进行切换,人们能够表现出更多不同的行为。比如,一个人可以在几分钟内多次改变身份,从与朋友就个人话题进行愉快的私人聊天,到给同事发送一份与工作相关的正式邮件,再到在业余爱好讨论论坛上唇枪舌剑一番。

心理流动性也可以是有意为之的,例如参与积极的"印象管理"(Chester and Bretherton 2009)。这包括有意识地选择在社交媒体上发布哪些信息和照片,通过这一过程,用户可以向"关注者"展示自己希望被看到的样子。这很重要,因为我们关于自己认知的很重要的一部分取决于从他人那里获得的反馈。我们的言行举止、肢体语言和面部表情,构成了他人对我们看法的依据。在网上,别人看到的或者回应的,正是这种经过自我选择呈现给别人的"经过管理的印象",而非在面对面相遇时个体不易改变的真实外貌和难以控制的面部表情。综合考虑,从一个时刻到下一个时刻,或者从一个讨论场景到下一个场景,某人表达的观点、体验、所属社交网络可能会发生相当深刻的变化。

人们对在网络上体验到的社会心理流动性形成了两种观点:一种是悲观的,另一种则相对乐观。

悲观观点与大多数在线互动的非具身特征有关。在第四章及本章的前面部分,我们论证了构建包含基本情感调谐的具身参与式意义的过程,这对发展和持续建构个人认同非常重要。我们在线参与的互动大多缺乏具身线索(比如肢体语言、面部表情、语音语调),而我们本能地依赖这种线索来理解他人的言行举止。克罗斯(Kross)等人(2013)的研究发现在特定时期频繁使用脸书是低幸福感和低生活满意度的预测因素,他们认为通过社交网站脸书(Facebook)进行的社会交往具有贫乏本质,这可以解释他们的研究结果。此外,在第四章中,我们赋予了叙事在构建认同中的重要作用,即故事影响我们运用心智理论的能力,我们可以从体验的叙事顺序中获得自我意义。现在,在线的社会心理流动性使得我们可以探索不止一个而是多个社会网络,开发不止一个而是多个社会交往形式,发现不止一条而是多条平行的与我们在各种网络中扮演的各种角色相连接的故事线。个人认同叙事的内在连贯性可能会变得相当脆弱,并具有潜在的心理伤害。

较为乐观的观点与我们在第二章中讨论过的与休闲有关的一个方面,即*游*

戏作为一种诠释学实践这一观点有关。鉴于上述原因，利用网络可能存在的流动性进行社会和心理实验可能是有风险的，但如果探索得当，也可能是有益的。互联网几乎为孩子们的各种行为提供了无限资源，孩子们可以利用这些资源来理解世界是如何运作的，以及其他人对特定行为做出的反应，特别是利用这些资源来探索不同的社会场景以及（在游戏中）扮演不同的身份。这表明，关于在线休闲能力的想法，能够使用互联网和社交媒体作为一种健康的休闲方式，也应该包括数字素养的教育理念（Sonck et al. 2001）。数字素养不仅仅是一种有关获得实用技能（能够在网上找到你需要的东西）和安全（避免带有有害内容的网站）的能力，更重要的是，它是一种个体在网上得以判断什么是科学的、具有道德和艺术价值的事物的能力。对于儿童和父母而言，能够评估个人在在线休闲的社会心理流动性体验的诠释性价值，对充分利用在线休闲的益处同时尽量减少其负面影响是极其重要的。

虚拟化与具身之争 2：所有权的在线流动性

与互联网相关的一个主要伦理问题是非法下载和分享有版权的资料，例如音乐、电影、书籍、图片和观点。哈普林（Helprin）（2009）认为，特别是后现代（或流动的现代）职业社交形式，例如（在线）协作学习、众包和其他集体的工作方式，使得熟悉这些方法的人漠视了个人财产和个人成果的价值。在他看来，这解释了物权法与互联网结合之后带来的高度棘手的问题：在许多互联网用户看来，合作努力的成果（例如电影或大多数音乐）不属于任何个人或实体，这意味着每个人都享有拥有它们或自由使用它们的权利。这种逻辑随后扩展到任何可以数字化和在线共享的东西，即产品已经存在并且可供下载，免费使用它们不会产生实质性的影响。由于这种行为（在写作本书的时候仍然如此）将导致付费用户数大大减少，使得像唱片公司这样提供内容的公司很难根据这一现实找到可行的商业模式。

在 21 世纪初，这一现象并不鲜见，尽管只有真正的游戏规则改变者才能令这件事情在互联网产生轰动效应。在 20 世纪 80 年代，唱片公司公开诽谤重金属亚文化的磁带交易，但这种交易常常受到艺术家的支持，因为这种做法可以使艺术家们的作品被送到那些不能轻易得到官方唱片的人的手中。增强人们对音乐的意识和需求等于增加了演奏音乐会的诉求，这正是艺术家们真正赚钱之处。

在 20 世纪 80 年代,磁带交易是一个相对边缘化的问题,而互联网迫使音乐产业的商业模式,尤其是艺术家需要实施的商业模式发生了根本转变。商业模式的主要变化是产品组合中产生主要收入的元素已经完全改变,即不再像过去那样销售实体的 CD 和 DVD,人们主要通过生产流媒体内容或实时表演赚钱,这些活动具有无法(轻易地)在家复制的特点(精心制作的舞台表演音乐会、与艺术家见面的可能性、海量 3D 电影的展示,以及大型多声道音响系统等)。

除了带来问题,社交媒体也提供了部分解决方案:利用社交媒体为艺术家、作家、音乐家和电影制作人提供大量机会以摆脱中介机构(如唱片公司),并直接与潜在的观众建立联系。这样观众就可以购买现场演出的门票,这也是当今音乐家们主要的收入来源。在这里我们看到技术发展如何推动消费者寻求新的、更有利的(例如更便宜的)方式去获得他们想要的内容,以及内容制作者如何想办法跟上消费趋势。

显然,版权被侵犯对内容制作者来说是一个真正的问题,特别是对那些仍然奉行几十年前商业模式的人来说,这个问题更加突出。然而,当涉及媒体共享时,互联网也有诸多积极潜力。也就是说,网络的互通性成为另一个主要现象的催化剂,即(合作)创作、再利用和重新组合与知识产权有关的创意、文本、图像、视频文件和媒体。人们可以轻松地获取所有这些歌曲、电影、文本和创意,然后进行再创作、重新组合和修改,并能够轻易地(即再一次通过网站和社交媒体)分享这些自制作品,这为业余爱好者社团的形成创造了适当的生态系统——人们从他们热衷的现有媒体中创造出新媒体。博尔特(Bolter)和格鲁辛(Grusin)(2001)称之为*再造*①。显然,这种"再造"的质量不一定总是很高,但是可以创作的自由和与观众连接的可能性确实为真正有才华的人提供了潜在的培育环境,这使他们可以磨炼自己的技能。再次强调,对旧材料的再造绝不是一种新现象,因为几个世纪以来艺术家们一直在诠释和重新诠释他人的作品,但是互联网促进这种行为的规模确实令人惊叹。有趣的是,这正是互联网在休闲中实现一些重要的游戏性的方式(如第二章所述)。

作为本节的结论,我们可以认为,财产的概念以及与之相关的产权或版权,在虚拟环境中发生了彻底的改变。与所有者或版权持有人的互动以及可以拥有

---

① 再造(Remediation)通常用于描述数字媒体时代不同媒介之间的互动和交叉影响。这里指将某种媒介(如电影、音乐和文学等)转化为另一种媒介(如视频游戏、虚拟现实和网络环境等)的过程。这种转化可能是完全的模拟,也可能是重新定位、重新诠释或重新设计。

的实际媒介（不再在实体商店购买实体物品，如 CD，但可能可以免费下载文件）的非具身性，产生了不同的所有权概念。然而，积极的方面是"再造"的可能性，在这种情况下，人们对可自由下载的素材的敬畏感减弱了，这很可能是出现创造性社区的先决条件，创造性社区把这些素材重新加工成一种有可能是新的、令人激动的作品。

虚拟化与具身之争 3：社区和犯罪的在线流动性

在谈及犯罪和惩罚时，社交媒体的特点具有深远影响。社交媒体的使用使人们有机会与他人相联系，这一简单事实为人们聚集在一起创造了诸多积极的可能性，如上文所述的再造，以及众包—动员网络来解决那些超出直接可用的人力、资源和/或才能的问题。

然而，这类现象有一种更阴暗的变体，有时被称为*犯罪外包*，即利用互联网和社交媒体网络的连通性来实现非法目的。一个有趣的都市传说提到，在线广告网站 Graigslist 发布了一则工作信息，要求日班工人在预先安排的地点和时间集合，并穿戴黄色的安全帽、蓝色衬衫、手套和靴子，以便有机会获得一份有不菲工资的建筑工作。当在该地点和时间发生运钞车抢劫事件时，对犯罪者的描述都是无效的，因为许多人都符合诸如身着黄色安全帽、蓝色衬衫等描述。此外，社交媒体在许多人生活中的重要性，人们对信息的重视程度，这些都使得恐怖分子甚至不需要组织一次真正的攻击，就能造成他想要的各种混乱局面：仅仅威胁要实施恐怖主义行为，就足以对预定目标（公共场所、建筑或公司）的正常运作造成严重干扰。像这样更温和的行为甚至成为一些人的休闲方式，他们利用社交媒体来创建快闪行动，通常还会拍摄后续进展（有时是破坏性的或混乱的）并把视频发布在网上。

实施如此做法的人显然觉得他们可以逍遥法外，或者觉得这很"有趣"。在互联网和社交媒体上可以体验到的自由度是相当高的，我们认为在线互动的非具身特征是重要原因：身体报复（惩罚，身体暴力威胁）的原始社会控制机制，往往在更极端的情况下会限制我们的具身互动，但这种机制是在线活动所缺少的。如果某人在线上做了被认为是不可接受的事情，那么与现实中发生的互动更直接的大多数可能情况相比，人们被强制执行可接受行为的可能性是相当有限的。如果生活在世界另一端的人侮辱了你，你除了以类似的侮辱性方式做出回应,或者可能会诉诸讨论论坛的版主来禁止罪犯的侮辱行为,几乎不可能采取其他报复行动。苏勒尔(Suler)(2004)把有时令人震惊的、在道德上不受约束的网络互动称为"有害的无抑制行为"(toxic disinhibition)①,有些人认为他们可以以恶劣的反社会方式行事,这与在线互动所具有的相对匿名性和隐蔽性有关。

有害的无抑制行为的极端表现是*深网*的非法部分,深网像一个容器一样,包含了那些隐藏在常规互联网搜索引擎之外的网络。大多数深网都是合法的,比如公司内部网、订阅网站、隐藏在付费墙后面的数据库等,但深网也有更阴暗的角落。*暗网*是指所有可以找到非法材料和服务的网站和网络,其中包括儿童色情、毒品贩子、职业杀手、恐怖主义团伙以及其他人类无政府主义、黑暗和离经叛道的表现(参见 Van Hout and Bingham 2013)。这类东西之所以能够存在,是因为它们依附于互联网的自由,而这正是这种现象的道德复杂性。很明显,大多数人都认同儿童色情和黑客是不好的现象,但是,如果消除这些越界行为的代价是需要限制基本的网络自由,那么讨论就变得相当复杂和有争议了。

对很多人来说,网络自由非常重要。从某种意义上说,互联网就像一个没有部署明显的、有组织的警察部队的社会。尽管一些国家采取了更为积极的政府控制措施并设立了网络犯罪部门,但是互联网是一种超越国家立法和安保工作的全球性现象。通过社交媒体分享在某个国家可能是非法的观点、理念和文件,这包含许多技术可能性,只要在法律较不严格的地方提供这些服务即可。即使用户参与了不良的(煽动、散布、网络诽谤)甚至是非法的活动,被抓获和被追究责任的风险也比"现实生活"要低。

由此产生的自由感有可能使人们在线上践行"自我规范性"(Van Leeuwen 2009):当涉及需要使用的道德规则时,技术和由此产生的交互系统本身是不确定的,因此人们会开始寻找他们认为适当、可接受的,或者他们认为可以逃脱制裁的行为方式。在某些情况下,这导致了与暗网相关的不良行为。然而,伦理情况并不像看起来那样那么糟糕,因为在任何复杂的、动态的系统中,我们都会看到自我调节过程的出现。在利用社交媒体的非犯罪的社会交往场合中,或者通过博客发表意见,连续的回复、反馈和"点赞"已经暗示了至少潜在地具有一个伦理功利主义的控制机制(即专注于实现尽可能更多人认为是良好的或可接受的

---

① 这个术语强调在网络环境下,个体的抑制力会下降,导致他们表现出更加极端、不受道德约束的行为,这些行为可能会对其他人造成伤害,而这种抑制解除的现象是有害的。

情况)。在这些情况下，即使没有具身的社会交往，我们也可以看到群体内部共同创造了道德准则(Cenite *et al.* 2009)。在这种社会动态中，印象管理的重要性再次显现：一个特定用户需要确保自己的行为符合社交网络中她所重视的，以及她所希望成为一个更受尊重的成员所具有的道德准则。

基于上述思考，我们可以再次看到，在虚拟环境中，(身体/具身)惩罚的经典概念及其可能迫使形成的道德行为都变得具有流动性。然而，我们也可以看到，在社交媒体的社会交互活动中出现了新的道德结构，产生了社会群体自我纠正的形式。

"任天堂化"与跨文化互动

在间章二中，我们阐明了布莱克肖(2010)如何通过对比两个隐喻来描述休闲流动性的现代概念特征。其一是*麦当劳化*(举例说明了强调效率、可计算性和可预测性，目的是控制休闲过程)。其二是*宜家化*，他认为宜家化更准确地描述了当前的休闲行为特征，因为它刻画了休闲中个人自由的流动性。

基于上述案例，我们看到互联网为布莱克肖所说的现代休闲的流动性提供了重要领域：通过社交网站、讨论论坛和电子邮件，社会空间的轮廓几乎正在不断更新，这就相当于*社交流动性*。在这些不断变化的网络中，个人的社会角色不断被重新定义，加之大量信息和对立观点的可用性也影响着个人认同：无论是通过互联网获取的资源还是社会压力，都促使人们将自己的观点、想法和显著特征视作可依情况而变，这就是*心理流动性*。

如果我们聚焦在线*休闲*的流动性，也许可以把*任天堂化*这个术语作为一个恰当的隐喻，该词指的是日本视频游戏制造商任天堂。我们希望这一术语能反映出在线休闲行为所表现出的特定流动性的几个不同方面。特别是在从事休闲活动时，在线环境促使了社会交往和创造性表达的*游戏性*概念的产生。在许多在线行为中，一种轻松愉快的氛围占据了主导地位，并且用户显然意识到如果自己愿意，就可以灵活应对规则，利用互联网所提供的自由度，开发人们的新行为。这与前面探讨的游戏性的诠释学特征相一致：好玩的在线休闲促进了探索。另外，人们认识到在线休闲是虚拟的，因此产生的感觉可能不完全真实，其中一部分是*幻想*(而且，对于任何一个人想要满足的欲望或兴趣而言，它都是实现幻想的途径)。同时，在线休闲也具有强烈的推动力促使着人们进行集体活动和社交调适(即一起玩),但在特定的在线环境中,这种调适方式因道德规范而异。最后,互联网和社交媒体作为最重要的休闲领域,通常来说只是为了提供乐趣。

我们已经提到了在线休闲任天堂化的一些潜在的积极方面,如众包和再造,但这种交流动态所促成的交流网络要广泛得多,在没有互联网和社交媒体的情况下,允许不同的人聚集在一起是不可能的。在线论坛将有共同兴趣或爱好的人联系在一起,在这个论坛上出现了非常简单有效的网络联通的动态。这些联系可能会推动线下会面(比如各种大会);近年来,在线约会的受欢迎程度也与日俱增。

当我们谈到任天堂化这个隐喻时,其中一个方面是人们可以在他们自己定义为休闲的领域内做积极的事。请回想一下,我们一直将休闲视为(相对)自由选择的领域,其内在动机和积极参与由基于主观和人际间规范的体验质量所确定。如果人们能够将类似于志愿工作的活动,即使这些活动很微小,也不起眼,同样视为自己在休闲时间中为"乐趣"而做的事情,就像玩手机游戏或查看朋友最新的派对照片一样,这将改变人们对这些任务的态度。互联网的巨大规模,众多的人际联系和支持特定事业的可能性,使人们更容易找到他们真正热衷的事物。此外,互联网是有耐心的:人们可以选择时间和地点去做任何感觉能够代表他们偏好的事情,并且他们可以按照自己的想法想做多少就做多少。显然,在某些网站上点个"赞"或者留下简短的支持信息是否构成了真正有用的贡献仍有待讨论。但有趣的是,互联网和社交媒体为许多人以某种方式做出贡献创造了潜力(以支持基础设施和必要信息的可访问性的形式)。这里可能存在一个消极方面,人们也会把他们对"类似志愿者工作"活动的承诺框定为一种"有趣的休闲",即框定为一些随意的,相对不重要的东西。由各种互动意图、承诺和动机构成的后现代变革,对有价值事物的可持续性和功能性做出贡献的方式,可能是需要深入研究的重要课题。

在由互联网和社交媒体促进的协作范围更为严肃的一方面,我们可以看到国际网络和合作项目在艺术、科学和教育等领域中的可能性。例如,乐队无需在同一个录音棚内录制新专辑,他们可以各自录制并通过电子邮件或文件共享服务交换文件;研究人员通过互联网共享数据和合著论文的后续版本来合作研究项目;学生们可以利用大学的电子学习环境在网上查阅论文和书籍,可以观看录制的讲座以及分享他们的作业,即使在遥远的国家进行一个学期的学术交流期间也可以这样做。

当然，这些技术互动的可能性可以促进来自同一社会、文化或智力群体的人们进行更方便、更灵活的交流。但真正有意思的潜力是，这项技术还可以使个人和群体跨越地理和文化的界限进行交流互动。从这个意义上说，互联网和社交媒体可以（也确实）通过克服具身局限来促进跨文化交流；贫乏的刺激（即没有肢体语言、面部表情、只有文字）可能会迫使人们只关注信息内容而非传递方式。在线连通性可以弥合文化上的差异，可以弥合从小范围——邻居之间的不同个性风格，同一城市的企业之间的不同经营风格，到大范围——来自世界各地、有着截然不同的习俗的人们，不同范围的文化差异性。虚拟交流所固有的自我规范性（Van Leeuwen 2009），以及个人发现自己所处的任何社会交往的动态中至少会出现某种道德结构的倾向，这些因素创造了进行跨文化交流的可能性。不同文化背景的人们彼此相遇的理由，就比如说他们有共同兴趣、共同爱好，或许随后会成为催化剂，确保出现的道德结构能够促成令人愉快的跨文化交流。

当然，这并不意味着在网络上就不会有很多的误解和敌意。实际上，这种情况相当普遍，许多人会因个人喜好、社会阶层、文化背景以及任何人们想要关注的显著特征等因素而产生分歧。但对于那些希望与来自不同背景和文化的人们建立联系的人来说，互联网和社交媒体使这一目的更加容易实现。

还有最后一点要说明。回想瓦尔特·本雅明关于故事衰落的观点：小说、报纸文章以及和其他形式的现代"叙事"假定了故事的结局，代表着经典故事所没有的终极性；相反，本雅明指出，故事应邀请人们参与其中并反思人性。在讨论了以上内容后，这里还需要验证一个有趣的观点：社交媒体能否复兴本雅明所理解的讲故事（基本的）方式？毕竟，在某种程度上，使用社交媒体就像是围着（虚拟）篝火分享故事，重新讲述（共享或再造）故事，并用自己的体验/诠释（评论、点赞）来增强它们。在这些媒介化的集体叙事的现代形式中，蕴含了哪些深化和/或转变体验的可能性？

还要回想一下本雅明提到的光韵，即与独特艺术作品相关联的精神体验，这些作品包含了其创作和后续历史的真实痕迹。这种真实性和历史嵌入性赋予了真正艺术以权威性。具身的、面对面的、人与人的互动似乎也有类似的特权地位，而保守派批评社交媒体的一个重要方面就是认为在线互动和社交媒体即技术媒介的交流是社交互动贬值的例证。

范·莱文（2009）认为在线社交互动也可以具有"光韵"，因为人们可以真正感受到与另一个人的深层连接，即使这种连接是如此贫乏（从具身角度来看），仅限于简短的文本消息。这种光韵感觉及其权威性、联系的意义和重要性,取决于相信另一个人是某个特定信息的真实来源①,认为自己真的与对方联系在一起。互联网和社交媒体使这种跨越广阔地理和文化距离的联系成为可能。

基于此,我们可以说,使用互联网和社交媒体是布莱克肖(2010)在分析当今休闲行为时将流动性置于其分析中心的真实例证。然而,与流动性隐喻所暗示的意义恰好相反,这种流动性并不一定意味着不稳定或缺乏结构。在线社交网络的流动性有两个方面:一方面,建立新的联系并探索新的社会角色和互动形式轻而易举。在流动性隐喻中,我们可以说,水能流向它能去的任何地方,很难将其固定在任何明确的形状中。另一方面,有趣的是,无论地域或文化距离如何,互联网和社会媒体所代表的互联互通的可能性也能够得到加强。在流动性隐喻中,我们可以认为,如果一条河流已经形成,它可以在周围地形中刻出深深的沟壑,并成为其沿线不同个体或社区之间有力的生命线。通过互联网和社交媒体进行的相对非具身性的互动,促进了所需的流动性——在线社交联系的动态、轻松、创造性、流畅、嬉戏和类似休闲的性质——这种流动性为跨文化互动开辟了新的可能性。

参考文献

Barkow, J., Cosmides, L. and Tooby, J. (eds) (1992) *The Adapted Mind: Evolutionary Psychology and the Generation of Culture*. Oxford: Oxford University Press.

Bauman, Z. (1992) *Intimations of Postmodernity*. London: Routledge.

Benjamin, W. (1996–2003) *Selected Writings* (4 volumes), Bullock, M. and Jennings, M.W. (eds). Cambridge, MA: Belknap Press of Harvard University Press.

Blackshaw, T. (2010) *Leisure*. London/New York: Routledge.

Bolter, J.D. and Grusin, R. (2000) *Remediation: Understanding New Media*. Cambridge, MA/London: The MIT Press.

Carr, N. (2011) *The Shallows: How the Internet Is Changing the Way We Think, Read and Remember*. London: Atlantic Books.

Cenite, M., Wang, M.W., Peiwen, C. and Chan, G.S. (2009) 'More Than Just Free Content: Motivations of Peer-to-Peer File Sharers'. *Journal of Communication*

① 原文是"causal origin",表示我们相信另一个人是某个特定信息的因果起源,即这个人本人真的发送了某条信息。她是这个信息的创造者,而不是其他人冒充了这个人的身份发送了这条信息。根据上下文,此处翻译成"真实来源"。

Inquiry, 33(3): 206 - 221.

Chester, A. and Bretherton, D. (2009) 'Impression management and identity online' in *Oxford Handbook of Internet Psychology*, DOI: 10.1093/oxfordhb/9780199 561803.013.0015.

Crawford, G. (2013) 'Virtual Leisure' in Blackshaw, T. (ed.) *Routledge Handbook of Leisure Studies*. London/New York: Routledge.

Csikszentmihalyi, M. and Rochberg-Halton, E. (1981) *The Meaning of Things: Domestic Symbols and the Self*. Cambridge, UK/New York: Cambridge University Press.

Damásio, A. R. (1999) *The feeling of what happens: body and emotion in the making of consciousness*. New York: Harcourt Brace.

Dijksterhuis, E. J. (1950) *De Mechanisering van het Wereldbeeld*. Rotterdam: Meulenhoff.

Franssen, M., Lokhorst, G. J. and van de Poel, I. (2009/2013) 'Philosophy of Technology' in Zalta, E. N. (ed.) *The Stanford Encyclopedia of Philosophy. Winter 2013 Edition* http://plato.stanford.edu/archives/win2013/entries/technology/ (retrieved on 12 September 2014).

Gallagher, S. (2005) *How the body shapes the mind*. Oxford: Clarendon Press.

Gallese, V., Fadiga, L., Fogassi, L. and Rizzolatti, G. (1996) 'Action recognition in the premotor cortex'. *Brain*, 119: 593 - 609.

Gärdenfors, P. (2003) *How Homo became Sapiens: On the evolution of thinking*. Oxford: Oxford University Press.

Gehlen, A. (1940) *Der Mensch. Seine Natur und seine Stellung in der Welt*. Berlin: Junker und Dünnhaupt.

Greenfield, S. (2003) *Tomorrow's People: How 21st Century Technology is Changing the Way We Think and Feel*. London: Allen Lane.

Heidegger, M. (1977) 'The Question Concerning Technology' in Krell, D. F. (ed.) *Basic Writings*. New York: Harper & Row.

Helprin, M. (2009) *Digital Barbarism—A Writer's Manifesto*. New York: Harper-Collins.

Kerr, A., Brereton, P., Kücklich, J. and Flynn, R. (2006) 'New Media: New Media Pleasures?'. *International Journal of Cultural Studies*, 9(1): 63 - 82.

Kross, E., Verduyn, P., Demiralp, E., Park, J., Lee, D. S., Lin N., Shablack H., Jonides J. and Ybarra, O. (2013) 'Facebook Use Predicts Declines in Subjective Well-Being in Young Adults'. *PLoS ONE*, 8(8): e69841. DOI: 10.1371/journal. pone.0069841.

Maravita, A. and Iriki, A. (2004) 'Tools for the body (schema)'. *TRENDS in Cognitive Sciences*, 8(2): 79 – 86.

Mathews, N. (2103) 'Francis Bacon: Slave-driver or Servant of Nature?' www. sirbacon.org/mathewsessay.htm (retrieved on 17 September 2013).

Mithen, S. (1996) *The Prehistory of the Mind: The Cognitive Origins of Art and Science*. London: Thames and Hudson.

Nichols, S. (2008) 'Sentimentalism naturalized' in Sinnott-Armstrong, W. (ed.) *Moral Psychology* (*vol. 2*) —*The cognitive science of morality: Intuition and diversity*. Cambridge, MA/London: The MIT Press.

Noble, W. and Davidson, I. (1996) *Human Evolution, Language and Mind*. Cambridge, UK/New York: Cambridge University Press.

Sonck, N., Livingstone, S., Kuiper, E. and de Haan, J. (2011) 'Digital literacy and safety skills'. *EU Kids Online* http: //eprints.lse.ac.uk/33733 (retrieved on 17 December 2013). London: London School of Economics & Political Science.

Suler, J. (2004) 'The Online Disinhibition Effect'. *Cyberpsychology & Behavior*, 7(3): 321 – 326.

Turkle, S. (1995) *Life on the screen: Identity in the age of the Internet* New York: Simon and Schuster.

Vaesen, K. (2012) 'The cognitive bases of human tool use'. *Behavioral and Brain Sciences*, 35(4): 203 – 218.

van Hout, M. C. and Bingham, T. (2013) '"Surfing the Silk Road": A study of users' experiences'. *International Journal of Drug Policy*, 6(24): 524 – 529.

van Leeuwen, M. (2009) 'The Digital Void: e-NNUI and experience' in Pezze, B. D. and Salzani, C. (eds) *Essays on Boredom and Modernity* (*Critical Studies vol. 31*). Amsterdam/New York: Rodopi Press.

van Leeuwen, M. (2015) 'Social Media Ethics' in Ang, P. H. and Mansell, R. (eds) *The International Encyclopedia of Digital Communication & Society*. London: Wiley-Blackwell.

第七章
休闲与精神性——富有成效的新方法

本书在间章一中便已指出，在思考休闲时，学者们会受到他们对其所处的时代和时代精神看法的影响。这在不同历史时期人们对休闲观念/理想的接受程度中也有所反映。例如，在新教改革时期，休闲被赋予了不同的价值。休闲的意义从新教改革时期纯粹的闲散懒惰，或者是为工作恢复精神的先决条件，转变成了在文艺复兴时期人类为追寻智慧和内在转变而培育心灵生活的一部分。这显然也适用于当前这一被哲学家和社会学家定义为"现代"或"后现代"的社会文化时代。尽管"现代性"是一个有争议的话题，通常被描述为一种思维方式，认为科学和技术的成就引发了社会不同层面的变革，比如工作的工业化、个人主义、城市化、平等主义以及对宗教和教会作为权威和权力来源的质疑。"后现代"同样是一个有争议的概念，它代表了与现代性的决裂，以及一种将个人感受、幻想、直觉和精神性作为知识来源的思维方式。这些对现代的解释也决定了对休闲价值和意义的理解方式。

从现代性的视角来看，休闲旨在增强人类的幸福感和满足感，并摆脱宗教、家庭、公民身份的束缚。从后现代的视角来看，休闲旨在通过将其作为"正常和普通"的体验来增强快乐、满足感并促进自我实现。后现代主义为研究休闲开辟了新视野。在现代性方面，宗教或精神性在过去和现在社会中发挥的作用是没有受到太多关注的问题之一，而这点恰好可以为休闲研究开辟富有成效的新路径。

一些社会学、心理学和哲学领域的重要思想家，例如涂尔干（Durkheim）、韦伯（Weber）、马克思、弗洛伊德和尼采等都已经宣布了宗教的"死亡"。引用莱特·密尔斯（Wright Mills）的话来说，他们预计由于"现代化…和世俗化的力量…动摇了上帝的统治地位"，宗教"除了可能在私人领域存在，将会完全消失"

(1959：32－33)。现代化和世俗化明显是同一枚硬币的正反面,因此可以说形成了一个相互牵制的统一体。人们预计,从启蒙运动开始萌芽并占主导地位的理性和科学的世界观将有望取代信仰和宗教,并使其边缘化,这一过程被称作"世俗化"。世俗化有不同的含义,比如普遍的"宗教信仰和实践的衰落",必要的和理想的"宗教私人化"①或者由于宗教领域的解放而导致的"世俗领域的分化"(Casanova 2006：7)。然而,此概念最广泛地运用涉及"一个社会从密切认同宗教价值观和制度转而认同非宗教价值观和世俗化制度的转型";它指的是一个历史过程,在现代化的逐步影响下,宗教的"社会和文化意义丧失了"(https：//en.wikipedia.org/wiki/Secularization)。然而对世俗化的争论还没有停止,尤其在全球化的背景下,人们还在探讨这一问题。关于应该如何解释世俗化,学者们持不同意见。如上所述,一些人认为世俗化与现代化进程并行不悖,然而另一些学者提出世俗化应该与现代化相分离,因为不同的世俗化模式和"宗教、政治和社群的融合与解体模式"(Casanova 2006：15)能提供更好的解释。然而,归根结底,宗教/宗教信仰并没有从社会中消失,而且往往是公共和政治话语中的核心问题。例如,至少在西方社会,尽管教堂出席率和宗教信仰在制定公共决策的过程中的重要性有所降低,但这并不意味着宗教性和精神性的减少。宗教已经被改造了,或者更确切地说,已经被私人化了。宗教性和精神性在现代社会依然充满着活力,并且是目前学术领域广泛且热烈讨论的源泉。例如,哲学家格拉厄姆(Graham 2007)思考的问题是,一些现象尤其是不再受困于宗教功能的艺术、音乐、文学和其他现象能否重新让世界"充满魅力",而社会学家波萨马伊(Possamai 2009)(和同事们)研究了消费文化、网络文化和大众文化的交集以及它们与宗教和精神性的关系。另一位哲学家波特(Pott)发现,尼采在宣布上帝之死后提出的"酒神精神"(Dionysian explorations②)恰恰也是以经典的宗教情

----

　　①　私人化(privatisation)是一个经济学概念,是将原本由政府或公共机构管理的企业、服务或资产转移给私人部门或市场的过程。在此语境下是指的是宗教在现代社会中从公共领域转向私人领域,从社会生活的核心逐渐转向个人的信仰、经验和实践。在现代社会中,宗教对于个人来说,通常不再是一个社会和文化的集体信仰,而是一种个人选择和体验宗教私人信仰。在过去,宗教通常是社会和文化的核心,影响着人们的价值观、道德标准、法律和政治制度等方面。宗教组织和领袖在政治和社会生活中扮演着重要角色,宗教信仰和实践也经常被纳入到公共领域的讨论和决策中。但随着现代化和世俗化的影响,宗教对公共领域的影响力逐渐减弱,宗教信仰和实践逐渐转向私人领域。

　　②　酒神精神(Dionysian explorations)出现在《悲剧的诞生》一书中,是尼采哲学的重要概念。酒神精神与狂热、过度和不稳定联系在一起。一方面酒神精神肯定人性本能,呼吁人们摆脱束缚打破传统,重新焕发人的尊严、欲望和自由;另一方面,酒神精神是希腊悲剧的内涵,它阐释了正视生命的苦难和悲剧,以及超越悲剧的审美态度。尼采在酒神精神的概念基础上建立了权力意志、永恒轮回等重要哲学概念。

感为基础，例如爱、信任、感激，以及最重要的情感：一种新的纯真。她觉察到尼采提出的人类"造神本能"（God-forming instinct）（宗教性）的观念在今天仍然具有重要意义（2007：15）。心理学家梅因（Main）利用分析心理学解释了为什么在阐释世俗化时，主体性和自我不一定是社会学的决定因素，而主流社会学却认为如此（Main 2008：381）。社会学家布鲁斯（Bruce）甚至以世俗化观点来解释休闲，他认为"宗教动机在于社会结构和休闲时间的相互作用"，因为"出现了替代的休闲方式，提供了个性化的休闲结构①，大部分民众不再去教堂"（Kosmin 2014：169）。因此，宗教和/或精神性与休闲就有了关联。然而，这种关联并不新奇。

　　正如本书开头对休闲观念发展的历史调查可以推断，长期以来，宗教一直是决定休闲本质的主导力量。事实上，古德尔和戈比甚至将其影响追溯到以哲学之父而闻名的泰勒斯（Thales）（约公元前6世纪）之前的时代。伦理规范尽管是世俗的（比如《汉谟拉比法典》，约公元前2000年），但仍被视为神的礼物，并推动了宗教系统的发展，或被纳入宗教系统中（1998：15）。宗教试图"解答"人们在生活中遇到的存在问题。正是在这样的背景下，古希腊人发展了他们的哲学，休闲观念也随之诞生。正如海因茨曼（Heintzman）在他的《休闲与精神性》（2015：57-79）一书中所做的全面描述，休闲学者承认宗教和精神性在社会中的地位和重要性，以及在很长时间内它们都与休闲（思想）存在关联。随着时间的推移，关于世俗化的争论不断展开，并且这些年来它在概念上变得更为复杂，人们创造了诸如"无形的宗教"（invisible religion）（Luckmann 1967），"匿名的宗教狂"（anonymous religiosity）（Rahner 1969 and Ott 1981），"隐藏的宗教虔诚"（hidden religiosity）（Sylvain 2002），"隐形宗教信仰"（implicit religiosity）（Bailey 1997）和"精神性"（spirituality）（Waaijman 2006 *et al.*）等概念，休闲学者也开始反思休闲和这些概念发展的关系。在所有这些概念中，"精神性"最能体现学者的想象力，正如后文将要解释的，因为宗教和精神性在概念上是不同的，后者与传统结构和宗教理论无关。在上世纪末，关于休闲和精神性关系的讨论和研究有所增加。戈比甚至预言"开展精神生活将在休闲中变得更加关键"，并且将成为"塑造未来几十年日常生活的越来越重要的因素"（1997：86-87），这实际上被证明是正确的。

---

　　① 意为新兴的休闲方式可以满足个体的需求和兴趣，使其能够更自由地组织和规划自己的休闲时间，与参与传统的宗教活动相比，不再受到固定的时间、地点和规则的限制。这也是导致大部分民众不再前往教堂的原因之一。

本章概述如下：首先探究"精神性"这一概念并确定其核心特征；第二，将粗略描绘已有的关于休闲和精神性关系的研究；第三，提出并简要讨论可以为反思和研究休闲和精神性开辟新的可能性主题。

精神性的概念化

本章将从不同角度探讨"精神性"这一概念，首先是神学和宗教研究，随后是哲学、心理学和社会学。

神学家和宗教科学家通常将宗教和精神性区分开来。对一些人来说，它们是同义词。但对另一些人来说，它们则是反义词。在 20 世纪，主要有两种方法可以确定精神性的概念。一种方法是具有强烈神学导向的演绎法。另一种是从生活经验出发的归纳法。荷兰学者瓦伊曼（Waaijman）认为，从现象学角度来看，基督教精神性有三种基本形式。精神性的第一种形式是，一些已有的"精神性"流派展示了其形式的多样性，比如本笃会、耶稣会和宗教改革的精神性，它们被认为是历史的综合体；精神性的第二种形式涉及那些原始的和直接存在的精神性，比如日常精神性、本土精神性和世俗精神性；精神性的第三种形式涉及反对已建立权力结构的对立精神性（2006：5-12）。所有形式的精神性都有三个基本结构。第一个结构涉及神与人类之间关系的发展过程。第二个结构是从敬畏到爱的渐进过程。第三个结构涉及发生在人类存在层面上的个人、社会和社会文化的转化。

哲学家也对精神性进行了研究。例如，所罗门（Solomon）把精神性作为怀疑论者的灵感源泉。他主张一种"自然的"精神性，包括物质世界、欲望、性和感性、身体，或许还有跑车、金钱和奢侈品，所有这些都要适度（2004：51）。这种"自然的"精神性描绘了一种更广泛的生活意识，包括理性和情感，并寻求发现一个更大的"我"。在精神性中，最重要的情感是爱（同理心）、敬畏和（对宇宙的）信念①（2004：62-71）。这些特性都被视为可接受的形式。罗特哈恩（Roothaan 2007）根据对生活的定义、对生活的态度、西方传统中的精神生活以及对未来的开放性

---

① "Cosmic trust"是一个抽象的概念，可以理解为对宇宙、自然、人类社会等超越个人意志和力量的事物的信任和依赖，是对宇宙或生命中存在的基本秩序、和谐和目的的信任，意味着一种超越个人的，与宇宙、自然等浩瀚事物的联系和信任。这通常涉及对自然法则、宇宙中的智慧和生命的深刻联系的信任。在宗教或精神性的语境中，它可能体现为对更高力量或神性的信任。在一个更广泛的意义上，Cosmic trust 可以被视为一种信念，认为生活中的困难和挑战是有意义的，有助于个人和集体的成长和进步。

四个坐标，设计了"面向未来"的精神性。受汉娜·阿伦特（Hannah Arendt）思想的启发，罗特哈恩倡导精神性应该能够处理围困人类生命脆弱性的困境。医学博士普查尔斯基（Puchalski）把精神性定义为"人性的一面，指个体追寻并表达意义和目的的方式，以及他们体验自己与当下、自我、他人、自然、意义感或神圣性之间联结的方式"（2009：1）。精神性通常可以提高生活质量、提供社会支持，并使人感到幸福。

在心理学中，精神性已经成为一个与宗教相对的研究领域。精神性与个体努力追求生活中的神圣的或存在的目标有关，比如追求意义或完整性，探索自己的内在潜力，或者以一种积极向上的方式与他人建立联系。精神性越来越被视为一种与世界相关的信念，并且能够赋予生活意义。钦鲍尔（Zinnbauer）分析了宗教和精神性的异同并总结出精神性是指"个人或群体对神圣性的追求"，而宗教信仰则指的是"个人或群体在传统神圣语境下对神圣性的追求"（Zinnbauer and Pargament 2005：35）。因而在这两个概念中，精神性更为广泛。与钦鲍尔相反，帕格门特（Pargament）则认为宗教的概念更宽泛，精神性仅仅是"对神圣性的追求"，而宗教则是"通过与神圣性相关的方式对意义的追求"（Zinnbauer and Pargament 2005：36）。尽管宗教和精神性在内容和定义上有不同之处，但是两者的共同性似乎是神圣性。神圣性（The sacred）对于传统宗教社区的具体信仰和仪式至关重要，同时对个人在日常生活领域中的体验也有着同样重要的影响，个体将这些体验解释为神圣性。

社会学最近才对作为社会现象的精神性产生兴趣。从社会学角度来看，对精神性的研究仍然关注个体和机构之间的联系，以及他们与神圣性的关系，但是承认个体和社群、公共和私人之间的简单对立已不再令人信服。神圣性不再由那些要求服从外部权威的传统宗教机构所决定，而是"根据个体的选择自由、寻求意义的需要、对实现自我的希望、创造性地表达与超验的关系的需求来评估"（Giordan 2010：176）。正如弗拉纳根（Flanagan）和尤普（Jupp）（2010）在他们的论文集《精神性的社会学》中所述，社会学家也探索了精神性与性别、具身、视觉、身份政治、教育和文化资本等社会主题的关系。

从以上简要的概述中，可以提炼出一些"精神性"的明显特征。它涉及对被视为神圣或超验的事物的直接和个人体验，特别关注同理心或爱，还受到了敬畏和宇宙信念的启发，从而产生了更广泛的生活意识。从某种意义上说，它在心理学和伦理学上的含义是，精神性体验唤起意义、目的、联结（关系性）的感觉，并促使人类存在(中)发生转变。因此,精神性应区别于"宗教"概念,后者仅是对精神性的狭义应用,也就是说,在一个社群内部,"传统宗教"基于一套(社群的)信仰和仪式。

休闲与精神性的研究

休闲具有积极影响和意义,并且对人们的福祉与幸福至关重要,这一观点历久不衰。本书中的其他章节也已指出这一点。在休闲研究中,人们对休闲的积极影响进行了大量的研究,并使用不同但相关的概念作为研究变量。比如,休闲不仅有助于人们的身心健康,而且还有助于缓解压力比如工作压力,加强人际关系和社交网络,提高整体生活质量(Johanson and Backman 2010:112),生活满意度(Edginton *et al*. 2002:9),度假幸福感(Nawijn 2011),缓解压力,提高应对能力(Schneider and Iwasaki 2003),加强老年人的心理幸福感(Heo *et al*. 2010),还有助于惠及残疾人群体(Lord and Patterson 2009)。

从神学或宗教学研究角度来看,人们对休闲实践的宗教或精神价值兴趣越来越浓厚,例如斯塔斯伯格(Stausberg)对宗教和旅游之间交叉关系的研究(2010),波斯特(Post)就朝圣作为一种精神之旅的研究(2013),甚至还有休闲学者海因茨曼的最新著作《休闲和精神性》(2015),这本书不啻是对特定的基督教休闲精神的辩护。这也是某些休闲学者所关注的话题,尽管他们只是"凭经验"(Schmidt 2007:175)对休闲的精神潜力、精神益处以及休闲与人们的精神性之间的关系进行了研究。这属于上面提到的对休闲的积极影响和意义进行研究的范畴。然而,鉴于本书(对休闲的哲学方法)的目的和基调,下文将侧重于这方面研究对概念化休闲和精神性的影响。我们将参考三位休闲学者的观点,威尔逊(Willson)、前文提及的海因茨曼以及施密特(Schmidt)。虽然他们的研究方法各有不同,但三位学者都从概念和实证角度研究了休闲与精神性的关系。

威尔逊探讨了旅行在个体生活中所扮演的角色,无论人们是否有宗教信仰,都会在旅行中寻找生活的意义和目的。研究中的受访者对宗教和精神性进行了区分,结果发现每个人都认为自己是精神性的,而只有少数几个将自己定性为宗教的。精神性被理解为私人的,个体对生活意义的追寻。威尔逊在旅行背景下对"精神性"概念的界定包含三个核心建构,即寻求个人的生活意义和目的、超越以及生命中的联结(2010:236)。基于这三个建构,他对研究数据做了专题分析并推导出四个主题,包括"作为人类本质的精神性""主观和客观的精神性体验"

"人生决定性时刻"和"由现代挫折感驱使的意义寻求"（2010：250）。通过依次分析这些主题，我们有以下发现：第一，每个人在概念上都可以被视为"精神性的"，这对如何概念化"精神性旅游"具有启发性。第二，受访者在生活中体验意义和目的的方式，决定了他们如何解释旅行体验：他们不把精神性与旅行分开。第三，精神性的表达既是主观的也是客观的，这意味着个人有着关于他们所信奉的与世界观相关的一组客观价值的个人表达方式。第四，旅行中的"人生决定性"时刻被视为影响个人生活意义和精神性的调节因素。第五，由西方世界当前的现代问题（如物质主义和世俗主义）引发的挫折感影响了人们通过旅行寻找意义和目的。

海因茨曼在理论分析和实证研究的基础上建立了一个关于休闲和精神幸福感[①]关系的概念模型（2002：147－169）。他在很大程度上借鉴了钱德勒（Chandler）等人的概念性研究（1992）。该研究背景是休闲产业的专业从业人员（在这个案例中，也包括其他案例比如露营、公共土地管理、旅游和社区娱乐等领域）需要为游憩活动参与者的精神幸福感做出贡献，因此需要很好地理解这种相互关系。他的模型建立在两个基础概念上：休闲方式和精神幸福感。一方面，休闲方式指"休闲活动参与和时间使用的总体模式"，包括以下几个维度：时间、活动、环境和动机（Mannell and Kleiber 1997：59）。休闲体验涉及这四个维度之间的相互作用，并且能够为探索精神性提供情境。海因茨曼认为，休闲方式是一种通过具有精神性的休闲体验，促进精神发展的媒介。另一方面，精神幸福感（与精神健康和精神保健是同义词）与下述因素有关：

> 人生目的感和终极意义感；自然和美好的合一，与他人的联结；对比自我更伟大的事物的深刻关注和承诺；生活的整体感；强大的精神信念、原则、伦理观和价值观；爱、喜悦、平和、希望和满足；与更高力量的交流或建立个人关系的体验。
>
> （Heintzman 2002：151）

在后续研究中，海因茨曼对精神幸福感提出了一个更清晰的定义。他认为

---

① 本书把单独出现的 well-being 翻译成"福祉"，以与"幸福"（happiness）区分。为了与目前通用的翻译保持一致把 sense of well-being, psychological well-being, pyscholgoical we-being, subjective well-bejing 分别翻译为幸福感、精神幸福感、心理幸福感和主观幸福感。

它具有：

> 高度的信念、希望和承诺，有关于清晰的世界观或信仰体系，这一世界观或者信仰体系提供普遍的存在的意义感和目的感，同时提供了一条道德路径，使个人能够实现自我与他人和更高力量或更大的现实建立联系。

（Heintzman 2009：423）

推动个人发展的活动，如阅读、文化和户外活动，与精神幸福感显著相关。与自然相关的游憩活动，如野餐、园艺、动物园或公园游览，被认为是促进户外活动，从而能提高精神幸福感的促进因素（Heintzman 2010）。海因茨曼提出，神圣化〔一个人对精神世界的敏感程度的变化过程（Heintzman 2015：238）〕、地方感和避免压抑是休闲的特殊精神功能。因此，休闲可以是促进精神体验即精神幸福感的催化剂或抑制剂。但重要的是，与杜兰（Doolan）一样，海因茨曼认为"精神性需要休闲的生活方式"（2015：xxiv）。

施密特对 24 位合作研究员的体验进行了现象学研究，这些体验可能与休闲的精神维度相关。他的研究基于这些背景或概念：认为休闲可以促进人们的身体健康、幸福感和生活质量；能够引发精神体验，并为人们探索成为完整的人提供了"空间"（Schmidt 2007）。与钱德勒等人（1992）一样，他将精神性与人类超越现有知识的能力和倾向、对更高力量的信仰以及一种神秘状态联系起来（Schmidt 2007：174 - 175；Schmidt and Little 2007：224）。数据表明，精神体验，包括个体和社会体验、积极和消极活动，可以在不同的地方、环境（包括城市和自然环节）和情境中产生。更具体地说，像丛林漫步、旅行、阅读、散步、攀岩、置身于大自然、冥想、火上穿行等活动对精神体验都有重要价值（Schmidt and Little 2007：229）。这些结果表明，受访者通过精神体验能更加清晰地意识到自己、他人和/或上帝，并与之建立了更紧密的联系。通过学习和改变，他们还体验到了个人的成长和更广阔的自由。自然环境触发了精神体验，它与新奇感和差异感相结合，又引发了某种挑战（如一项体能测试或掌握技术能力）。另一个触发因素与仪式和传统在创造这些体验方面的作用相关。这些触发因素促使受访者关注世界并找到看待世界的新视角。感觉、感受或情绪是这些休闲体验的核心，并让人意识到这些体验是精神性的（Schmidt and Little 2007：242）。这些体验被赋予的意义在本质上与自我的存在、成为和归属的意识有关，也与用时空来评估自我"空间"有关。

精神体验似乎因环境、条件、活动种类和情境而异。施密特得出了和海因茨曼相同的结论，精神性与人类超越现有知识的能力和倾向，表达对更高力量的信仰以及一种神秘状态相关。精神性包括一个比当前、物质、日常更广泛的参照框架，并引导信徒去追寻或体验生活中的个人意义（Schmidt 2007：174 - 175；Schmidt and Little 2007：224）。值得注意的是，如上述概念分析所述，施密特在他的研究中发现精神性的"神圣"维度并不是首要的。然而，他确实认同"超越"维度，但在他的研究中，显然受访者并不认为超越与"神圣"相同，这与上述威尔逊的立场一致。

这三位学者所做的研究已经证实了上文所述的"精神性"的一些特征。然而存在一个显著区别：在休闲情境下，上述两种精神性并非同义词。这需要进行更多的概念性探讨。特别是，此类调查可能有助于更好地理解以下问题，例如布莱克肖（2010）将休闲作为某种"神圣"的东西，哪些精神性与休闲体验有关？它们是某种（原始）精神性的两个独立维度，还是概念上的"混淆"在作怪？此外，这种明显的二元性与布莱克肖赋予休闲的意义是终极或本体论性质的概念有何关联？

简而言之，可以通过反思心智和精神之间的区别来找到可能"答案"，这是人类心智的两个领域，与（两种）意义的创造和体验有关。心智涉及创造和体验生活中的意义，这与可能阻止或促进心理幸福感的心理结构相关；而精神探索的是生活的意义（终极的或本体论意义），因此与精神幸福感相关（Bouwer 2008：446）。这可能意味着威尔逊、海因茨曼和施密特的概念化构想在根本上与心理幸福感有关，而与精神幸福感无关。人类体验意义的本质决定了这一点。他们将休闲概念引入与精神相关的对话中，但在休闲上也存在概念混淆。正如上述休闲活动的例子所示，尽管他们承认传统休闲概念的道德和神圣本质，但在研究中，他们特别将精神性与作为 *anapausis*（游憩活动）的休闲联系起来，并没有认真遵循和探索休闲的最初概念 *skholē*（灵魂状态）。例如，把自我发现或自我发展看作是特定的（原始的）精神性的结构动机。它还可以更清晰地揭示"神圣性"和"超越性"或"圣洁性"作为精神性维度的价值和概念之间的相互关系（Bouwer 2013：290），以及概念选择背后的文化和规范预设。在南非进行的研究证实了这一批评：研究指出，除其他因素外，休闲（作为放松）与在生活中有最高影响力的家庭和精神性相比，对受访者而言不是那么有意义（Coetzee *et al.* 2010）。因此，有必要对休闲（*skholē*）与精神性之间的相互关系进行更为严谨和有力的概念辨析。

富有成效的新方法

前文已指出，布莱克肖认为休闲是一种内含虔诚信仰的实践，这意味着，个体有意识地运用休闲实践活动是基于一种感觉，认为这些实践活动带有"神圣性"，"仿佛参与其中是在践行一种宗教职责"(2010：142)。布莱克肖与皮珀关于休闲的看法一致：休闲可与沉思相提并论，类似于更高级的积极生活，它是任何文化的基础，休闲也是一种心态，一种灵魂状态(1998)。这是一个比仅承认在休闲(活动)与精神性之间存在普遍关系更基本的观点，反过来，"精神"这个名称已被证明比宗教更宽泛，因为它还涉及深刻的智慧洞见和难以置信的审美体验。通过这些体验，一个人可以在他们的生活中留下有意义的印记：他们可以对自己的经历进行(本体论的)理解。正如上文所解释的那样，对"精神"这个概念进行更加宽泛的界定，可以为休闲研究开辟富有成效的新方法。下文将简要阐述受精神性概念四个主要维度启发的一些建议。

第一，可以对精神性最本质的共同特征进行概念反思和实证研究，这个本质被指出是神圣的(sacred)，也是圣洁的(holy)、超越的或神秘的。这些分类与其他三个主要方面反思相呼应。神圣性和圣洁性通常被认为是同义词，但事实上它们存在语义和概念上的差异。"神圣性"被视为宗教性的核心(而不是相反)；它指的是某种不同于世俗或平凡的东西，并且值得被尊崇。而圣洁性则表示在宗教语境中的完整或完美(www.difference-between.com/difference-between-sacred-and-holy/)。神圣性"使社会世界神圣化"(强化社会世界的日常秩序)，而圣洁性则"使社会世界去神圣化"(改变社会秩序)。一个社会现象，例如足球，可以被看作是神圣的，但不具有任何宗教内涵(Surrency 2007：44)。另一方面，社会现实的"世俗"方面确实可以被赋予宗教价值，例如，几个世纪以来，人们一直将地方体验作为理解宗教、精神性和身份认同的关键范畴进行研究(Sheldrake 2001)。贡布雷希特(Gumbrecht)关于"在场"(作为空间而非时间的现象)这一迷人维度的研究也与此相关。在这个维度上，文化现象和事件可被人感知，并且对感官和身体产生影响，这也极大地增加了这些讨论的深度(2004：xiii)。这点也适用于休闲领域的其他社会现象，比如消费主义、静默游行、仪式活动、冥想、瑜伽和性。就超越和神秘而言：超越可以被理解为纵向(宗教的或精神的）和横向（世俗的，但仍体验了超越自我而体验）的范畴。而神秘状态是指一种高级的自我超越状态［https：//en.wikipedia.org/wiki/Transcendence_(philosophy)］。

第二，可以对体验的性质和构成进行概念反思和实证研究。这种体验与更广泛的生活意识有关，并包含同理心、敬畏和对宇宙的信念。精神性的这些方面指向自我发展或生活的艺术，同样也指向上述的神圣性或超越。从根本上说，精神性以存在或成为完整的人为伦理核心，它关注美好的生活、心盛幸福以及生活艺术和智慧，也注重研究美和崇高的精神价值问题，这些通常被称为在休闲领域涌现出来的体验。谈到美，德国哲学家莱因哈德（Reinhard）提出了至善至美（*kalokagathia*）的概念，她认为这是一个包含真、善、美的统一理想（2014：18）。据此可知，美依赖于智力和道德能力，它来自内心。但她认为，现在的人们往往背道而驰，认为善和真源自美，美只是形式，而没有内容。身体在意识生活中占据核心位置。在过去十年左右，基于身体的伦理理论取得了一些重大进展，这不仅与现象学（参考 Bergson，Nietzsche，Husserl），而且与生物学和神经科学也有着很强的渊源。具身和嵌入式认知范式认为，信息并非仅由大脑处理，而是由整个身体处理，这意味着道德应被视为特定生物偏好的副产品（Bouwer and Van Leeuwen 2013：590）。人们付出了很多努力通过刺激感官来体验崇高。身体通过各种各样的活动——包括体育、健身、慢跑、芭蕾——在体验超越和精神方面发挥着重要作用。梅洛-庞蒂、罗兰兹（Rowlands）、尼采、亚里士多德和休谟的研究，或许都能在这方面提供新的见解。

第三，可以对个人意义、目标和人际联结的诠释进行概念反思和实证研究。正如本书第三章所描述的：（个人）意义可以有不同等级，有些较低，有些则更高，可以对生活的终极意义有所贡献或从属于它。意义关系到繁盛和人类成就，并需要反思关于生活意义的多元观点，各种联结和精神性之间的关系。当体验到与自我、他人、自然和他者的联系时，普特（Puett）的研究可能会为自我和联结、精神性的研究提供新视角。借鉴中国哲学，他认为不存在必须被发现的独特自我或本质。为了实现繁盛，人们需要创造前提条件，并不断适应生活中的事件而不是试图控制它们。个体不应再寻找自我，而应通过建立新的联系来创造一个新世界（Puett 2016：47）。精神上的关键（*pointe*）不在于人们认为自己是谁，而在于他们认为自己可能是什么。这包含了人们可以影响和改变世界的动态过程。它还呼吁创造新的仪式，以提供新的意义、目标和联结。普特认为，好人和神秘的圣人并不是两个独立的存在（2016：53）。

第四，可以对人们参与休闲活动和/或体验休闲时间时所经历的不同转化类型进行概念反思和实证研究。这些转化可以与意义和精神性维度进行对话。更具体地说，研究精神性转化的过程，需要从根本上改变神圣性在生活中的地位和/或本质（https：//en.wikipedia.org/wiki/spiritual-transformation），这种变化"构成了个人自我定义、生活解释、首要目标和最终关切的意义系统的变革"（Paloutzian 2005：34），可以为休闲研究提供卓有成效的机会。对诸如怠惰、休息、懒惰、时间和静默等概念的分析，以及从它们与转变、精神性不同维度的区别中也可以发展富有成效的研究休闲的新方法。

结论

本章首先简要分析了世俗化理论，即随着现代化的推进，由于人类自主性和独立性的提高，宗教会经历一定程度的衰退。宗教机构将失去其对社会的掌控和影响。这种情况确实发生了，但至少在西方社会，例如去教堂次数的减少和宗教信仰作用于公共领域决策过程的影响力的减弱，并不意味着宗教性和精神性的减少。相反，尽管宗教变得越来越私人化（并被称为"精神性"来替代），但就目前而言，它仍是公共领域的核心问题。精神性在宗教和意义研究中占据核心位置，似乎具有以下概念要素：神圣感或超越感、对生活的更广泛的意识，对同理心或爱的特别关注、敬畏和对宇宙的信念、意义感、目标感和归属感，以及人类存在中的转化过程。

相当长一段时间以来，休闲学者研究了休闲对个体和社会的影响，近年来也开始研究休闲与精神性之间的相互关系。有三位休闲学者已对这种关系进行概念性和实证研究。威尔逊认为，在休闲语境下，精神性概念的构成要素包括对人生意义和目的的追寻、超越，以及生命的联结；海因茨曼（2009：423）认为：

> 高度的信念、希望和承诺，有关于清晰的世界观或信仰体系，这一世界观或者信仰体系提供普遍的存在的意义感和目的感，同时提供了一条道德路径，使个人能够实现自我与他人和更高力量或更大的现实建立联系；

而施密特认为精神性是人类超越现有知识的能力和倾向，表现了对更高力量和神秘状态的信仰。然而，施密特发现神圣性和超越性是不同概念，因而可以确定存在两种不同类型的精神性。

现有研究出现了意义不同、概念不同的精神性，这一事实强化了进一步反思的必要性。（有时不加批判地）应用和理解与休闲（*skholē*）本质有关的精神幸福感的概念，会使人怀疑概念混淆在作怪。考虑到与心智和精神相关的两种（终极）意义模式，我们需要进行更严谨的研究和精细的概念分析，以便在不同语境和环境中评估神圣性和超越性的不同维度。因此，应该对上述精神性的主要维度以及其（相近）组成部分进行概念反思和实证研究。这可以激发富有成效的研究休闲的新方法。

参考文献

Bailey, E. (1997) *Implicit Religion in Contemporary Society*. Kampen, the Netherlands: Kok Pharos Publishing House.

Blackshaw, T. (2010) *Leisure*. London/New York: Routledge.

Bouwer, J. (2008) 'The domain and formal object of spiritual care', in Blommestijn, H. and Waaijman, K. (eds) *Seeing the Seeker: Explorations in the Discipline of Spirituality*. Louvain, Belgium: Peeters: 443 – 451.

Bouwer, J. (2013) 'Leisure as Moderator for Spiritual Well-being?' in Westerink, H. (ed.) *Constructs of Meaning and Religious Transformation. Current Issues in the Psychology of Religion*. Göttingen: V&R unipress: 275 – 296.

Bouwer, J. and van Leeuwen, M. (2013) 'The Meaning of Liquid Leisure' in Blackshaw, T. (ed.) *Routledge Handbook of Leisure Studies*. London/New York: Routledge: 584 – 596.

Casanova, J. (2006) 'Rethinking Secularization: A Global Comparative Perspective'. *The Hedgehog Review*, 8(1 – 2): 7 – 22.

Chandler C. K., Holden, J. M. and Kolander, C. A. (1992) 'Counselling for spiritual wellness: theory and practice'. *Journal for Counselling and development*, 71: 168 – 175.

Coetzee, H. K., Wissing, M. P. and Temane, Q. M. (2010) 'Meaningfulness as experienced by a group of South Africans'. *Tijdskrif vir Geesteswetenskappe*, 50(3): 293 – 312.

Edginton, A. R., Jordan, D. J., DeGraaf, D. G. and Edginton, S. (eds) (2002) *Leisure and life satisfaction: foundational perspectives*. New York: McGraw-Hill.

Flanagan, K. and Jupp, P. (eds) (2010) *A Sociology of Spirituality*. Farnham/

Burlington, VT: Ashgate Publishing Company.

Giordan, G. (2010) 'Spirituality: From a Religious Concept to a Sociological Theory' in Flanagan, K. and Jupp, P. C. (eds) *A Sociology of Spirituality*. Farnham/Burlington, VT: Ashgate: 161-180.

Godbey, G. (1997) *Leisure and Leisure Services in the 21st Century*. State College, PA: Venture Publishing.

Goodale, T. and Godbey, G. (1988) *The Evolution of Leisure*. State College, PA: Venture Publishing.

Graham, G. (2007) *The Re-enchantment of the World*. Art versus Religion. Oxford/ New York: Oxford University Press.

Gumbrecht, H. U. (2004) *What meaning cannot convey*. Stanford, CA: Stanford University Press.

Heintzman, P. (2002) 'A conceptual model of leisure and spiritual well-being'. *Journal of Park and recreation administration*, 20(4): 147-169.

Heintzman, P. (2009) 'The spiritual benefits of leisure'. *Leisure/Loisir*, 33(1): 419-445.

Heintzman, P. (2010) 'Nature-based recreation and spirituality: a complex relationship'. *Leisure Studies*, 32(1): 72-89.

Heintzman, P. (2015) *Leisure and Spirituality. Biblical, Historical, and Contemporary Perspectives*. Grand Rapids: Baker Academic.

Heo, J., Lee, Y., McCormick, B. P. and Pedersen, P. M. (2010) 'Daily experience of serious leisure flow and subjective well-being of older adults'. *Leisure Studies*, 29(2): 207-225.

Johanson, A. and Backman, K. F. (2010) 'Leisure and community type as indicators of overall quality of life'. *World Leisure Journal*, 2: 104-115.

Kosmin, B. A. (2014) 'Secular Republic or Christian Nation? The Battlefields of the American Culture War' in Hartney, C. (ed.) *Secularisation: New Historical Perspectives*. Newcastle upon Tyne: Cambridge Scholars Publishing: 151-172.

Lord, E. and Patterson, I. (2009) 'The benefits of physically active leisure for people with disabilities: an Australian perspective'. *Annals of Leisure Research*, 11(1/2): 123-144.

Luckmann, T. (1967) *The Invisible Religion: the Problem of Religion in Modern Society*. New York: Macmillan.

Main, R. (2008) 'Secularisation and the "Holistic Milieu": Social and Psychological Perspectives'. *Religion Compass*, 2(3): 365-284.

Mannell, R. C. and Kleiber, D. A. (1997) *A social psychology of leisure*. State

College, PA: Venture Publishing.

Nawijn, J. (2011) 'Determinants of daily happiness on vacation'. *Journal of Travel Research*, 50(5): 595 – 566.

Ott, H. (1981) Die Antwort des Glaubens. Stuttgart/Berlin: Kreuz-Verl.: 340 – 341.

Paloutzian, R. F. (2005) 'Religious conversion and spiritual transformation: A meaning-system analysis' in Paloutzian, R. F. and Park, C. L. (eds) *Handbook of the psychology of religion and spirituality*. New York: Guilford: 331 – 347.

Pieper, J. (1998) *Leisure: The basis of culture*. South Bend, IN: St. Augustine's Press.

Possamai, A. (2009) *Sociology of Religion for Generations X and Y*. London/Oakville, CT: Equinox.

Post, P. (2013) 'De Pelgrim en de Toerist: Verkenning van een topos'. *Nederlands Theologisch Tijdschrift*, 67(2): 135 – 149.

Pott, H. (2007) 'Schaduwen van een dode God'. *Filosofie en Praktijk*, 28(1): 5 – 15. Puchalski, C.M. (2009) 'Ethical concerns and boundaries in spirituality and health'. *American Medical Association Journal of Ethics*, 11(10): 804 – 815 (electronic version).

Puett, M. (2016) 'Zoek niet naar jezelf, maar creëer een nieuwe wereld'. *Filosofie Magazine*, 24(5): 47 – 53.

Rahner, K. (1969) *Theological Investigations* (6). London: DLT: 390 – 398. Reinhard, R. (2014) 'Ware Schoonheid bevindt zich onder de oppervlakte'. *Filosofie Magazine*, 23(10): 18 – 21.

Roothaan, A. (2007) *Spiritualiteit begrijpen: een filosofische inleiding*. Amsterdam: Boom.

Sacred and holy, www.differencebetween.com/difference-between-sacred-and-holy/ (retrieved on 5 May 2016).

Schmidt, C. (2007) 'The lived experience of the spiritual potential of leisure'. *Annals of Leisure Research*, 19(3): 173 – 193.

Schmidt, C. and Little, D. E. (2007) 'Qualitative insights into leisure as a spiritual experience'. *Journal of Leisure Research*, 39(2): 222 – 247.

Schneider, I. E. and Iwasaki, Y. (2003) 'Reflections on leisure, stress and coping research'. *Leisure Sciences*, 25(2): 301 – 305.

Secularization, https://en.wikipedia.org/wiki/Secularization (retrieved on 26 April 2016).

Sheldrake, P. (2001) *Spaces for the Sacred: Place, Memory and Identity*. Baltimore:

The Johns Hopkins University Press.

Solomon，R. (2004) *Spiritualiteit voor sceptici*. Baarn，the Netherlands：Ten Have.

Spiritual transformation，https：//en. wikipedia. org/wiki/Spiritual_transformation
  (retrieved on 7 May 2016).

Stausberg，M. (2010) *Religion im modernen Tourismus*. Berlin：Verlag der
  Weltreligionen.

Surrency，D. (2007)‘The proliferating sacred：Secularization and postmodernity’
  Graduate Theses and Dissertations http：//scholarcommons.usf.edu/etd/2379.

Sylvain，R (2002) *Traces of the Spirit. The Religious Dimensions of Popular
  Music*. New York/London：New York University Press.

Transcendence，https：//en. wikipedia. org/wiki/Transcendence_（philosophy）
  (retrieved on 5 May 2016).

Waaijman，K. (2006)‘What is spirituality?’. *Acta Theologica Supplementum*，8：
  1-18.

Willson，G.B. (2010) *Exploring Travel and Spirituality: The role of travel in
  facilitating life purpose and meaning within the lives of individuals*. University
  of Waikato（PhD）http：//researchcommons. waikato. ac. nz/bitstream/handle/
  10289/4030/thesis.pdf? sequence=3 (retrieved on 14 May 2012).

Wright Mills，C. (1959) *The Sociological Imagination*. Oxford：Oxford University
  Press.

Zinnbauer，B. J. and Pargament，K. I. (2005)‘Religiousness and spirituality’in Pal-
  outzian，R. F. and Park，C. L.（eds）*Handbook of the psychology of religion and
  spirituality*. New York：The Guilford Press：21-42.

[*Parts of this chapter have been previously published in Bouwer, J. (2013)
‘Leisure as Moderator for Spiritual Well-being?’ in Westerink, H. (ed.)*
Constructs of Meaning and Religious Transformation. Current Issues in the
Psychology of Religion. *Göttingen: V&R unipress: 275-296. The permission given
by Vandenhoeck and Ruprecht for using this material is greatly appreciated.*]

第八章
休闲、幸福感与自我建构

在第五章中，我们讨论了休闲与伦理的关系，强调了休闲在寻找美好生活过程中的重要作用。美好生活这个存在主义理想在几个核心休闲概念中都得到了体现。比如，亚里士多德认为休闲（*skholē*）旨在帮助实现心盛幸福（*eudaimonia*），布莱克肖则认为流动休闲有助于实现以休闲为基础的生活艺术。任何有价值的休闲伦理都在努力实现符合个人和情境的自我关怀、自我发展、自我完善、自我实现和自我责任。

在本章和下一章，我们将探讨在后现代主义［或根据布莱克肖（2010）的说法，一个*流动的现代*］的背景下，休闲在实现这些积极效果方面可能发挥的有益作用。本章将重点关注个人、个体，特别是自我表达和自我建构，下一章将扩展讨论，分析休闲在促进*社群*幸福感方面的作用。

回顾前几章的内容，特别是间章一、第三章和间章二，我们介绍并讨论了后现代性概念，以及体验在其中的核心作用。我们希望从这个概念出发，详细阐明两个主要分析方向，并且这两个方向将会相互交织在一起。首先，后现代主义价值观的不完全确定性（如布莱克肖所说的宜家化——见间章二）意味着人们被迫为自己的幸福，寻找意义并为实现他们认为的"美好生活"承担责任。他们不能相信政府或教会告诉他们该做什么——需要自己发现"幸福"对他们意味着什么。本章的下一节将讨论与此义务相关的一些关于幸福的观念，因为有效的"作为生活艺术的休闲"活动通常需要尝试去实现（某些方面）幸福。

第二条主线与个人所能*做*的事情有关，特别是通过休闲获得意义和幸福感。毕竟，体验经济的有趣之处在于，它向人们即消费者提供了许多体验和许多不同的故事。这些体验和故事有助于填补由于单一的、占主导地位的真相消失后留下的空白。作为受习惯影响的动物，人们仍然会寻找有意义的内容和体验来取代宗教与文化传统曾经提供的意义。休闲就是这些新形式内容的主要来源之一。这种休闲内容的一个重要组成部分，以一种特别有效的形式存在于流行文化中。下文将简要介绍艺术、音乐和体育等特殊形式。

休闲与幸福感

如果人们希望找到对他们来说构成"美好生活"的要素，那么作为生活艺术的休闲就是一个重要领域，首先，确定在这个意义上"美好"的主观标准，其次，尝试并实现由以上标准定义的一些目标。换而言之，休闲作为生活艺术，作为实现美好生活的方式，在某种程度上注重提升人们的幸福感。

从直觉和概念上看，如果我们认为在休闲领域中个人可以进行选择，可以为了得到快乐的、有价值的和/或有意义体验而参与某些活动和建构某些关系，那么休闲能够提升幸福感是有一定道理或是显而易见的。如果衡量休闲实践质量的标准是获得理想体验，那么，当人们以一种有效的方式，并且有足够的经验和技能来使用休闲资源时，参加休闲活动所获得的结果则大概率是积极的。

从心理学数据来看，休闲参与和幸福感之间的关系是显而易见的，幸福感通常被称为生活满意度的操作化指标。总体而言，心理学研究往往显示在休闲参与和生活满意度之间存在弱的正相关关系，尤其是社交和/或心理更为活跃的休闲活动（如运动、爱好、志愿工作），但在年龄、性别和社会经济地位方面存在显著差异。在休闲满意度和生活满意度之间似乎存在着更强的正相关关系，同理，年龄、性别、种族和就业状况等因素也会产生调节作用。总体而言，大多数休闲学者都认为积极的休闲体验对生活满意度具有积极影响，但如果存在其他被认为比休闲更重要的（消极）因素如失业、健康问题在起作用，那么休闲体验的积极影响可能会受到限制（Kleiber *et al.* 2011）。

就休闲在实现幸福感/生活满意度方面的有效性而言，需要具备的条件是什么？苏等人（Suh *et al.* 2009）认为，实现主观幸福感的一个重要因素是*自我建构*的可能性：即评估个人目标在社会环境中得到实现的程度。在这个过程中，人们试图在个人价值、欲望和需求与他们所接收到的社会反馈内容之间找到平衡，以评估他们所期望和实现的行动的可接受性。有些文化以个人主义为导向（见Suh *et al.* 的研究，美国），而其他一些则更具集体主义思想（在 Suh *et al.* 的研究中,韩国),这些文化倾向影响了社会规范反馈机制的强度和感知到的重要性(即在回顾自己的生活时,是个人情感还是社会认可在决定其满意程度上起主导作用)。

当人们在由社会调节的自我建构过程中寻求可能会得到积极评价的活动时,休闲提供了心理上具有重要意义的环境背景。由于"自由"因素在休闲中占据支配地位(如在第二章中所探讨的),人们显然倾向于选择他们所认同的积极活动来充实其休闲时间。反之,这也意味着休闲活动通常是可以促进积极结果(例如个体或社群幸福感)产生的活动。

一直以来,人们都试图定义一般意义上的"积极结果"。例如,什么样的心理状态会提升幸福感和生活满意度。心理学有一门子学科,或者说我们应该称其为一个研究方向,这个方向称作积极心理学。"常规的"心理学通常要么是中立的,要么关注病理学,即人们可能会出现什么问题,可能会遭受怎样的痛苦,以及如何处理这些问题。相反,积极心理学研究有助于个人、社会群体和机构蓬勃发展的过程。积极心理学的关键人物,包括埃德·迪纳(Ed Diener)、米哈伊·奇克森特米哈伊(Mihaly Csikszentmihalyi)和马丁·塞利格曼(Martin Seligman)。他们重点研究的心理机制包括依恋、乐观、爱、情商、内在动机、感激、宽恕、敬畏、灵感、希望、好奇、欢笑和畅[1](Gable and Haidt 2005)。

心理学研究更具体地关注幸福感而非一般的积极心理机制。我们可以注意到,在心理学研究中,测量主观幸福感的方式主要包括三个方面:基于认知的对生活满意度的判断,以及两个基于情绪的评估维度——高积极情绪和低消极情绪(Larsen and Prizmic 2008)。我们已在上文提及"生活满意度"这个操作化维度。在下面的章节中,我们将更明确地将休闲实践的特征与积极情绪/消极情绪这两个子因素联系起来。现在,我们将通过添加一个与休闲相关的额外元素:两种类型的福祉/幸福,来结束这篇简短的(休闲相关的)幸福的介绍。

在前面章节,我们曾提及心盛幸福(*eudaimonia*)和享乐主义(hedonism)。事实上,它们是两种不同的幸福,亚里士多德最先对两者进行区分。心盛幸福(*Eudaimonia*)与美好生活的联系最为明显,因为它指的是参与有意义的活动所带来的满足感;相比之下,享乐主义则与快乐和短暂的满足感有关(King 2008)。

---

① "flow"可以"翻译成畅、畅爽、心流。

　　如果我们把这两种幸福与休闲联系起来，就会发现类似于严肃休闲和娱乐之间的典型区别（如前几章所引用的，斯特宾斯在 2007 年所提出的区分）。如此看来，人们将倾向于通过严肃休闲，致力于自我发展和有明确目标的个人项目来促进实现心盛幸福（*eudaimonia*）状态。享乐主义往往与"无实际价值的休闲"①、低俗娱乐和大众文化联系在一起，从事这种活动主要是为了提升积极情绪，但就像快餐一样，具有有限的滋补效果且时效短暂。

　　金（King 2008）提出了可以让这两种幸福都发挥作用的有趣建议，她认为最持久的幸福来源于一个过程。在某种意义上，我们可以将这一过程理解为参与上述两种促进幸福的活动。换言之，她认为，与其追求幸福感本身，更重要的是发展丰富的情感生活和成熟度。我们不仅通过快乐和有趣的经历来做到这一点，而且还通过应对生活中的困难来做到这一点。现在，我们很有可能采用享乐活动来调节负面体验所产生的影响。这本身并没有什么不好：在简单的乐趣和高尚的自我发展目标之间选择良好的平衡，即享乐主义和与心盛幸福（*eudaimonia*）相关的休闲活动的健康组合，可以帮助促进情感弹性。而这种状态，即与自己和平相处的状态，是生活满意度的一个强大预测因素。

　　在本章的余下部分，我们将对这些因素进行综合研究。回想一下，在第二章，我们认为休闲可以成为一种*存在主义青春期*的一部分，在这种生活情境中，个体通过探索边界来理解自己和他人。正如我们在上面所提及的，大量休闲研究表明愉快的体验有助于提升幸福和幸福感。然而，接下来我们将进一步拓展这一观点，并得出如下结论：即使是极端的、享乐的，甚至（在某些人的眼中）不成熟的以及"肤浅"的休闲消费活动实际上也可以帮助个体实现这些"崇高的"自我平衡和自我建构的目标。

刀刃作业：在边缘寻找意义

　　布姆肯斯（Boomkens 1994：202）在研究后现代社会的体验时指出，休闲意识到了由于前现代文化和宗教相关的仪式、传统和意义的退缩所留下的空虚，并

---

　　①　无实际价值的休闲（Fluff leisure）是指那些没有太多深度或意义，主要以娱乐为目的的休闲活动，通常是指那些低俗、轻松愉快的活动，如看电视、玩游戏、浏览社交媒体等。这些活动一般不涉及个人目标的追求或自我发展，更多地是为了消遣和放松。并不是说它们没有价值，消遣和放松也是价值，但是此处作者是把它们与严肃休闲等更能促进自我发展的休闲活动相比较作出的价值判断。

用娱乐等轻巧的消遣概念来填补这一空虚。在脱离传统意义之后，古代节日的仪式和崇拜对象、艺术表现形式和宗教仪式被纳入一个新的、后现代和后资本主义的产业中，正如我们早先已经看到的那样（见间章二）将体验商品化。在这种意义上，休闲将我们的注意力从对自我状态和（自我）意识的理性分析中转向沉溺于短暂的体验和身体感觉。这些放纵的想法，显然是享乐主义的实践，旨在帮助我们休息、分散注意力、放松和娱乐。然而，布姆肯斯指出了其中的关键差异："分散注意力"并不意味着休闲是一种盲目的无意识的基于动物本能欲望的庆祝活动。当然，它可以是这样的——性、吸毒、纯粹虚无的享乐主义和简单、毫无意义的乐趣也进入了休闲的范畴。在某些情况下，这些活动确实可能只是身体在为所欲为。

　　然而，即使我们如此认真地思考身体（和基于身体的体验）的作用，休闲仍具有更大意义。布姆肯斯根据对瓦尔特·本雅明哲学的分析，认为分散注意力体现了我们对建构和建成环境的重要的存在主义态度，是一种不经意地理解和适应我们的城市和房屋的方式，这使我们能够称其为"家"。随后布姆肯斯把这一概念扩展到了维特根斯坦（Wittgenstein）的思想中，对维特根斯坦来说，这种分散的、不经意的注意力体现了一种对作为嵌入式生物的我们的根本认识，它使我们能够存在于某处，接受和（在某种程度上）理解我们的生活和周围环境。

　　休闲可以在这个动态过程中发挥关键作用。休闲使我们迷失自我，也忘记时间、丢掉焦虑等，并重新找回自我，发现我们是谁或我们想要成为谁——这不是因为休闲与身体欲望无关，部分原因在于它与我们的基本身体欲望有一定关联。在下面提及的将休闲应用于实现自我决定的例子中，身体及其相关感觉起着决定性作用。

　　正如我们将看到的，这些例子都属于*刀刃作业*的形式。布莱克肖（2010）将刀刃作业描述为人们为探索"边缘"而从事的休闲活动，这是一种冒险行为，可能跨越道德、美学和/或安全的界限，可能会打破平衡，所有这些都是为了体验真正和真实的感受。我们可以从舒尔茨对体验经济的描述（在间章二中）认识到此类行为对人们的吸引力。在体验被商品化和被商业利用的体验经济中，大多数短暂的体验都因为被过度明确地预先包装、可以预测、太过普通，因而对那些更具冒险精神的人来说并不具有特别的吸引力。他们会寻求更极端的休闲活动来填补缺失的真实感。

　　因此，这就是我们对于刀刃作业价值的看法：当人们寻找弥补（显然）失去的但仍然需要的真实的、深刻的和有意义体验时，许多人会转向极端和"边缘"的休闲方式。

边缘休闲：冲击艺术①、黑金属音乐和轮椅橄榄球

在本节，我们将会探讨以*冲击艺术*、*黑金属音乐*和一种叫做*轮椅橄榄球*的极限运动为例子的刀刃作业。我们将从冲击艺术开始讨论。

艺术生产和艺术消费是两个非常重要和普遍的休闲活动。几乎每个人都会听音乐、看电影或读书，而且也有很多人出于爱好而创作此类作品。然而，艺术作为一种普遍活动，在概念上却尤为难以捉摸（Gardner 1996）。在美学史上，关于艺术的定义一直极具争议性，其定义就像艺术表现形式本身一样丰富。艺术可以以不同形式存在——绘画、雕塑、建筑、书籍、音乐、电影、照片、现场或录制的表演，并有不同的目标。也就是说，如果一件艺术作品有一个目标的话，可能是模仿自然之美、表达情感、试图传达一种特定的洞见或感觉，或者可以被设计用于能让观众共同构建的体验。

不过一般来说，我们可以说艺术作品的核心，在于艺术家有目的地或突发灵感地创作出具有影响力作品时的驱动力，并且观众会看到、听到或感受到这种艺术作品，*并从中获得一些东西*。在这个意义上，艺术邀请观众与作品建立联系并参与其中，从而对参与者产生影响：创作一件艺术作品意味着"将内在的生命力注入一件物品中，从而使其更加清晰明了……当其他人理解那件艺术品时，将会理解其中所表达的内容和构成部分是如何精确地组合在一起的，从而精准传递艺术家想要表达的信息"（Lyas 1997：218）。

正如人们可能拥有的所有感觉和情感并非都是美好的和愉快的一样，我们会看到除了旨在追求美丽，比如美学上愉悦的艺术之外，还有一种试图传达更阴暗和更糟糕含义的艺术。本雅明认为关于过去真实艺术的光韵正在被（后）现代冲击体验所取代（见第六章），如果这一直觉是正确的，那么*冲击艺术*领域可能特别值得研究。

冲击艺术，也被称做越轨艺术或颠覆艺术，是有意跨越道德和/或美学边界的艺术。有许多著名的和引人非议的例子。下面略举一二：伊夫·克莱因

---

① Shock art，有"冲击艺术"、"震惊艺术"、"惊悚艺术"等翻译方式。

(Yves Klein)的《蓝色时代的人体测量》(1960)，在今天看来可能会很乏味：艺术家在巨大画布上作画，他用身上涂满油漆的裸体女人代替画笔来描绘身体和身体部位画作了这幅印象画。在克里斯·伯顿（Chris Burden）的《反式固定》(1974)中，一位艺术家的双手被钉（这唤起了圣痕的概念）在一辆大众甲壳虫车的后面，车的引擎正在运转，这幅画描绘了技术和宗教图腾之间的冲突。在奥兰(Orlan)的《无所不在》(*Omnipresence*)(1993)中，这位艺术家更明确地记录了自己所接受的过度整容手术，以表现社会对外表的迷恋。罗恩·阿泰（Ron Athey)的《自我毁灭》(2008-2011)是一系列表演，这位患有艾滋病的艺术家在舞台上进行了一系列血腥的、施虐的仪式，包括放血和自我鞭笞。

这些都与大多数艺术观众所认为的（美学上的）"美"相距甚远，甚至（伦理上）不可接受，艺术家们为何要这样做？这里的意图是什么？在这里我们建议大家关注本雅明所说的从光韵到冲击的转变，以及本章早前讨论的"刀刃作业"的概念，即这些越轨的艺术表达形式是试图超越世俗，捕捉或发现，或体验某种重要之物的尝试。这并不一定符合更为保守的美学观念，其中"神圣体验"的意义已经或正在从宗教转移到美学。换言之，艺术中的美表达了人类最崇高的理想，人们使用艺术来尝试和弥补传统超越理想的缺失，这个超越理想是宗教朝向更高层次的驱动力。这似乎与冲击艺术那样欣然接受丑陋的艺术有所不同。

罗杰·斯克鲁顿(Roger Scruton)作为一位研究美学的哲学家，他对这些越轨艺术作品没有那么宽容。斯克鲁顿(2009)认为，在过去的几十年里，现代艺术中存在一种逃避美的趋势，甚至可以说是一种"对丑陋的崇拜"。他将这种崇拜视为后现代刺激成瘾的症状，一种对冲击的渴望，他认为这在病理上与性瘾类似，因为它将卑劣的动物需求的身体满足与性所具有的高尚目的和美分离开来。通过做出这种区分，斯克鲁顿当然会支持一种熟悉的规范性区别，即我们在前面提到的，严肃的、有意义的休闲和"仅仅"作为娱乐的休闲之间的区别，或者也可以通过文化上普遍存在的柏拉图/基督教理想中"心灵超越物质"的概念理解这个假设。

斯克鲁顿认为这种对*丑陋*的崇拜导致了一种自相矛盾的对*虚无主义*的崇拜：

> 然而，矛盾的是，无休止地追求艺术创新会导致虚无主义的崇拜。试图使美免受前现代媚俗艺术的侵蚀，结果却使之受到后现代主义的亵渎。我

们似乎陷入了两种亵渎的困境,一种是虚幻梦想,另一种是野蛮幻想。两者都是虚假的形式,是贬低和损害我们人性的方式。这两者都涉及从更高生活的撤退和拒绝,以及对其主要标志——美的拒绝。

(Scruton 2009:160)

在这里,我们看到"心灵超越物质"的主题延伸到了高雅艺术与低俗艺术之间的规范性区别,在这个区分中,把某些艺术定义为"高雅",它就容易成为反传统的对象。也就是说,在此概念中,美丽、美好、技术和概念上有所成就的艺术成了虚无主义者嘲讽的目标,就像宗教、政治家、名人或其他任何拥有特殊地位、权威和/或神圣性的事物一样,在后现代语境下都有可能成为被嘲笑的目标,其中任何和所有规范都可能被视为偶然的。

斯克鲁顿言之有理,但还要阐明另一个更微妙的观点。毋庸置疑,由于急于创造出新的或者令人兴奋的东西,尤其是社交媒体每天都在创造新的时尚以把昨天的潮流驱赶出大众日渐短暂的注意力,许多低劣、丑陋,甚至有害的"艺术"被急匆匆地创造出来,试图成为一种时尚。然而,使用相同意象、内容和概念的越轨艺术,或流行艺术的各种形式却可以具有美学或哲学价值。我们将用黑金属音乐的例子来说明这一点。

即使是对"低俗艺术"的价值更宽容的艺术理论家,有时也会陷入古典概念和规范模式中。例如,关于恐怖电影,库卡(Cokal 2010)声称与怪诞、恐怖或令人震惊的事物的对抗(通常是恐怖电影的目的)会引起反感,完全是因为它使我们远离了日常生活的安全感。通过这种方式,这种东西,观众看到了崇高。如果我们认为"崇高"意味着某种高贵的和威严的、令人印象深刻的和令人惊叹的东西,我们可以再次看到,艺术表达帮助观众实现的目标再一次被定义为在习惯上与神圣或超越有关的概念[①],这意味着艺术表达的价值取决于其与更高层次的联系。

然而,下面这个黑金属音乐例子中的一个主要观点是,许多极端休闲活动都明显处于审美的较低层次,或许也处于伦理的较低层次,这意味着它们主要涉及内脏、身体和肠胃的感觉。然而,正是这种具身化的特征成为它们的力量源泉。

---

① 这些概念可以是美、敬畏、崇高等。

　　在 20 世纪 80 年代末和 90 年代初，黑金属音乐作为一种鞭挞金属和死亡金属的（甚至更加）极端版本出现。这一类型音乐的特点包括：极快的鼓声和吉他声、刺耳痛苦的歌声以及常常是反乌托邦和/或撒旦教的歌词内容。许多黑金属乐队的舞台表演采用黑色服装、尸漆①、反基督教的或明确的撒旦形象和北欧异教徒仪式的元素。一些早期的黑金属乐队，如"黑暗王权"（Darkthrone）和"骚乱"（Mayhem）乐队，他们的录音质量非常低劣，在某些情况下是因为缺少录音预算，但也因为在"真正的"黑金属地下文化中，原始而刺耳的声音是真正的反建制精神的标志——类似于 20 世纪 70 年代末朋克乐队的态度。

　　20 世纪 90 年代早期的挪威黑金属音乐因强烈的反基督教立场和多起轰动性事件而臭名昭著，包括教堂纵火和谋杀案。其中一些人是"黑暗王权"乐队的成员。"骚乱"乐队的主唱佩尔·英格夫·奥林（Per Yngve Ohlin）（艺名是"死亡"）朝头部开枪自杀。乐队成员厄伊斯坦·阿瑟斯（Øystein Aarseth）［艺名"死亡之子"（Euronymous）］拍摄了他的尸体，并用这张照片作为"骚乱"乐队专辑《黑暗之心的黎明》的封面。"布扎姆"（Burzum）乐队和"骚乱"乐队的吉他手瓦格·维克内斯（Varg Vikernes）被怀疑纵火烧毁了挪威福顿市的范托夫特（Fantoft Stave）教堂，并制作了一张被烧毁的教堂残骸的照片，以此作为"布扎姆"专辑灰烬［Aske（"Ashes"）］的封面。1994 年，他因多次纵火焚烧教堂和杀害"死亡之子"厄伊斯坦·阿瑟斯，而被判处 21 年有期徒刑。

　　黑金属音乐所有元素——粗糙的风格和强烈的音乐、歌词、图像、服装以及演出（暗示或明示的）仪式——都致力于营造一种黑暗邪恶的氛围。这一类型的音乐对于局外人来说，最值得研究的问题可能是：为什么（这种幻觉）邪恶的形象会如此吸引这些艺术家，并且如此吸引粉丝？撇开那些确实是罪犯和/或有心理障碍的人不谈，那些显然正常的人竟是这种类型音乐的表演者或者爱好者，他们怎么可能如此轻易地接受这种似乎相当离经叛道的道德观念呢？

　　通常提及邪恶行为时，人们会提到臭名昭著的"斯坦福监狱实验"（Standford prison experiment）。1971 年，在斯坦福大学校园的地下室里，一群学生志愿者被分配囚犯或狱警的角色。这个项目的设计师是心理学家菲利普·津巴多（Philip Zimbardo），设计这个实验是为了研究随机分配角色产生的社会动态。

_____

　　① 尸漆（Corpse paint）是黑金属乐队表演中常见的化妆风格，通常是将白色或浅色基底涂在脸部和身体的其他部位上，并用黑色或深色细线勾勒出骷髅或尸体的形状。这种化妆效果可以使乐队成员看起来像是从死亡或地狱中归来的幽灵或尸体，强调了黑金属音乐所传达的黑暗、死亡和末世的主题。

在没有津巴多施加干预的情况下,实验氛围在几天内变得很糟糕,"狱警"以出人意料的、不道德的方式施加统治,比如精神折磨"囚犯"。这一实验直到津巴多的女友参观地下监狱之后才停止,她对在那里发生的事情感到震惊。

在分析该实验时,津巴多(2007)通过权力关系来解释观察到的越轨行为。人们想象自己是有自主能力的人,一旦被置于具有不公平激励机制的社会体系的胁迫之下,如果不道德行为能为他们提供归属感,并符合现有权力结构,他们就有可能做出不道德行为。在这个实验中,"狱警"扮演了他们认为情境要求的角色,即权力和支配的角色,并没有考虑行为的道德性。在适当的(或者在这个案例中是不适当的)情况下,即使是非常正常的人,如果他们认为这有助于适应社会环境,也可能表现出相当反常的行为。

类似的事情也适用于另一个臭名昭著的极端不道德行为的例子:阿道夫·艾希曼(Adolf Eichmann)作为大屠杀的关键人物,艾希曼负责设计将数百万犹太人和其他人运往集中营的后勤计划。战后,艾希曼逃到阿根廷。1960年,以色列特工人员设法找到并绑架了他,把他带到了以色列,并在1961年将他送上了法庭。在这次审判中,哲学家汉娜·阿伦特作为记者出席,她为艾希曼的普通(在心理学意义上)甚至是平淡无奇的形象所震惊。他似乎是一个在可怕机器上没有思想的齿轮,执行着他的命令,即使他参观了奥斯维辛集中营并目睹了犹太人被大规模地屠杀,也没有停下来去思考他所做事情的道德性。阿伦特(1994)把他的态度称为平庸之恶:很显然,在一定条件下,表面正常的人会做十分极端的事情。很明显,艾希曼和他的战争罪犯同伙们都属于极度不道德的典型。但斯坦福监狱实验中扮演"狱警"的学生是相当正常的人,在日常生活中他们是聪明、有道德的公民。在监狱实验中,环境——即特定的社会权力结构——要求他们扮演这一角色,显然的是,他们并没有足够的批判性来阻止自己跨越道德的界限。

然而,这些将不道德、"邪恶"行为归因于常规因素的解释并不适用于大多数黑金属音乐家和粉丝。对他们来说,符合社会权力结构的需要并不是驱动因素;事实上,情况往往相反。金属音乐,尤其是黑金属音乐,更多表达了一种对社会规则的挑战态度,但它确实与权力有很大关系。更具体地说,这种权力是一种向内(即以身体感觉为基础)的驱动力,以创造性的不服从为手段,寻找适合自己的生活方式,要么积极改变现有的体系(就像维克纳斯在试图通过自己的行动清除挪威社会的基督教信仰那样,尽管他的观点极其错误),要么创造一个更可接受的新体系。

后面这个情形，即利用音乐、时尚、社交聚会、仪式性和基于幻想的元素来设计和实施另一种生活方式，在相关的*哥特场景*中也可以看到此种情形。斯普拉克伦等（2012）指出，通过共同参与*黑色休闲*活动，包括在某些情况下信奉异教或撒旦教，哥特场景中的参与者意图抵制主流大众文化中同步化和同质化的力量。从这个意义上说，哥特和黑金属音乐的粉丝利用黑色休闲活动来参与一个以脱离主流文明社会为其主要区别特征的社群。

这里确实存在一些道德问题。正如上文所述，黑金属音乐尤其是一种本能的表达形式，其中"本能"指的是强烈的身体感官反应（如直觉）占据了主导地位，而不是理性的、基于认知的决策。音乐中所包含的力量感源于它唤起了非常强烈和非常本能的真实感觉——愤怒、悲伤、空虚感，但也包括被大自然的残酷所震撼的感觉。

在这种情况下，潜在的问题是沉浸在这种充满极端观点和习俗的亚文化中，忠实的黑金属音乐迷可能会建构一个基于基本的、身体感觉的道德、规范框架，这种框架极具主观性，并明确地被设计成反对，即*拒绝*现存的社会文化结构。在伯恩森（Berntzen 2003）看来，"黑暗王权"乐队的黑金属音乐家芬立兹（Fenriz）似乎支持这一观点，因为他声称黑金属音乐对个人来说是一种赋权。从这个意义上来说，黑金属音乐与20世纪70年代的朋克运动有所不同，朋克运动是一场青年集体反抗社会的运动。

本书对伦理学的讨论大多都充满了乐观主义和审美感性，因为我们的重点在于分析作为生活艺术的休闲观念。我们所了解到的与黑金属音乐相关的伦理道德，似乎更加黑暗并具有潜在危险。回想一下，我们在第六章提到的*伦理自然主义*，这是一种专门将身体感觉与社会道德规范联系起来的理论。在这个框架中，肖恩·尼古拉斯（Shaun Nichols）（2008）的*情感共鸣假说*被定义为"禁止我们有情感厌恶倾向行为的规范将会比其他规范享有更强的文化适应性"[1]（269）。

假设我们遵循这一假说，如果我们想要解释一套特定的道德规范，以下便是需要回答的关键问题：对某人来说，在什么范围内，一个特定的文化或亚文化界

---

[1]　因为这些规范能够引起人们的情感共鸣和道德直觉，从而更容易在社会和文化环境中被接受和遵循。换句话说，情感共鸣和道德直觉是道德规范在文化中生存和传播的关键因素。

定了这些规范的文化进化适应性？

　　解释黑金属音乐的道德偏差的一个关键因素似乎是高度组织化社会的根深蒂固的平庸与青年反叛之间的对立。在伯恩森（2003）的研究中，"帝王"（Emperor）黑金属乐队成员伊桑（Ihsahn）表示，他们乐队的反叛音乐灵感部分来自挪威乡村的极端"平凡无奇"的特质①。他和乐队成员在那里长大，对于想要证明自己并想要在生活中开辟出一片天地的年轻人来说，这种极端"平凡无奇"正是他们所憎恨的完美现状。

　　布姆肯斯（1996）将社会平庸引发艺术和娱乐中的极端思想的现象描述为恐惧生态学②。在此他重申了我们之前讨论过的一些主题：媒体过度曝光、灵魂麻木以及极端空虚的"郊区恐惧"会引发社会动荡，尤其是在年轻人中。他们开始通过极端的艺术和娱乐，例如电影、音乐和文学中的暴力，来寻求更极端的体验，以求得某种感觉。旧的冲击已经不足以满足他们的需求了，这一点我们在类似的评论中也曾提及。比如从 21 世纪的角度来看，伊夫·克莱因（Yves Klein）在 20 世纪 60 年代创作的冲击艺术则相对温和。这种反应/反作用的动态也是相互的：被剥夺权利的年轻人在道德上的不良行为会引发人们对嵌入式社会系统（"建制派"，年长一代）的恐惧和厌恶，反之亦然，进而产生了恐惧生态学。

　　这种年轻、大胆的态度在性格上非常尼采式。尼采（1895）说："什么是好的？所有那些增强权力感、权力意志、人的权力本身的东西。什么是坏的？所有源于软弱的东西"。他认为基督教是一种道德败坏的教条，并声称改善的希望在于自

　　　① 挪威乡村的极端"平凡无奇"（ordinariness）是挪威乡村地区的一种文化现象。包括挪威在内的北欧人的性格具有"詹代法则"（Janteloven）特征，即北欧民族性格当中否定个人成就、不鼓励突出个人独特性，而更注重群体的心理模式。在挪威乡村，人们通常非常注重平等和谦逊，不会太过张扬或过于突出个性，强调个人应该为整体服务，而不是过分关注自己的需要和愿望。然而，这种文化氛围也可能会导致一些年轻人感到失望和不满，因为他们认为这种文化缺乏创新性和个性化的表达。因此，一些年轻人可能会通过音乐、艺术、文化活动等方式表达他们对这种文化的不满和反叛，以寻找自我认同和独立性。这种文化现象在挪威的一些极端音乐类型中尤为明显，例如黑金属和死亡金属等。这些音乐类型通常被视为一种反叛和极端的音乐类型，因为它们探索一些极端主题和情感，如死亡、痛苦和黑暗，同时也提供了一个可以表达个人观点和情感的空间。
　　　② 恐惧是一种强大的力量，对整个自然界皆如此。掠食者在生态系统中扮演关键角色。塑造个体大脑和行为，以至整个生态系统的，不仅是"被吃掉"，还有对"被吃掉"的恐惧。这一新的研究领域，探索的是掠食者的非消耗效应，被称为"恐惧生态学"。生态行为学家扎内特和克林奇曾将野生动物的恐惧行为生态与人类的创伤后应激障碍相结合进行研究。他们发现受到惊吓的动物会神经紧绷，更难达到成年甚至成功繁殖下一代。对捕食者的恐惧可能导致其他野生哺乳动物及鸣鸟生育和抚养的幼崽减少。这里布鲁姆斯是用它来描述年轻人为了反抗挪威乡村平凡无奇带来的恐惧和不安，会借助于在艺术和娱乐作品中展现极端思想。这说明情感和心理因素可以影响人类行为。

由精神、异类和探险家——即那些能最有效地表达权力意志（*Wille zur Macht*）的人。意志是权力的表达，是一种既在身体上又在精神上自由选择的自主表达，这样做意味着越来越接近实现超人（*Übermensch*），超人将拒绝（基督教）弱者的道德。

当然，一些极端黑金属音乐文化成员公开信奉撒旦教，与大多数欧洲社会所秉持的基督教（或至少是受基督教启示的）价值观形成了直接对立。许多歌词在意思上是尼采式的，即它们拒绝盲目追随基督教教义，转而支持理性的、自主的信念[比如，伯恩森（2003）①指出，黑暗城堡（Dimmu Borgir）黑金属乐队的"西尔诺斯"②就有这样的说法]。许多写反基督教歌词的乐队都清楚地意识到，他们的观点以及表达方式，加上音乐本身的极端性质，会给他人带来痛苦——因为他们完全、残酷地否定了深爱的（宗教）信念。然而，在黑金属音乐中，痛苦还有另一个更具宣泄性的维度。

在解释痛苦作为艺术主题的吸引力时，科林·麦克金（Colin McGinn 1997）描述了这种痛苦的两个表达维度。第一个维度是通过艺术表达给他人带来痛苦，这是获得恶名的一种手段。从这个意义上说，冲击艺术家和黑金属音乐家都是聪明的营销者，因为他们知道其作品的极端性质会吸引人们的注意。

另一方面，从哲学角度来看，可能更有趣的是，体验（和抵抗）痛苦可以成为感受生命和力量的一种方式。这正是这些艺术形式的极端性质与罗杰·斯克鲁顿赋予高尚艺术的超越能力相联系的地方。在伯恩森（2003）的论文中，"西尔诺斯"说："对我来说，黑金属音乐无疑是一种宗教感受……我们通过承受自我伤害所带来的强烈痛苦做出反应……我们创作具有攻击性的音乐——音乐可以消弭攻击性"。

这与伯杰（1999：270-271）的研究非常吻合，他发现一种类似的激进的金属音乐——死亡金属，也具有这种宣泄作用，可以将负面的生活事件和由此产生的愤怒和/或绝望的情绪转化为一种积极、振奋人心的能量。这与乡村音乐不同，后者也经常处理负面的生活事件，但往往会将它转化为悲伤。沙曼和丁格尔（Sharman and Dingle 2015）的研究也证实了激进音乐具有此类效果，他们发现

---

① Janne Støveland Berntzen 是挪威卑尔根大学的音乐学者，他在 2003 年发表了一篇关于挪威黑金属音乐的学术文章。这篇文章主要探讨了黑金属音乐场景的文化与意识形态，并对黑金属音乐作品的歌词和音乐进行了分析。在文章中，作者引用了一些黑金属乐队成员的采访和观点，其中包括西尔诺斯（"Silenoz"）的观点。

② 西尔诺斯（Silenoz）是挪威吉他手，是挪威交响黑金属乐队黑暗城堡（Dimmu Borgir）的创始成员。

听金属乐可以帮助粉丝处理愤怒情绪。在性(性虐、奴役)和极限运动中,也可以发现痛苦和痛苦体验的类似用途,我们将在下文进行简要介绍。

总之,对于黑金属音乐粉丝和艺术家来说,它是一种自我建构的方式:释放压力,把愤怒转化成更具建设性的东西,感受真实的情感,通过确立一种强调权力和艺术自信的道德标准,他们与自己感到不适的社会方面保持距离,从而提高个人幸福感。所以尽管这种音乐表达了黑暗的主题以及不正常的、越界的审美感受,但在绝大多数情况下,对于粉丝和艺术家来说,结果往往是积极的。

另一个重要的刀刃作业是*极限运动*。跳伞、蹦极、登山、长跑等挑战人类能力极限的运动都以身体为中心。与冲击艺术家和黑金属音乐家表现出的超越常规的态度相类似,极限运动员展现出一种本能的驱动力,以创造性的不顺从为驱动力,以期在生活中找到合适的位置,创造一种新的、更可接受的与环境互动的方式。这些活动的一个重要目标是通过挑战自我、重新定义界限和限制、实现自我的最大潜力,从而感受到自我的生命力和力量。

在一些极限运动中,自然和荒野是重要因素。例如,布赖默(Brymer)和格瑞(Gray)(2009)强调那些从事冒险运动(攀岩、皮划艇、滑翔等)的人将与大自然的接触视为更好地了解自己和他们与环境关系的方式。在这里,我们看到了一种追求超越的动力,这无疑是*浪漫主义*的。浪漫主义是一场反向运动,如反对工业革命的运动,它包括渴望重新获得现实、真正的或真实的体验,这些体验经常被定义为与自然的联结感。有趣的是(对于休闲学者),这也是现代旅游(形式)的历史来源之一:逃离城市/日常生活,寻找不同类型的体验以刺激他们的他者状态。人类整体的脆弱,尤其是人类身体的脆弱(无论是在经历自然界/世界的强大力量的情境中,还是作为处在由工厂、机器,后来是计算机主宰的世界中的一个脆弱生物体)也是技术哲学的一个永恒主题(参见第六章)。在这种情况下,极限运动员试图重新与自然相联结,并通过这样做来重新认识自己,这也是后现代状况中不足为奇的症状。正如我们之前(在间章二中)所讨论的,在这种状况下,道德和文化真理往往被视为偶然的。

冒险运动,或者更通俗地说,极限运动,可以视为对体能的颂扬:最有声望的极限运动者尤为强壮、敏捷、机敏、耐久、技术娴熟等等。如果将此视为身体的理想状态,这似乎会将残疾人排除在外:如果有人无法行走,她怎么做才能达到这样的标准呢?

对于这个问题，一个有趣而令人信服的回答是轮椅橄榄球，有时也称为谋杀球。这项运动的特点是身体残疾的人使用像钢板坦克一样的轮椅互相碰撞，它与常规橄榄球一样具有需要体力和充满暴力的特征（Shapiro and Rubin 2005）。托尔斯特拉普（Tollestrup 2009：i）说"谋杀球运动成功颠覆了残疾人是脆弱无助的观念，打破了有关四肢瘫痪患者能力的歧视性假设。"另一个有趣的点在于这个运动男女都可以玩，因此它不仅仅使得一般的残疾人，更使得女性残疾人在这种高强度接触性的运动中得到赋权并得以解放。之所以这样说，是因为这项运动在历史上往往由男性占据主导地位。

有趣的是，与前面提到的"黑金属音乐"例子相关，这一颠覆偏见的做法也渗入了重金属音乐群体中。很多不喜欢重金属音乐的人总是对重金属音乐粉丝有着消极的刻板印象。换而言之，这种艺术表现形式的极端性质会被认为与心胸狭窄或道德堕落有关。然而，在重金属音乐群体中，人们对另类生活方式的接受程度越来越高，像"犹大圣徒"（Judas Priest）乐队的罗伯·哈尔福德（Rob Halford）、King's X① 乐队的道格·平尼克（Doug Pinnick）以及黑金属乐队葛哥洛斯（Gorgoroth）的主唱加尔（Gaahl），都承认自己是同性恋并被大家所接受。此外，另类的金属乐队"痛苦生活"（Life of Agony）是由公开跨性别身份的歌手米娜·卡普托（Mina Caputo）发起成立的。弗里德曼（Friedman 2014）提出这样的假设，那些喜欢重金属音乐极端、叛逆性质的人倾向于表现出对新体验的开放性。因为很多金属音乐迷都用这种音乐来应对疏离感，他们往往对其他的生活方式持更宽容的态度——毕竟，他们自己就与常人不同。在上面的轮椅橄榄球案例中，我们看到了类似的包容性赋权。

我们认为，这些休闲形式是休闲实践的显著例证，人们参与这些休闲活动是为了成为主宰自己幸福的人：休闲提供了自由和支持性的环境，使人们能够探索活动，而不受限于某些因素（如疾病或受伤），而是根据剩余（或新的！）可能性来最大化快乐和幸福感。在轮椅橄榄球案例中，这些可能性包括激烈的身体对抗和高强度的能量释放，这有助于强有力地推翻认为残疾人能力弱、不被认可或值得同情的偏见。

---

① King's X 是一支由 Doug Pinnick，Jerry Gaskill，Ty Tabor 三名成员组成的美国乐团。自 1987 年签约 Megaforce 唱片公司以来，King's X 已经发行了 12 张录音室专辑。乐队歌词的精神本质，特别是他们的前四张专辑，导致他们经常被贴上基督教摇滚乐队的标签，而成员们拒绝这一标签。

利用休闲来超越快乐水车效应①

将刀刃作业视为自我建构的休闲资源时隐藏着一个潜在问题。这就是：如果我们将休闲理解为一个领域，在这个领域中，人们根据活动所产生的体验质量来选择它们，而这种质量至少在一定程度上依赖于情感判断、"直觉"（在第四章和第六章，以及本章所辩护的具身重点），那么休闲本身可能包含一种扭曲的刺激来持续追求快乐水车效应——也就是说，不断寻求令人满意的体验，但当休闲对满足感的（积极）效用逐渐消退时，满足感会以更快的速度回到基线。

拉森（Larsen）和普里兹米奇（Prizmic 2008）提出几种可能策略来调节（或者最好是突破）这种自我延续的循环。我们认为，本章概述的"边缘休闲"（edgy leisure）在他提到的策略的几个关键方面，提供了一些有用的想法。回想一下，在本章早些时候，我们提到幸福通常基于对生活满意度的认知判断和两个基于情感的评价——高积极情绪影响和低消极情绪影响（Larsen and Prizmic 2008）。

拉森和普里兹米奇提出了几种有助于克服消极情绪的策略，其中一些策略可以激发健康的积极情感享受。如果我们能在这两个过程之间保持恰当的平衡，那么快乐水车效应所带来的不满足感和衰退情况就不会发生。拉森和普里兹米奇（2008）提到的能有效克服消极情绪的策略包括：① 寻找意义；② 寻找向下的社会比较；③ 寻找自我奖励和愉快的活动；④ 社交；⑤ 宣泄；⑥ 寻找分散注意力的方法。

以下是休闲如何有助于实施这些策略的例子。

（1）迄今为止，本书中普遍存在的一个观点是休闲可以产生有意义体验。在本章的例子中，特别是沉浸在黑金属亚文化中的休闲实践表明，休闲体验可以帮助粉丝们理解自我，理解他们是谁，以及如何适应他们所在的世界。正如我们所见，这是通过将愤怒转化为积极的、以行动为导向的能量来实现的。

---

① 布里克曼（Brickman）和坎贝尔（Campbell）在 1971 年提出了"快乐水车效应"，指出人们的幸福体验会随着他们成就、财富的增加而增加，并且人们很快就会适应这个新水平，但这个新水平不再给他们带来快乐。也就是说，在人们追求快乐和幸福的过程中，发现自己即使实现了某些目标或获得了某些东西，也会很快适应这种新的状态，并且需要更高的目标或更多的东西来维持他们的快乐和幸福感。幸福感快速回到最初状态，就像水车一样，总在原地踏步。这种现象是由于我们的期望和欲望的不断增长，以及适应性的心理机制，这使得我们对于已经拥有的东西越来越感到麻木，需要不断地追求新的刺激和快乐来满足我们的需求。

（2）向下的社会比较，比如，和那些比自己更不幸的人相比取得某种安慰。虽然这不是一个特别"友好"的举动，但它有时在减轻负面情绪方面非常有效。这种做法是竞技体育的激励因素之一，在比赛中赢得胜利意味着你会感觉自己比输的队伍优越。

（3）休闲是人们明确奖励自己的主要领域之一，在休闲中我们可以去做或者体验某些令人愉快的事情（如在公园里散步）、有趣的事情（如参观主题公园）、令人惊讶的事情（如听新的音乐）、刺激的事情（如使用毒品）、启发灵感的事情（如读一本精彩的书）和振奋人心的事情（如通过一个体育成就来克服自己的局限）等等。

（4）休闲活动通常包括社交活动，并且有可能扩展社交网络，有时甚至能与具有不同背景的人互动。我们在第六章中看到使用社交媒体作为休闲活动，这种活动具有促进社交和跨文化交流的潜力；在下一章中我们将了解休闲培养这种共创力量的方法。

（5）休闲活动，特别是我们在本章中讨论过的更极端的休闲活动，对于发泄情绪，释放负能量非常有用。参加体育运动在这方面显然很有效，但是我们也看到了，黑金属音乐可以帮助实现这一点：经历痛苦可以让痛苦消失；表达攻击性的能量有助于将这种攻击性转化为更有建设性的东西。

（6）休闲活动提供了许多有助于转移负面情绪的机会，或者专注完全不同的事情（比如激烈的体育比赛），或者暂时逃离到幻想的世界（比如参加艺术表演）。

除了利用休闲处理消极情绪的策略外，休闲还提供了产生*积极*情绪的资源。在拉森和普里兹米奇（2008）看来，一些特定的态度可以帮助实现更健康地享受某些活动提供的积极情感。这些态度通常是成熟的、情绪平衡的个体特征。例如，*感恩*和*帮助他人*等社会美德尤为重要；作为一种旨在实现心盛幸福（*eudaimonia*）的活动（如第五章所述），作为生活艺术的休闲应当与这些策略相符。另一个重要的态度是*幽默*；正如我们已经看到的，这里的休闲是轻松、好玩、乐观、创造力、幻想和庆典的重要领域，我们也将在下一章中着重讨论这一点。

因此，这个观点是，通过减少大量的消极情绪，增强对积极情绪的适应能力，可以促进在认知评估的生活满意度量表上取得更高的分数。正如本章所述，对于许多黑金属音乐迷、极限运动员以及普通的休闲爱好者来说，休闲活动似乎有助于实现这些积极成果。

结论

在本章,我们讨论了在后现代(或流动的现代)社会中休闲对个体的自我建构可能起到的有益作用。显然,我们的探讨不过是浅尝辄止,因为还有很多其他问题需要探寻和回答。

当然,一个重要的*实证的*[①],而非哲学性的问题是:哪些基于休闲的活动真正具有所渴望的提升幸福感的效果呢? 我们已经提到了一些数据,并试图深入挖掘潜在的概念主题,但是"哪些休闲活动对谁在哪种情况下起作用"这个复杂问题包含了许多变量,需要进行大量重要的实证研究。在这种实证调查中,我们预计会出现对积极和消极情绪进行主观评价的问题,这对定义主观幸福感非常重要。虽然根据情感判断的具身基础的事实(伴随着人类物种共同进化的历史),应该可以确定适用于世界上绝大多数人的规律性,但也可能存在许多与个体特异性、地理和/或文化有关的不同解释。

我们还注意到,按照目前所采取的方法,在"好玩"的休闲和选择作为需要担当责任的休闲之间可能存在一种紧张关系。如果我们把休闲理解为生活艺术的一部分,将休闲作为获得快乐或成为一个好人的手段,这是否会使休闲过于"严肃"、太过理性并充满责任感? 本章的部分重点内容显示,即使是看似受到注重瞬时满足的直觉和享乐主义启发的"低水平"的休闲活动,其中仍然可能产生相当显著的幸福感。我们如何公正地对待这样一个事实:"好"的休闲并不总是"严肃"休闲? 有时候,最好的休闲可能是特异的、自私的、享乐主义的、纯粹的、简单有趣的。

最后,本章主要关注的是个人层面的、自我建构的休闲效用。人类本质上是社会性动物,那么休闲在社交、社群、共创方面的作用又如何呢? 我们将在下一章讨论这一问题。

---

① "Empirical"可以翻译为"经验性的"或者"实证的"。在研究中,经验研究一般是在现有文献的基础上,依赖二手数据对某个问题进行深入研究,有时甚至只是对问题进行简单的特征描述,所得知识具有一定的局限性。实证研究则需要通过观察经验形成问题,建立系列因果推断(理论假设)、变量关系推断,并通过实验等方法获取数据,通过统计分析等方法再对现象、问题进行分析和解释,最终形成一种带有普遍性的理论解释。在本章以及第九章中,作者强调各种变量对观察到的问题的影响,而这不能仅仅依靠经验研究,需要作出实证研究才能对现象、问题作出较好的解释。因而,在本章与第九章中将"empirical"译成"实证的"。

参考文献

Arendt, H. (1994) *Eichmann in Jerusalem: A Report on the Banality of Evil*. New York: Penguin Books.

Berger, H. M. (1999) *Metal, Rock and Jazz—Perception and the phenomenology of musical experience*. Hanover/London: Wesleyan University Press.

Berntzen, H. (producer). (2003) *Lydverket: Norwegian Black Metal* (documentary), Norway: NRK.

Blackshaw, T. (2010) *Leisure*. London/New York: Routledge.

Boomkens, R. (1994) *Kritische Massa—Over massa, moderne ervaring en popcultuur*. Amsterdam: Van Gennep.

Boomkens, R. (1996) *De Angstmachine—over Geweld in films, literatuur en popmuziek*. Amsterdam: Uitgeverij De Balie.

Brymer, E. and Gray, T. (2009) 'Dancing with nature: rhythm and harmony in extreme sport participation'. *Journal of Adventure Education & Outdoor Learning*, 9(2): 135 – 149.

Cokal, S. (2010) 'Hot with Rapture and Cold with Fear. Grotesque, Sublime and Postmodern Transformations in Patrick Süskind's Perfume' in Fahy, T. (ed.) *The Philosophy of Horror*. Lexington, KY: University Press of Kentucky.

Friedman, M. (2014, 1 April) 'The Evolving Role of LGBT Musicians in Heavy Metal Music: how LGBT musicians have changed the stereotypes of the metal world' (blog post) www. psychologytoday. com/blog/brick-brick/201404/the-evolving-role-lgbt-musicians-in-heavy-metal-music (retrieved on 6 January 2015).

Gable, S. L. and Haidt, J. (2005) 'What (and Why) Is Positive Psychology?'. *Review of General Psychology*, 9(2): 103 – 110.

Gardner, S. (1996) 'Aesthetics' in Bunnin, N. and Tsui-James, E. P. (eds) *The Black-well companion to philosophy*. London/Cambridge, MA: Blackwell Publishers.

King, L. A. (2008) 'Interventions for enhancing subjective wellbeing—Can we make people happier, and should we?' in Eid, M. and Larsen R.J. (eds) *The Science of Subjective Well-Being*. New York/London: The Guilford Press.

Kleiber, D. A., Walker, G. J. and Mannell, R.C. (2011) *A Social Psychology of Leisure Second Edition*. State College, PA: Venture Publishing.

Larsen, R.J. and Prizmic, Z. (2008) 'Regulation of Emotional Well-being—Overcoming the Hedonic Treadmill' in Eid, M. and Larsen R.J. (eds) *The Science of Subjective Well-Being*. New York/London: The Guilford Press.

Lyas, C. (1997) *Aesthetics*. London: UCL Press.

McGinn, C. (1997) *Ethics, Evil and Fiction*. Oxford: Clarendon Press.

Nichols, S. (2008) 'Sentimentalism naturalized' in Sinnott-Armstrong, W. (ed.) *Moral Psychology* (vol. 2)—*The cognitive science of morality: Intuition and diversity*. Cambridge, MA/London: The MIT Press.

Nietzsche, F. (1895) *The Antichrist*, trans. Mencken, H. L. Tucson, AZ: See Sharp Press.

Scruton, R. (2009) *Beauty: A very short introduction*. Oxford: Oxford University Press.

Shapiro, D. and Rubin, H. (directors). (2005) *Murderball* (documentary). United States: MTV Movies.

Sharman, L. and Dingle, G. A. (2015) 'Extreme metal music and anger processing'. *Frontiers in Human Neuroscience*, 9: 272.

Spracklen, K. and Spracklen, B. (2012) 'Pagans and Satan and Goths, oh my: dark leisure as communicative agency and communal identity on the fringes of the modern Goth scene'. *World Leisure Journal*, 54(4): 350 – 362.

Stebbins, R. A. (2007) *Serious leisure: A perspective for our time*. New Brunswick, NJ: Transaction.

Suh, E. M., Diener, E. and Updegraff, J. A. (2009) 'From culture to priming conditions: self-construal influences on life satisfaction judgments' in Diener, E. (ed.) *Culture and Well-Being—The Collected Works of Ed Diener*. Dordrecht/Heidelberg/London/New York: Springer.

Tollestrup, B. N. (2009) *Challenging Normalcy? Masculinity and Disability in Murderball*. MA Thesis, Queen's University, Kingston, Ontario, Canada.

Zimbardo, P. G. (2007) *The Lucifer Effect—How Good People turn Evil*. London: Rider Books.

第九章
动态世界的理想休闲

休闲理想和价值

在上一章,我们探讨了休闲用于和可用于存在性自我决定的方式,并明确将重点放在刀刃作业(edgework)上。本章将探讨休闲在共同创造、共同提升福祉效应过程中的力量,即休闲在系统层面、群体层面或社会层面的有效性。

我们确实意识到,这可能会被视为现代(而非后现代)的观点,甚至可能会被视作一种源于亚里士多德传统的观点。回顾第五章休闲与伦理讨论的心盛幸福(eudaimonia)的核心作用使得我们并不回避这一点。然而,我们在上一章和这一章中都秉持着这样的观点,后现代流动性与当今(西方)社会普遍存在的以身体和体验为中心的休闲实践相结合,为休闲的力量带来了新的理想主义机遇。

休闲的政策制定者、从业者和学者在休闲带来积极影响的潜力方面确实不乏理想主义。我们欣然为拥有休闲理想主义态度承担责任。再次回顾第五章关于休闲伦理的讨论,我们认为作为生活艺术的休闲意味着自我发展、责任、智慧和强大的道德中心,并以心盛幸福(eudaimonia)作为生活目标。

简而言之,生活艺术就是要活得好、行善事。从休闲的角度来看,"活得好"意味着拥有有意义体验,而"行善"意味着与他人一起为他人共同创造有意义体验。这使参与休闲活动成为一种审美理想主义,即一个人可以通过把生活变成艺术品来改善自己的生活,从而这种生活也可以为他人提供有意义体验的来源。

就其本质而言这是一种道德主张,至少体现在以下两个方面。首先,在这个意义上,存在元规范性,即根据生活艺术的态度,可以以这样一种方式设计自己的生活,使其变得"更好",而休闲可以成为非常强有力的灵感和活动的潜在源泉来践行这种态度。其次,在激发与生活艺术相关的有效性的一个重要方面是休闲(如体育参与)影响了特定道德信念的发展。这个理想最著名的倡导者之一是世界休闲组织的《休闲宪章》(世界休闲理事会,2000)。

《宪章》第四条明确制定了以理想主义和福祉为导向的议程:"个人可以利用休闲机会实现自我价值、发展人际关系、增进社会融合、加强社群和文化认同、促进国际理解与合作,并提高生活质量",该议程构成了世界休闲组织的政策基础。

休闲的积极影响和人们享有休闲权利的观念可以在《世界人权宣言》中找到。内容上,它受到"奥林匹克精神"的启发。奥林匹克精神的基本原则之一是,体育不仅可以促进身体健康,还可以促进精神和道德的健康。体育有助于促进世界的和平与和谐。"现代奥林匹克之父"皮埃尔·德·顾拜旦(Pierre de Coubertin)最先阐明奥林匹克精神,以回应 19 世纪晚期的法国教育体系,这种教育体系在很大程度上忽视了体育教育的益处。德·顾拜旦认为,身体应与道德发展密切相连,这与英国"强身派基督教"(muscular Christianity)的教义相一致:身体锻炼对身心有益,特别是对道德。我们仍然可以在更传统的体育道德形式中看到这些发展的回响,这基本上是一种美德伦理:一些特定的道德价值观被认为特别具有美德(例如勇气、乐于助人、诚实、公平),并且人们认为体育运动与获得这些价值观之间存在高度的相关性(Tamboer and Steenbergen 2004)。

然而,体育界比这幅天真画面所预设的要复杂得多。其中一个原因是,体育运动(或某一项特定运动)被解释的情境总是承载着价值观。例如,体育活动很少有自己的目标,而总是与其他目标相联系,例如健康效益、教育发展、树立道德榜样、公共关系(比如营销产品,或提升民族自豪感),或者仅仅是赚钱。这种深刻的情境性和组织的相互关联性增加了这些活动的伦理复杂性。

类似的道德和组织复杂性也可以在休闲整体中看到。参与休闲活动与实现所声称的积极目标的联系并不直接。正如我们早先在本书的历史探究中所看到的那样,20 世纪大部分时期里阐明和使用的经典休闲概念(广义概念),将休闲概括为相对自由选择的活动领域,并将其与作为经济活动的工作(生产财富和商品)进行对比。一些休闲学者主张在广义的休闲概念中应进行进一步的概念区分,将"自由时间"即娱乐领域,从实际的"休闲"(狭义概念)即严肃的、专注于自我发展的活动中分离出来。拉德梅克(2003:12)提到,包括德·格拉齐亚(De Grazia)、赫伊津哈(Huizinga)、皮珀(Pieper)和杜马兹迪埃(Dumazedier)等学者以各种方式支持这一观点。当然,"严肃休闲"已经成为休闲学者研究的一个特有范畴。正如我们在前面所提到的,例如罗伯特·斯特宾斯(Robert Stebbins

2007)为帮助我们更好地理解把时间精力专注地、严肃地投入到休闲实践（如爱好或运动）中的效果，已经做了很多工作。

　　然而，在自由时间和休闲之间进行概念区分，并将"休闲"定位于严肃一端的做法是一种*价值判断*，类似于高雅艺术（作为高级审美情感和艺术技巧的表达）和低俗艺术（作为大众化的，甚至是庸俗的、潜在的、侧重于消费娱乐产品的享乐主义实践）的区别。定义上说"适当"的休闲是严肃和建设性的，这表明了基于*教化（Bildung）*①理想主义对休闲实践的分类准则，即将休闲视为促进个体个人、智力和道德成熟的主动因素。在这种情况下，"最佳"的休闲活动是一种促进个人积极成长的活动。

　　当关注个人作为休闲消费者时，使用"教化"理想作为休闲实践的分类准则很可能会导致这样一个等级结构（严肃休闲处于"顶端"）。然而，我们想提出两点。首先，休闲实践通常在不同利益相关者之间，涉及不仅仅是休闲消费者，还包括休闲生产者，甚至广泛的休闲生产者网络。例如，商业休闲生产者可能会提出一种完全不同的等级制度，认同一种与源于教化理想主义截然不同的标准。例如，从商业角度来看，在休闲娱乐（在特定的组织/逻辑情境下呈现）中，"低层次"娱乐与经济更相关，娱乐成了活动组织者向消费者出售的商品，然而在娱乐表演的收入潜力与审美品质之间却不一定存在正相关关系。对于在这种活动中表演的艺术家来说，表演是一种可供出售的产品，也可能是一种有意义的创造性表达形式。在这里，我们可以看到成功标准，即所谓"更好"或"更有价值"的标准，可以因利益相关者或情况而异，并且每个利益相关者可能同时考虑多个标准。至少，这意味着基于教化理想主义价值的低俗娱乐与高雅休闲之间的一般性区分，并不能反映所有利益相关者对特定休闲活动可能的价值判断。

　　第二点关注不同利益相关者在创造休闲实践过程中的角色。简单的生产者—消费者二元论已不再适用于描述创造休闲实践中所涉及的互动的复杂性。由于休闲被视为表达和建构个人认同、实现福祉的重要媒介，因此把体验置于休闲概念形成过程的中心是站得住脚的，我们在本书中确实也一直在这样做。在许多休闲活动中，所创造的最重要的不是活动本身（作为一系列事件的集合），而

---

　　① 教化（Bildung）是"通过创造具有内在完善性和特质的理想典型来塑造人"，这就是说，那一代人在追求人应有的样子。在这个过程中，探索与教育不仅仅同步发生，更可以说是一体两面（引自姜昊骞，古希腊悲喜剧：在澎湃的情感中教化民众，http://www.eeo.com.cn/2023/0427/589397.shtml）。

是所有参与者互动中产生的共享体验：活动组织者提供的支持环境①，艺术家表演中提供的体验成分，以及与会者的欣赏和参与构成的活动气氛。

此外，后现代社会的动态性质和横向层次结构（如前几章所探讨），以及在任何时候任何地点联系不同人的技术可能性（参见第六章），意味着休闲活动不再频繁地出现在经典的"消费者与生产者"结构中，而是呈现为自组织和/或共创系统。如前所述，现代技术（例如社交网络）是休闲实践这种网络特征的强大催化剂。

这些因素促使理查兹（Richards 2010）重新定义了休闲情景中的个人：个人不是自主选择活动的主体，而是各种互动实践的交汇点。这些实践具有一个共享的中心——通常是人们非正式参与的一些好玩的或有创造性的活动。将这些互动实践看作休闲活动，有助于关注休闲活动的动态性质，而不是将个人或组织理解为静态实体：每个活动都是由不同的休闲网络创造的。一个人在一天内可以参与多个迥然不同的休闲网络：上班前去本地的健身机构健身，与同事即兴去午餐公园散步，通过在线社交网络促成的和朋友在城里的夜生活，以及在火车站参加一场即将在当地剧院上演的为新戏作宣传的快闪活动。

这些休闲实践和网络蕴含着实现理想主义目标的巨大潜力，但遗憾的是，要获得这种潜力成果并不是简单的两步过程，即（步骤1）应用休闲；（步骤2）得到结果！我们需要做更多工作来实现这一潜力。所以，在本章的余下部分，我们将提出一些关于我们*可以*了解和做些什么的建议。

健康与基于休闲的社会革新

特别是当我们认为休闲和生活艺术息息相关时，就可以说休闲包括我们自愿从事的各种活动，以使生活更美好、更有趣和/或更美丽。在某种意义上，休闲意味着通过活动、艺术、体育、志愿工作等实践来提升福祉。在鲍尔和范·莱文（2013）看来，我们已经把参与实践分离出来并将其视为休闲的核心部分：在社会背景中，我们能够（相对）自由地寻找鼓舞人心的想法和体验，拥有创造性或激发创造力，和/或寻求精神满足。休闲可以与寻找乐趣和探索自由有关，但也可

---

① 由活动组织者创造的"支持环境"（logistic context），指活动组织者为举办活动而提供的一切后勤和支持，比如场地安排、设备支援等。它为活动的举办创造必要的环境和条件，以确保休闲活动的顺利进行和参与者的舒适体验。

以与改善生活质量有关。重要的是，这意味着休闲往往具有提高个人和社群福祉的强烈驱动力。具体而言，当谈及可以*利用*休闲来激励产生福祉时，我们指出："休闲工具（即通过艺术、活动和其他具有创造性及趣味性的互动接触而产生的有意义体验）可以促进以意义为目标导向的协调过程，促进社会协作或互动网络中的责任共享和价值共创"（2013：594）。简言之，这就是我们将要在本章的余下部分探讨的互动机制。

在前一章中，我们发现休闲可以成为人们掌控福祉的领域。轮椅橄榄球的例子尤能说明人们如何探索活动，即他们不是从活动带来的限制（由于疾病或受伤）的角度，而是从他们在特定情境下剩余（或新的）可能性的角度来探索活动。现在我们将从前一章主要关注个人提升福祉的视角，更明确地将这种以休闲为中心的方法扩展到社会系统层面。

我们认为，与这一理念密切相关，而且极具挑战性，但也极其重要的一个情境是医疗保健领域，或者说是更广泛的健康和福祉概念。至少在某些发达的西方经济社会中，存在一些趋势使得通过休闲提升福祉这一方法既面临挑战性，又蕴含巨大潜力。范·莱文（2012）描绘了荷兰社会的一些状况。在该国，我们看到预期寿命的提高和诊断技术的改进使得人们对医疗保健的需求日益增长，同时由于预算减少，医院和护理机构的能力也正在下降。为了应对这个难题，政府的政策重点将预防的责任明确转移到个人（而不是机构或政府）层面（例如通过期望公民选择健康的生活方式）。如果确实需要医疗保健干预，也只能在当地组织小范围治疗。在许多没有医疗专业人员干预的情况下，老年患者、身体或精神障碍患者和慢性病患者等，都被指望自主解决问题，即主要通过从他们自己的社会支持网络（家庭、朋友、邻居等）中获得健康支持。

我们看到的是一个正在转型的系统。政府计划实现从一个旧的、可靠的福利国家向一个新的、自给自足的社会形式——"参与社会"的转变。在这个"参与社会"里，当出现问题时（如年迈的父母需要帮助处理日常事务），人们的第一反应不是求助于国家或机构（例如，把他们安置在有补贴的养老院），而是首先尝试自行解决问题（如子女、邻居和朋友们承担部分必要的照料工作，使老人能够留在自己家中）。这种转变是一个复杂过程，因为某些潜在的社会体系抵制这种强制改变；特别是当人们意识到这种转变是由于政府预算削减所导致时，他们不一定情愿承担因自主解决问题带来的额外责任。一个理性的、自上而下的方式，即政府向民众解释实施这项政策的原因，也未必能有效化解这种对改变的抵制。

扎波夫和马克斯敏(Zuboff and Maxmin 2004)指出,这种转变实际上契合当今人们的消费方式:他们不再像在营销活动中那样容易受到公开的自上而下的操纵,或者是被政府告知他们应该做什么或喜欢什么。相反,现在的消费者更加见多识广、谙于世故,(比如因为互联网的缘故)知道外部有什么可能性,并要求为其量身定做解决方案。我们可以将这一状况理解为体验经济的一种征兆:人们需要有内在动力去投入工作,并接受包括工作量增加和责任扩大的新情况。鉴于这一系列的发展和政策变化,我们要提出明确的革新理念并制定解决方案,以保障(如果有可能的话还有提高)与健康和福祉相关进程的质量,并提高执行(成本)效率。然而,在这里可能奏效的是一个自下而上的关于共同创造、解决问题、形成网络、乐观主义和热忱激情的激励——我们称之为"众包福祉"。

了解了与健康(照护)相关的过程是如此复杂多变、难以预测,且并不总是(纯粹)理性的,便可知这不是一项轻松的任务。普莱塞克和格林哈尔希(Plesk and Greenhalgh 2001)指出,一般全科医生的正常工作日可能包含的种种活动,是由不可预测性(例如,何时出现急诊)、不定的计划变动(例如,取消预约)、动态调整治疗方案的需要(例如,某老年病人需要的是有人倾听,而不是治疗,从而导致就诊时间过长甚至错过午餐),以及非理性但强烈有效的情感(例如,病人的恐慌,同事出于情感和习惯,拒绝医院的新安排)等支配的,而不是受理性、按部就班的过程控制。尽管事先制定了周密计划,但一天中还是会出现很多情况,当不同的利益相关者发生利益冲突时,事情会变得非常复杂而不可预知。由于这些利益有时依赖于感性或非理性因素,从而加剧了这种不可预测性;要想控制和/或计划这些因素是极困难的,甚至是不可能的。

在病人的生活中也可以看到类似的不可预测性,因为我们不仅要考虑病人,而且还要考虑她周围的支持网络(如前所述的自主政策要求我们做的那样)。我们要处理的是一个复杂的自适应系统。我们可以通过想象一个鱼群来理解这是如何运作的:鱼群之所以能保持其整体形状,并不是通过预先计划的、合理设计的和共享的策略,而是由于每条鱼都本能地专注于每时每刻相互靠近彼此,从而使整体形状得以保持。由此产生的系统在鱼的个体层面不断发生变化,但在鱼群层面保持基本不变,并且实现了一个更高的目标,即保证了(大多数)鱼的安全。如果某事物扰乱了系统的正常动态,比如出现一个捕食者游进鱼群,它可能会捕获并吃掉一条或多条鱼,但在捕食者离开后,鱼群将会重新组成最理想的球状来保证大部分鱼的安全。

如果我们把它比作一个家庭，动态和重组能力是其关键特征。家庭中的每个成员各自而又共同过着他们的日常生活。想象这个系统受到了突发事件的干扰：假设家里的母亲发生了车祸，随后只能被迫在轮椅上活动。尽管显而易见的是，这个系统仍是一个家庭，但出现了另一种情况：一个病人加上她的支持网络。这种系统，与那些根深蒂固的习惯和理想有时是一致的，有时也会发生冲突，如何在受干扰的情况下重新组织起来呢？这个家庭需要为病人自己以及她的支持网络（在更广泛的意义上还包括家族、朋友等）寻找新的行为和社会互动模式。许多在事故发生之前的做法都会发生改变，从母亲如何照顾孩子，到她的工作和休闲活动，再到也许需要做出一些实际改变使得她能够在家使用轮椅，以及她的孩子和伴侣需要适应这些变化了的环境等等。这个系统将有望以适应这些新情况的不同方式进行自我组织，但至少在一个重要方面将保持不变：家庭成员的个人行为和系统的集体动态将集中在保持安全和尽可能幸福。然而，实现这一目标的条件以及各种可能有效的策略，都与过去大不相同。

当然，这是一个非常严重、影响深远的有关生活转型的例子，希望生活中尽可能少的人需要处理类似事情，但还有其他更为常见的转变，有时是消极的，有时是积极的，无论其性质如何都预示着重大改变。这些可能包括：致残事故或疾病、退休、成为父母、失去工作或开始新工作、搬出父母的房子开始自己的生活等。在更高的综合层次上，我们可以想到一家公司正致力于改变其政策、理念和价值观，要求员工采用新的工作方式；不同文化背景的人涌入已建成的社区；或者像我们在开始谈到的例子一样，整个社会需要改变对健康和医疗保健系统的思考方式。

在医疗保健的例子中，我们已经说过，对于这样一个复杂的、环环相扣的过程、影响和动态结构来说，自上而下的干预往往不能有效地实现所需的持久变化。相反，我们需要内在地、根本地、自下而上地激励自我组织来解决现存问题。在上述例子中，我们谈到对系统（比如一个家庭）具有负面影响的干扰：一场事故和医疗后果，这种干扰极具破坏性。然而，也有可能发生对这种系统具有积极有益影响的干扰。我们认为，这*根植于休闲的理想主义*的深刻信念。体育可以提高福祉，这是我们在本章开头所讨论的奥林匹克精神。考虑到我们对复杂的社会系统的理解，在这样的系统情境中，体育运动或者更普遍的休闲活动要如何才能真正实现幸福呢？

从休闲政策的角度来看,休闲意味着艺术化的生活和增进幸福和福祉的理想。我们将要讨论的一个重要问题是:"*如何协调基于休闲的'干扰'(以活动、事件等形式的干预),迫使系统以更有效、更有益(更有效地调整/适应)的形式进行自我重组?*"或者更言简意赅一些,休闲如何才能提高福祉?

在创新研究中,有业务转型方案试图以特定方式改善流程。下述方法受到了作为业务转型工具的*形象管理工程*的启发(参见 Nijs and Peters 2002;Nijs 2014;Nijs and Van Engelen 2014)。在下文中我们将更多地从哲学和概念的角度分析休闲改造社会系统的力量。

在这里,我们(并非偶然)发现了一种实际上是*社会革新*的形式。社会革新是一个包罗万象的术语,指的是试图寻求新的概念和策略,通过运用社会系统的创造/创新能力来解决社会问题。这是通过动员利益相关者(需要改变的系统成员),并鼓励他们自下而上地找到发自内心支持的解决方案,而不是设计一个合理的解决方案并将这一方案自上而下地强加给利益相关者(如公司员工)。这可以称为众包解决方案(回想我们在医疗保健的例子中使用的术语"众包福祉")。这种方法的潜在用途在于集体解决问题,即共同创造与社会经济问题有关的最终理想状态(如前文所述),但也可以在商业情境中推动革新,寻找新的想法。

因此,总的来说,社会革新是一个发掘集体创造力的过程,是自下而上地解决内在问题的方案,而不是自上而下地强制执行政策。这种方法的潜在好处在于,利益相关者因为共同面临问题而体验到个体和集体赋权,并且可以在整个系统中分配到任务(因为所有的利益相关者都被动员起来了),他们可能会因此找到创造性/创新性的解决方案。然而,这个过程的潜在风险包括社会影响的放大,也就是说,因为所有利益相关者都有贡献,那么可能会出现观念分歧、愿景迥异、细枝末节的争吵以及道德冲突等状况。

在下面的章节中,我们将重点关注基于休闲的社会革新。具体而言,我们将重点讨论如何通过使用在休闲中常见的元素或工具(比如有意义体验、故事、创造性的表达),或将休闲事件和活动作为社会系统的直接干预,来影响(群体)人们行为的概念基础。正如鲍尔和范·莱文(2013)所说,在面对复杂的社会问题时,可以将休闲作为一种最佳实践的集合,自下而上地激励共同创造、解决问题、形成网络、乐观主义和热忱激情,设计相应的问题解决方案。

休闲动力的基础：叙事性和隐喻

在本书中，我们一直认为休闲和叙事性息息相关。一个显而易见的原因是，在一些休闲实践中，人们会明确借用书籍、电视节目和电影等来讲述故事。活动也可以用隐喻的方式来讲故事，通过让参与者在活动过程中循环体验一系列事物，向他们传达特定的信息、价值观或理想。在音乐会中也可以看到类似场景，音乐会的节目单通常也是为唤起听众情感而精心设计的，在恰当的时候激发高昂与舒缓的情绪。

休闲和叙事性之所以紧密相连还有一个更深层的原因，这与我们之前提到过的一个概念有关（如第四章所述）：休闲可以刺激或激励人们改变他们的生活叙事。这是如何实现的？为什么要这样做？讲述故事或者使用叙事元素的休闲活动，是如何改变人们的思维和行为方式的？在本节中，我们将探讨叙事性的重要性，以及隐喻作为心理/行为转变核心过程的变革力量；在下一节中，我们将把重点扩展到休闲活动和事件中去。

当然，故事在整个人类历史中都非常重要，而且对文化发展和儿童发展也不可或缺。最古老的世界观，即最早的整体宇宙观，从某种意义上说是神话世界观，是现实事件和主观解释的混合，以叙事形式在群体中口耳相传。讲述神话的目的在于解释日常现象、既定的社会秩序和/或人类在自然界中的位置，或者为听众提供生活建议。在这些神话中，隐喻和象征、叙事（相对于事实的、客观的）形式，以及涉及泛灵论和拟人化的超自然事件都很常见。前苏格拉底哲学家，如泰勒斯、阿那克西曼德（Anaximander）、阿那克西米尼（Anaximenes）、巴门尼德（Parmenides）、赫拉克利特（Heraclitus）以及毕达哥拉斯等（其中第一位在公元前七世纪就开始活跃），用更有系统的、结构化的、原始科学的宇宙观取代了这种通过神话和故事解释宇宙的方式。他们开始运用理性，发展了原始科学的宇宙论（通常涉及第一本原或本质），并发明了数学和原子论。这些奠定了我们今天所知的科学的基础，包括物理因果关系，有序和可理解的宇宙概念，以及数学化和几何化的对象和过程。

尽管如此，故事仍然并将持续保持其重要性。当然，在后现代的西方文化中，我们面对大量的叙事，并且这些叙事有助于塑造我们的道德和审美情感（正如我们在间章二中论证的那样）。其中许多叙事都是我们在休闲活动中遭遇的，比如观看电视节目或电影、阅读书籍、参加各种节日和活动,这些活动唤起各种具有文化和历史意义的重大叙事(宗教节日、独立日、文艺复兴集会等等),但也有如新闻节目、杂志和报纸等实体媒体,有时以一种戏谑的方式,致力于共同创造、分享和传播某种叙事,有时还夸张渲染某些细节(比如西北欧洲的自由主义价值观,美国中西部的小镇保守的基督教价值观)。

然而,故事不具中立性。就像技术人造物(见第六章)会对用户产生影响,故事也会对听众产生影响。范·德·赛德(Van der Sijde 1998)指出,文学作为传统叙事的主要载体之一,尤其可以帮助读者以审慎的开放态度面对难以言说之事。在雅克·德里达(Jacques Derrida)之后,范·德·赛德认为,文学的任务是利用虚构性去创造、体现,或暗示"他者"。在这个意义上,文学作品如同思想实验,可以帮助人们发现或获得前所未有的洞见。正如科学思想实验可以超越经验数据进行推理、预测未来可能的观测结果,并测试概念在总体情况下的一致性,文学同样可以解放思维和开拓思想。

我们在第四章讨论了哈托(Hutto 2009)及其叙事性实践假说,看到了故事对儿童发展的重要性。他的假说认为故事对发展心智理论能力(即理解他人具有心理状态的能力)非常重要。科恩(Cohen 1998)提出了类似观点,认为人类是通过文化环境中丰富的叙事辅助才获得知识发展的。他将文化中的叙事喻为造人工具,正如少量 DNA 在母亲的子宫中发育为功能完整的个体,其重要性不言而喻。

我们可以在任何地方,甚至在我们意想不到的地方,比如在科学领域,发现这种"造人工具"式的叙事存在。例如,斯图尔特(Stewart)和科恩(1997)指出,学校传授的理论解释及描述观测结果的一般说法,从严格意义上讲都不具有确定的"正确性"。例如,小学期间,我们用太阳光的折射来解释彩虹的颜色。随着孩子年龄的增长,他们可能会逐渐接受一个类似雨滴就像小棱镜这样的复杂解释。当我们解释光不是由射线而是不同波长的电磁辐射构成的时候,就进入了科学复杂性的下一个阶段。然后我们认为,这种辐射实际上应被理解为量子波束,并将之称为光子。然后我们解释,在不同情境中,光的运动可以表现为"波状"或"粒子状"……以此类推。这一系列愈加复杂和精细的解释并没有触及无可争辩的、最终的、永恒的真理。

这未必是件坏事。斯图尔特和科恩认为,我们不需要将彼此分享的理论视作客观真理,而应该把科学理论理解为特定类型的故事,是打开听众或读者思维的故事，并因此有助于创造*相邻可能性*的共享空间。这与俄罗斯教育学科学家维果斯基（Vygotsky 1978）的"最近发展区"①类似：通过模仿拥有其他技能或更娴熟技能的人，比如模仿年长的兄弟姐妹或与父母玩游戏的行为模式，能够为孩子下一个认知发展阶段即学习新技能或获得新见解奠定基础。

　　所以，普遍的观点是，科学包含大量特定类型的叙事。讲述这些故事有助于分享想法和概念，从而使我们能在实践中实现具体目标。这就是我们作为一个物种，同时作为科学家和专家的群体，能够合作发展出更多洞见，想出更好的办法来解决实际问题。

　　弗丽嘉（Frigg 2010）提供了一个补充案例来说明科学模型与小说具有共同特征。例如，模型包含诸多想象元素，它所代表的真实系统（例如，一个原子）与其表征［比如波尔-卢瑟福（Bohr-Rutherfold）的原子模型，看起来就像一个电子环绕原子核旋转的小太阳系］并不完全相同。这似乎否定了自然科学的客观性，但虚构的模型实际上具有语义生成功能：正是这些虚构内容帮助用户产生了新的知识和洞见。用户被"邀请"填补空白并进行推理，就像我们在故事中根据故事内部逻辑规则将原因、动机、价值观和思想归于虚构角色一样。此外，模型的虚构性让思想实验得以自由执行："如果我们改变 X 或做 Y，会发生什么？"

　　然而，尽管具有这些叙事要素，科学理论和模型与"特定的"故事确实存在区别。关键特征在于，故事能在特定的个人化意义语境下表达思想。不同时代的特定故事会因社会变迁和/或使用情境的改变而含义转变。例如，泽普斯（Zipes 1993）对童话故事《小红帽》的多个版本进行了有趣的分析，其中最古老的版本比我们今天大多数人熟知的版本要可怕得多，今天我们所知的版本经过了格林兄弟（Brothers Grimm）的彻底净化。在最初情境中（在中世纪，欧洲乡村的普通人互相讲述篝火或酒馆故事），最初的震撼元素（包括食人族，脱光衣服的未成年女孩，以及突发的却很快被遗忘的祖母谋杀案，从中流露出了歧视女性的态度）让故事讲述者和他的听众共同创造了故事的特殊意义，因为在这种背景下，它契合了当时人们的期待。

---

　　①　最近发展区（zone of proximal development），又称潜在发展区，这是由苏联发展心理学家维果斯基提出的概念。它指的是：在得益于成人指导或与更有能力的同伴合作的情况下，儿童能够解决的问题难度水平，与其独立解决问题的能力水平之间的差距。简而言之，是指儿童在他人帮助下能达到但独立无助下无法达到的发展潜能区。维果斯基认为，通过成人或能力更强同伴的协助，儿童可以在这个区促进认知发展，学习到独立解决问题的新技能。教育应该针对这一区设计，使孩子在他人帮助下不断前进，从而促进认知成长。

如果故事和听众之间产生了共鸣，这种情境化的共同创造意义就会发挥作用。正如富尔福德(Fulford 1999：6－7)所言：

> 我们会依个人原则来理解(故事中的事件)，因为我们不可避免地需要从伦理角度来理解故事。故事并非孤立存在。它总是充满意义，否则就不是一个故事，而只是一连串的事件……故事之所以能够存在，一部分原因是它们使我们想起已知的东西，另一部分原因是它们将我们带回到我们认为重要的事情上面。

也就是说，故事之所以"奏效"是因为它们将我们与我们认为重要的事物关联起来，从而产生了共鸣。麦克金(McGinn 1997)对此进行了补充，他区分了客观文本(如科研报告)和(主观)故事，前者可以提供清晰、可靠的信息，后者可以让读者/听众与主人公产生认同，并通过自己的方式解析那些行为和事件，从中获得体验。这种解释行为有助于听众从故事中吸取教诲，例如汲取一些道德忠告。

故事所具有的变革力量，在于它能吸引人们参与其中，并共同赋予意义。我们在第四章中探讨了个体认同的叙事特征：据说，德·格拉齐亚将自我创造或自我管理定义为自我叙事的自主书写(DeGrazia 2005)。这一点以及上文提到的观点，解释了为何讲故事对人来说是如此自然，为何如果一个人讲述一个好的、扣人心弦的故事，就更容易让人们对其所说的内容产生兴趣。这就是故事的引人入胜之处。

一旦引起了人们的注意，能够解释故事的变革力量的主要积极因素就是隐喻。隐喻是对某些对象、事件或事物状态使用非文字描述的语言学指称，涉及从一个语义类别到另一个语义类别的转换。这种转换创建了概念上的联系，可以突出初始对象、事件或事物状态的显著特征。例如，正如第四章所指出的，"堆积如山的文书工作"并不是真正的地质构造，但是使用这些词却能够表现出一名办公室职员正面临如山一样的艰巨任务。使用隐喻的主要目的，是在读者或听众心中实现变革，[如范·德·赛德(1998)描述的文学之力一样]，创造一种开放性，让读者或听众自己能够建立有效的解释联系。理解隐喻可以是一次意义非凡的体验，并能影响读者或听众的信念和后续行动。

施恩(Schon 1979)将生成性隐喻描述为重构读者诠释框架的工具。这种重构行为包含了从"是"(描述，当前状况)到"应该"(规范，应该变成什么状态)的转变。因此，生成性隐喻是一种产生新的、在特定情境下有效故事的方法，非常适用于后现代实践。

施恩的一个例子有助于阐明这一点。美国在 20 世纪 50 年代进行内城重建项目时，在政策文件中使用了"衰败与更新"这个隐喻。其含义是，需要重建的社区已经破败不堪、病入膏肓（"是"的状态），因而需要被治愈，不能仅用一种零碎的、只对症下药的方式，而需要从整体上更新、重新设计整个地区（"应该"的状态）的方式来实施重组工程。这是一种特别的描述，即使用这个隐喻，已经包含了一种解释方向：它迫使读者对其所描述的事物采取特定的看法，并暗示了行动路线。在这个案例中：衰败需要被清除；疾病需要被治愈，功能失调的社区需要被拆除和重建。这就是这个隐喻预期要实现的变革（意义、解释、态度和后续行为的变革）。

到了 20 世纪 60 年代，由于发现拆除和重建社区并不总能解决问题，人们于是改变了这项政策，取而代之的是，采用了"恢复自然社区"这个新的隐喻。其理念是，一些社区确实是无法拯救的，但其他一些低收入的社区，虽然在某种程度上处于失序和混乱状态（"是"的状态），但具有强大的社会网络，需要保留（"应该"的状态）。在这种情况下，这个隐喻预期产生的效果是，提出关节脱臼不应该截肢，而需要将其复位到自然状态的见解，因此需要发挥社会网络的力量来恢复社区（"应该"的状态）。

其中的启示是，隐喻可以用来限定受众体验，使某种转变或变革显得天经地义，而受众也会内在地感到需要遵循所建议的行动。类似的，在 911 袭击事件后，布什政府使用邪恶轴心来形容伊拉克、伊朗和朝鲜。"应该"的状态是邪恶需要被消灭，通过任何必要手段打击这些国家。

隐喻的效果取决于共同创造的行为：不仅需要作者/艺术家对决定因素进行调整，还需要观众的积极参与，允许预设想法和观点随着隐喻的转换而改变。皮特里和奥斯比（Petrie and Oshlag 1979）强调，所谓交互性隐喻的生成能力取决于所暗示意义的反常特征。在本章前面部分，我们将与健康相关的系统概念化为复杂的自适应系统。基于这个观点，我们可以认为隐喻的作用是通过呈现一个起初对读者或听众来说显得反常或不协调的隐喻，来对解释系统进行干扰或使之不稳定。这种干扰将迫使系统（读者或听众）找到恢复自身稳定的轨迹：鉴于这种干扰，个人（或群体）需要做出改变来找到解决方案，让一切重新变得有意义。

现在,我们希望表达的一个重要观点是,休闲(激动人心的活动、引人入胜的游戏、天马行空的幻想)可以产生类似隐喻的不稳定效应,并使用类似转换视角和解释策略。通过进入特定的休闲情境,人们可以感受到刺激,表现出对新体验、新观点和意见、新关系和新的问题解决策略的深刻开放性。如果理解正确,休闲可以促进有力的叙事重构过程。从这个意义上说,休闲可以是一种实用隐喻。我们在本书的前面部分已经勾勒了这一观点的轮廓——我们在第二章讨论的游戏,以及在第四章谈到的叙事性和基于叙事事件的变革力量。在后续部分中,我们将开始整合本书提到的元素:人们在有趣的休闲情境中获得的(具身)体验,其中各种各样的叙事被用来激励人们在态度和个人价值观层面进行隐喻式转变。

运用基于休闲的工具:体验和事件

正如我们迄今为止所看到的(例如第四章和前面部分),我们讲故事是为了理解自己和对方,特别用于理解行为的原因:这些故事帮助我们重构符合个人认同叙事的决策过程。我们还讲了某种特定故事——科学理论——以帮助自我和他人理解世界是如何运转的。我们理解世界、自我和他人的方式,影响着决策以及用来指导行为的价值观。有趣的见解,以及利用休闲时间来改变社会制度的做法将会产生这样的影响:若个人可以改变故事,也许就能够改变人们的行为。这就是我们在第四章中所描述的影响,当时我们提到了"布雷达红发日"(Breda Redhead Days):红头发的人有着许多相似体验(可以讲述许多个人的类似故事),例如社会排挤和偏见。红发日作为休闲活动,能够让这些人改变故事情节,因为这个节日利用休闲活动为参与者创造了(相对)自由和欢乐的节日背景,让参与者改变或重塑了个人价值观,并改变了他们的生活故事。

在第八章中,关于休闲影响的例子大多侧重于自我决策和自我建构,利用"边缘"休闲活动来帮助个人提升福祉、融入生活和改善自身状况。迄今为止在本章中,我们使用关注健康和福祉的例子,但更多是以社区、系统为重点。我们现在将回到这一主题,具体来说:即休闲和与休闲相关的干预措施是如何促进健康和提高福祉的。这将帮助我们将目前比较抽象的讨论转换为更易理解的解释。

早些时候,我们注意到普莱塞克和格林哈尔希(2001)把医疗情境中的问题定义为复杂系统中的问题。对于这类系统，如果利益相关者在参与解决方案的共同创造过程中缺乏内在动机，那么自上而下的理性说服对解决问题效果有限。可能的解决之道是通过与主要利益相关者（即病人）的共同创造来关注体验的质量。

贝特和罗伯特（Bate and Robert 2006）遵循这一理念，认为治疗病人应远不止于机械地治疗其疾病。相反，他们倡导基于体验的共同设计治疗过程的理念：

> 这不仅仅是以病人为中心或者鼓励病人更大程度地参与治疗过程。目标要远超出此，是要将病人和使用者的体验目标置于设计过程的核心，使其与过程和临床目标具有同等地位。
>
> （Bate and Robert 2006：308）

以及：

> 重点在于设计体验，而不是过程和系统，或仅仅是建成环境。相较传统流程图技术，这里强调的是主观路径（接触点），而不是客观路径，是内部环境而不是外部环境。
>
> （Bate and Robert 2006：309）

当然，医学专家的专业知识和技能在这一过程中依然不可或缺，但随着互联网的兴起，全科医生肯定会认识到患者的主动性转变。如今医生与患者的会诊和会面中的等级观念和互动方式都已发生了很大变化，因为现在的患者可以接触到大量医学信息、各种可靠性程度不同的自诊网站和应用程序。因此，医学专家运用专业知识和技能的整个过程，可以成为这种共同创造努力的一部分。而贝特和罗伯特提出的观点表明，患者和医护人员（医生、护士、支持非医学的医务人员）应投资于提升患者"顾客之旅"的体验质量。因此，关键问题变成了：不同的利益相关者，主要是患者，在经历治疗和康复过程中会有怎样的体验？以及他们该如何提升这些体验的质量以促进康复过程？因此重要的是要理解基于体验的过程并不是要取代医疗，而是要弥补医疗过程的不足。这表达的信念是："传统"的理性和等级论证固然不可或缺，但人们更多的是基于体验、情感互动和发现共享价值观等方面建立联系和协作，而不（仅仅）是基于可能在科学上（或医学上)正确或可证实的论点。

有趣的是,根据我们之前关于叙事性的讨论,贝特和罗伯特特别指出,"疾病在故事中展开"(2006:309)。他们的看法非常正确:正如前面例子所示,家庭需要适应母亲终将坐轮椅的新情况,伤病可能是个人生命历程和/或她的社交网络的决定性时刻。它们意义重大,往往是变革性的(例如因为它们是创伤性的,或者就像在家庭的例子一样需要进行实际调整)。同样,这些适应过程都被置于与过去和未来、记忆和期望,以及许多情感因素(恐惧、希望、感激、快乐、抑郁,等治疗康复可能出现的一切)相关的叙事结构中。改善可能引起最大压力的"情节元素"——医学治疗的情节质量,有助于增加积极影响,这也是福祉的决定因素之一(参见前一章)。

这些与健康相关过程的叙事特征让问题极为复杂,但也握有解决之道的线索。也就是说,在贝特和罗伯特以健康为中心的观点中,我们看到了一些有用的以休闲为中心概念的相关性:通过转换个人置身特定系统的(部分)叙述来优化体验质量。毕竟,提高体验质量是活动组织者和其他休闲管理者特别关注和擅长的事情。

华纳等人(Warner et al. 2012)在另一个与福祉/健康相关的情境中,明确将休闲与福祉/健康联系起来,即分析何种策略能够使得老年人出院返家后成功适应衰老(即我们之前所见的正常生活被干扰的情况)。他们的研究对象在对未来的乐观计划中,特别提到自己正在寻找有意义的事情做,并希望与他人建立联系。为了实现这些目标,他们可以参加的活动通常是休闲活动。因此,如果我们问如何设计旨在增进健康和福祉的干预措施,答案应当是构建提升体验质量的有力情境,即休闲场景,这将有助于社交互动和共同创造意义。

菲茨杰拉德和柯克(Fitzgerald and Kirk 2009)阐述了休闲之所以在共同创造意义方面有如此强大力量的部分原因。他们调查了在一个非残疾家庭中长大的年轻残疾人协商个人认同、共享价值观和社会交往习惯的方法。在某些情况下,这样家庭中的破坏性叙事是由于孩子残疾,(孩子和父母)错失了机会,未能实现梦想。他们的主要发现是,共享的休闲活动,特别是体育运动,在多个层面上(重新)为建立健康的家庭关系发挥了重要作用。具体而言,菲茨格尔德和柯克发现:

有证据表明,体育和其他活动在构建和形成合法且有价值的身体技能

方面有广泛用途。 在某些情况下，某些特定的体育活动是部分或全部家庭成员的共同兴趣所在，并为相关年轻人提供了构建深刻体验具身价值的资源。在此，我们发现体育技能和知识的多样性与非残疾身体规范具有同等地位，并有证据表明父母以逆向社会化的方式参与子女的残疾人体育。

（2009：483，重点部分是我们标记的）

这一发现与我们对前一章关于轮椅橄榄球的有效性分析高度一致，包括残疾人在自我解放中体现的具身和积极向上的方面。

　　查利普（Chalip 2006）在研究休闲特别是体育赛事的社会影响力时，发现了有助于解释休闲活动是如何支持个人和集体调整过程的重要因素。他的主要发现是，休闲的节日氛围（在他的研究案例中即体育赛事）会创造*阈限性*。阈限性是人类学的一个概念，指的是一种模糊状态，可能成为仪式的组成部分，在这种仪式要促进的转变过程中，参与者处于"中间"状态。使用我们在本书中的通俗语言，也许我们可以说，阈限状态是一种中断状态，例如，其或许是由于体验过或正在体验一件令人惊讶的、鼓舞人心的或其他异常，但具有创造性的事件。这种阈限状态通常发生在神圣仪式的情境中［在世俗的语境中，它被称为"阈限"（liminoid）］，我们可以称之为先验体验，如在第七章所探讨的，它是一种*精神体*验。在本章使用的概念框架中，我们可以说，中断通常会伴随着系统（个人、她所属的社会群体，或者是整个事件的全体观众）自身的重组，进而寻找对破坏性事件的有意义的新诠释，这种诠释在更广泛的生活叙事情境下显得连贯一致，因此与系统的认同相一致。

　　正如查利普（2006）所言，在阈限状态下，重组过程的重要结果之一是产生了社群感，人类学家称之为共同体（*communitas*）。由于事件的阈限属性（如庆祝、乐趣）为人们提供了一个情境，人们在其中可以对他们的认同和习惯性行为和反应进行实验，因而出现了共同体。这就是我们早些时候定义的游戏性，即休闲通过提供新的叙事和节日、创造性和鼓舞人心的体验，为不同、更有*流动性*的社会互动形式开辟了社会空间。换句话说：休闲是有趣的，当人们玩得开心的时候，他们更愿意接受新观点，如社会实验。

　　这种休闲促成的开放性至关重要。关于这点，科尔特（2010）强调休闲事件的基础作用，在这些事件中休闲几乎是实现辅助目标的"借口"。在他的分析中，体育竞赛是一个由结构、事件和会议的利益相关者组成的更广泛系统的焦点，而

这才是真正需要做出实际工作的地方。核心的休闲活动搭建起舞台,营造了开放气氛,调动起人们寻找共同点的乐观情绪:

> 希望能实现最理想结果的不是简单的体育参与,而是额外的体育资源;实现这些结果的不是"体育",而是体育组织;产生和维持社会资本、建立伙伴关系、调动体育和非体育资源的不是体育,而是某些社会组织。
>
> (Coalter 2010:1386)

简而言之,这就是他关于体育对社会凝聚力和社会资本所具有的潜在贡献的观点:这样的休闲活动不一定是答案,但它可以成为动员社会网络解决问题的催化剂。或者,换言之,休闲为系统提供了良性干扰(通常,可以回顾第八章的冲击艺术和黑色金属的例子),对利益相关者来说,这种良性干扰能够帮助他们找到有意义的最佳重组状态以及符合他们期望的个人与集体叙事。

现在,我们从隐喻的角度来看待休闲,它便是一个实用隐喻:打破了人们根深蒂固的作息时间和生活习惯,让人们拥有新体验,并为新诠释指明方向——参与者被邀请去探访一个有趣的节日情境。在伦理/规范的意义上,休闲本身是不确定的空壳,但经过我们在第四章(作为认同基础的具身直觉)和第五章[休闲作为专注于心盛幸福(*eudaimonia*)的生活艺术]的探索之后,我们可以看到本章开始所论述的休闲政策制定者的理想主义,即休闲不仅有助于带来福祉,还有助于培养(心理和社交)健康的生活方式。在休闲中,个人可以成为自己福祉的管理者。

在结束这部分之前,我们再举两个例子,其中休闲元素被用来提升体验质量,从而以有价值的方式提高了福祉。第一个例子是查利普(2006)讲述了一个由维诺夫妇(Veno and Veno)(1992)提供的有趣故事。据他们所述,每年一度的"澳大利亚摩托车大奖赛"已经连续几年出现了人群控制、打架斗殴和其他骚扰等问题,而增加安保措施只能加剧问题。出于该原因,组织者提出了一种替代方法:即他们没有压制活动的负面因素,而是放弃了部分掌控,邀请参与者共同组织分支活动,包括游行、集会和展览。如此,通过明确动员社区为比赛做出贡献,来激发活动中积极的和欢乐有趣的节日氛围,增强社群意识。利用这种方法,组织者将这个明显缺乏自上而下控制的安全问题重新构建为参与者共同创造并共同承办成功安全活动的机会。邀请那些骑行者参与庆祝,重新评估他们作为摩托车爱好者的认同，激励他们进行内在道德结构的自我组织，促使参加团队能够进行自我"监督"，并在早期阶段就缓解了潜在的问题。这种自发的洞察力随后成为解决实际问题（即安全）的来源。

第二个例子则完全不同。菲奥（Feio）（2014）调查了葬礼仪式在人们接受死亡和临终过程中的作用。研究背景是葡萄牙的一个殡仪馆，该殡仪馆采用严格的（基于宗教和文化习俗的）程序来组织葬礼仪式。在这种仪式中，哀悼者几乎没有空间来完成满足主观宣泄需求的哀悼过程。通过收集悼念者的故事，了解世界各地不同类型的丧葬习俗，以及为人们设计一个共同创造的过程，让人们思考自己的死亡[与贝特和罗伯特（2006）的共同创造体验设计理念一致]，她成功开启了哀悼过程，让人能够共同创造自己关于死亡的新观念，这契合了他们的（道德）价值观和主观宣泄的需求。在这个并不一定会受到个体意志影响的文化和宗教情境中，菲奥将葬礼和葬礼策划过程（从这个人还活着的时候开始）重新规划为充满有意义体验的庆祝活动，该活动能在处理个人伤痛的情感过程中发挥作用，并转变了人们对死亡和临终的态度。因此，由于受到节日休闲活动的乐观变革力量的鼓舞，这又重新激活了仪式背后的精神目标，但在原来情境下，仪式变得过于僵化，难以发挥特别作用。

基于休闲理想主义的认识论和形而上学

利用休闲活动、事件和计划营造不同情境，无论是自我导向的行为，还是社区导向的旨在提升提高福祉的政策，都是一种创造行为。一些以前不存在的新事物被创造出来：休闲的理想化使用包括通过创造有意义和/或变革性（休闲）体验来（共同）创造*期望的*结果。现在，我们将通过概述构成实践基础的认识论和形而上学结构，简要地做一些哲学梳理。

这样做的原因是，政策制定者、休闲管理者或事件组织者在设计基于休闲的干预措施以实现理想未来时，这种设计在认识论层面极为复杂。基于对参与者过去和当前情况的有限理解和控制，以及大部分意识形态层面对干预结果的期待（如事件），预期会出现新事物。当然，组织者可以根据以往体验得出知识，对事件将如何上演做出预期，但如果休闲活动的重点是给系统增加游戏性和有趣的不稳定性，这也意味着在事件中引入了某种程度的不可预测性。

贝沃罗（Bevolo）（2016）考虑到未来*设计*的认识论特征时，提出了类似问题。

这种设计包括：设计过程（如利益相关者的网络合作计划）、物品或工艺品（可用的物品，如家庭设备或汽车），以及空间和场所（如购物区或社区），旨在构建用户未来行为的结构。在未来研究中，所生成的预见（即对未来的理解）既不是演绎的也不是归纳的，而是*可溯因的*。

有效的演绎是从法则或一般规则推导出一个特定案例的命题的分析过程：因果关系已经包含在前提中，因此不会产生新的知识。*归纳法*是相反的过程，根据有限观察得出普遍论断或法则。然而，查尔斯·桑德斯·皮尔斯（Charles Sanders Peirce）（参见 Fischer 2001）认为，有效的归纳法已经预先假定了它本应产生的规律。这种说法并不是说归纳法不能产生规律，而是说它并不会增加新信息。

这意味着我们需要一个根本的推理理论，这个理论包括在不稳定的基础上产生和增加知识的可能性。*溯因推理*是皮尔斯（Peirce）通过详尽分析得出的推理方法，它恰好可以发挥这种作用。据称，溯因推理是唯一能够产生新知识的推理结构，虽然严格说来，这是一种在逻辑上无效的推理形式，但它能提供最佳解释。这个推理过程从观察出发，包括提出假设规律，如果假设成立，就可以为观察到的现象提供最佳解释。在这种认识论实践中，溯因推理以假设的形式产生新知识，这些推断受到世界属性的制约，因为世界是我们与之存在（具身）关系①的世界：决定是否接受这些假设的标准是实用的，即它们是否提供了所需的解释或预测，也就是它们是否起作用。

溯因推理是用于建构新知识的*生成式*推论。但它涉及假设的、临时的知识。这意味着在日常推理层面，以及在其最明确的形式中，这个过程可以如下所示：从有限的观察现象中获得的有限知识开始，通过貌似连贯但可能未得到充分验证的假说（因为它们是基于以前的溯因推理），我们得出一个临时的解释/预测，这个解释/预测应该始终保持开放，以便修订。

这正是休闲规划所需的开放性。休闲体验的核心是共创过程，这增加了不确定性，因为它是一个旨在产生积极体验的不断循环往复的交流过程。基于休闲的共创过程所产生的结果，例如在一个"问题"社区，通过举办节日活动，让新老居民相互认识并庆祝自己的社区，从而使得气氛和社会控制得到了改善，这是

① "具身关系"意味着我们的身体与世界相互作用，我们的感官和经验也受到身体的限制和影响。因此，我们所产生的假设和推断受到我们与世界互动和经验的限制和影响，不能超越我们身体和经验的范围。

从不确定的开始中产生的新事物，其结果也将保持开放性并不断修订：这个社区的"故事情节"是开放的。*因此，休闲政策制定者或活动组织者的预测和设计过程的逻辑形式是溯因推理。*

由此形成的认识论结构就是*社会建构主义*，它质疑公认的（实证主义的）科学观（基于自然科学理想化形式）中固有的客观性。其所理想的运作机制是，科学家应该作为超然的观察者，记录并分析对象和过程，以得出关于世界事实的论断。对于像物理这样的精确科学而言，这在一定程度上是站得住脚的。然而，社会建构主义者认为，与人打交道，包括他们的情感互动和选择，通常是一种主观性和主体间性的实践。在大多数正常的社交场合，人们在互动、讨论和协商中共同创造思想和决策，以便能在面对实际问题时找到折衷方案。回顾我们在间章二中讨论欧陆哲学的一般特征时，也曾遇到对客观主义科学的类似批评。

希拉·麦克纳米（Sheila McNamee 2010）认为，人们在社会环境中的共创能力也适用于科学研究。她倡导一种涉及共同创造的变革过程的研究方法，其中不同社会文化背景和行为语境的研究者和受访者生活在一起，共同回答某一问题。

同样，我们想说的是，任何从休闲事件中产生的新状态（例如，提升福祉）、新情况（如新的友谊和合作形式）或新洞见（如关于自己的认同、偏好和愿望）都是社会建构的结果。当然，正如我们在本书中多次表达的，休闲往往是一个社会性的、基本的、共同创造的过程。然而，这并不意味着一切都是主观的，没有什么是真实的或确定的，一切都有待协商（这将是后现代相对主义的一种极端形式）。极端的社会建构主义声称，没有任何解释、判断或理论是一成不变的，一切都易受人为因素的影响。这种观点是不正确的。事实上，社会建构现实的重要方面可能在本体论上是主观的，但在认识论上却是客观的。

约翰·西尔（John Searle）（1995）提供了一个例证——*货币*。钱在本体论上是主观的（"我们"赋予这些金属和纸张某些属性和相关规则），但在认识论上是客观的（一旦它出现了，我们希望使用它，我们不自觉地决定这么做，这是一种非任何个人制定的社会契约，在此事上，我们的选择余地不大，必须遵守规则）。社会和世界其他地方的许多特征亦是如此：当然，"我们"作为一个物种或文化/语言群体共同创造了特定范畴、概念和实践，在这个意义上，这些范畴、概念和过程并非确定不变的真理。然而，这些共同创造过程往往在个人层面上难以重新协商。这意味着社会建构的"现实"回旋余地是有限的。这有助于我们的分析，因为这为主观或准客观伦理规范在休闲情境中的应用创造了形而上学的空间；回想第五章，我们主张休闲具有特殊的［即基于心盛幸福（*eudaimonia*）和生活艺术的］道德特性。我们希望给出的建议比纯主观和仅局部适用的观点更有说服力。"因此，休闲政策制定者或活动组织者的预测和设计过程的认识论特征是一种温和的社会建构主义"。

在我们可以建立这个过程的（粗略的）模型之前，必须对应用于休闲的理想主义的社会建构主义特征做一些补充说明。一个重要方面是，到目前为止我们所讨论的休闲参与是一个群体动态的过程：共同创造意义的社会建构主义过程会涉及许多道德观协商统一的实例。这也意味着，在由一个共同创造（考虑到休闲情境下的团队协作）的价值体系指导下实现预期结果的溯因过程中，某种程度的道德相对主义会制约社会体系的发展。这就产生了一种道义逻辑（它必须如此，因为这符合我们最深层的价值观，或因为它最有趣，或提供了最有意义的体验），但这一动态依赖于情境、群体构成，以及休闲活动提供的体验和叙事建构的组织方式。

此外，利用休闲尝试和解决实际的社会问题，相当于向实际系统中引入软性决定因素，如对游戏性、意义、快乐体验，社交互动等的关注。社会的、共同创造的维度尤其意味着利用休闲时，实际问题部分地被重塑为道德问题，因为共同创造是一个价值驱动的协商过程。在这个例子中，正如贝特和罗伯特（2006）在为健康情境设计共同创造体验时提出，理性与（具身的）道德直觉是相辅相成的。也就是说，这是共同创造过程的结果，是一种在休闲实践中相互参与的特殊方式，之所以选择它是因为"它感觉很好"，因为它能带来快乐的团体气氛或社会回报。对大多数参与者来说，参与休闲活动的主要目的在于获得积极感受以及相关有意义体验的可能性。

共同创造是一个实践过程，在这种情况下，发现社会问题并设计基于休闲的干预措施（如一个事件），目的是达到解决（部分）问题的未来状态，可以根据实践过程的自身优点进行分析：在这种情况下，它是一个合理的、可进行客观分析的因果链。然而，与休闲有关的是，通过添加体验和叙事来重新塑造这个实际问题，注入主观意义和共同创造的意义，为解决实际问题添加社会调适过程。休闲事件具有庆典、节日体验、叙事和其他激动人心/颠覆性事件所具有的变革力量，使得参与者的个人和/或集体叙述发生变化，从而改变系统的行为方式，并且/或激励系统的利益相关者准备执行解决问题所需的实际任务。

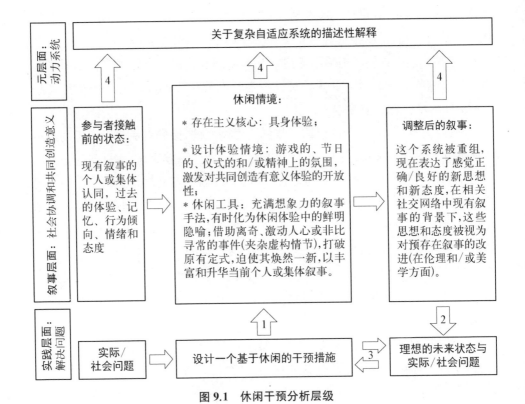

图 9.1 休闲干预分析层级

图 9.1 显示了休闲干预的分析层级。沿着箭头穿过不同方框,就会体验特定的解释阶段,例如可以按照实际因果链进行清晰、事实性的解释,或者如果人们希望关注参与者的体验动态,也可以按照叙述过程,或者根据这两个层次上的所有方框,来解释实际层面和叙事层面的相互作用和互补。这样的解释可以涵盖我们在这本书中提出的所有概念和观点。

一些箭头标有数字,因为它们表达了重要的附加信息。标有"1"的箭头描述了从实践层面到叙事层面的过渡,这需要将硬性(实践的、理性的)决定因素重新规划为(部分)软性(社会、关注体验的)决定因素,即不(只)是"它要花多少钱?"而(且)是"如果我们这样处理问题,会对我有什么影响?";不(只)是"什么是最有效?"而(且)是"在这种情况下,什么是(道德上)好的或正确的事?";不再(只)是"节日期间的活动日程和路线是什么?",而(且)是"这些体验如何才能与自己的期望和愿望契合?"

标有"2"的箭头描述了从叙事层面到实践分析层面的反向转换。我们在这里可以看到参与者个人价值观和她在休闲活动中所表达或体验的故事情节,这些限制了实践过程向道义的动态演变。道义伦理学关注应该去做什么;道义逻辑学则研究责任推理的逻辑结构和规则。如前所述,游戏中的道义逻辑映射了从"是"到"应该"的隐喻,因此,考虑到参与者的想法和态度(及其蕴含的个人或集体叙事)会因休闲活动而改变,现在,有些事情应与游戏中的实际问题相关。参与者已经在过程和结果中获益,并开始采取行动捍卫利益:"这个过程和/或它的结果是否与我的个人价值观一致?"

标有"3"的箭头描绘了休闲组织者预测策略的归纳结构,即有些事情应该发生,因此休闲干预的设计应该确保最有可能实现该目标。前进的箭头具有因果特征,也有一个反馈回路,这个箭头描述了对休闲干预设计过程的限制性影响,即对过程的预期和/或预期结果的溯因推理反过来又决定了应该设计何种休闲干预措施。

最后,标有"4"的箭头表示可以添加的描述性层次。本章中的一些例子与复杂的自适应系统相关;通过运用动力系统理论的概念,可以对复杂的实践—叙述—实践动态作出描述。动力系统理论关注从复杂过程中自组织生成的简单结构,起源于物理学,但也越来越多地被使用于心理学(参见 Van Leeuwen 2005)、经济和商业创新(参见 Nijs 2014)等学科。这种方法将有助于描述休闲活动中群体动态通过自我组织过程向集体期望结果转变的过程;共同价值观定义了动态系统状态空间中的引子,而休闲的组织者要做的就是设计干预措施(以体验、叙事元素、令人惊讶的转折等方式)来"播种"引子,这将促进所需价值的共同创造。这是一个非常艰巨和雄心勃勃的努力,将远远超出本书的研究范围,因此我们暂时搁置这个问题。但是,我们很高兴知道存在这样的选择,这也是我们提及它的原因。

我们意识到,即使参考全书讨论的诸多实例和概念,这仍是一个颇抽象的复杂自适应系统。下面这个例子可用来说明在休闲情境中实践和叙事元素是如何相互作用的。每年秋天举办的"荷兰逆风自行车锦标赛"(*Dutch Head Cycling Championship*)(NK Tegenwindfietsen 2016)是一项富有趣味性的赛事。比赛在荷兰"东斯凯尔特河防潮闸"(Oosterscheldekering)部分三角洲工程路段进行,市民可以骑普通的城市自行车参赛,而且组织者刻意选择恶劣天气举行赛事,即参赛者需要逆强风而行。活动通过脸书(网址见参考文献)和全国新闻报纸的整版广告进行宣传,广告中配有许多生动描绘骑手与狂风抗争的图片、参赛者的小故事、幽默叙事，以及对荷兰人与大海长期较量的描写（包括保护该国位于海平面以下的部分地方免受来自海水侵蚀的大型三角洲工程）。

我们可以利用休闲干预模型对此进行有趣的解读和分析。在*实践层面*，这项富有想象力、叙事性强、创新性强的活动是能源公司 Eneco 为推广其风能产品举办的营销活动，预期结果是吸引更多的客户。另一个实践方面是，这是一次关于可再生能源和本地能源（风能，而非从遥远的地方进口石油）的宣传活动。在这个意义上，预期结果是希望提升包括参与者和公众在内的荷兰社会各界的环保意识。

然而，这种做法之所以能够奏效，是因为它们在*叙事层面*进行了本土化改编，使该赛事及其周边宣传活动充满引人入胜的故事情节和体验。它捕捉了大多数荷兰人所共有的个人叙事：在阴郁多风的环境中骑行，带来负面肌体记忆和广泛的消极联想，这些记忆和联想被重塑为一个富有正能量的盛事，即一场有趣的、诙谐的竞赛，在这里战胜狂风成为一种力量的象征，也几乎是民族自豪感的象征。

在荷兰国家叙事层面上，通过专业拍摄的动感镜头和展现工程结构的建筑摄影，挖掘了荷兰人与水对抗的深厚文化历史内涵，体现出荷兰人对三角洲工程的自豪感。此外，还巧妙使用"荷兰山"的隐喻框架：荷兰虽有很多自行车线路，但没有任何真正的山脉；其重构是逆风骑车（就需要的努力而言）就像骑车上山，这与其他地理地貌更多样化国家的自行车比赛传统形成了鲜明对比（例如，法国举办环法自行车赛，意大利举办环意自行车赛）。另一种重构是，它表明风力并不会带来不便，在其他可能能源（具体而言：该国北部的天然气储藏）用尽之后，风力可以作为可再生国家能源为人所用。

这些重构运用了上文提到的以及更多的叙事元素：它采用了浪漫主义中人与自然对立同人与自然融合的相关性，并以"荷兰人≈人类＋骑车迎风雨"的幽默叙事回答了哲学人类学中的基本问题"是什么定义了一个人？"

所有这些元素都融入了一个休闲事件中，它使用了休闲手册中的许多"技巧"：包含强烈的竞赛/体育元素；具有节日氛围，甚至在一定程度上庆祝了荷兰文化（骑行、风和水）的特色；它是一个非常讲究画面的活动（恶劣的条件、水、天气和荷兰工程），可以在活动前后用于广告宣传活动，以达到实际目标（为能源公司吸引更多客户并增强环境意识）；通过巧妙的交流邀请每个人以某种方式参与其中（直接参与比赛，或者通过在社交媒体点赞、分享和补充叙事）。通过在休闲事件中引入这些渠道和干预手段,可以巧妙地培养出一种阈限性,并诱导参与者和观众以各种方式改变自己的行为。

休闲、体育活动与跨文化互动

在上述分析和例子以及前一章中,我们看到休闲被各种利用以达到更深层的目标——使用艺术或音乐找到和自己个性相符的最佳自我表达方法,使用体育作为自我解放的手段,或使用休闲事件帮助个人或集体改变生活叙事。

除了讨论互联网和社交媒体弥合地理和文化距离的可能性(第六章),我们还讨论了个人对自我建构的追求(前一章),以及社交网络和社群中类似的以提升福祉为中心的干预过程(本章)。现在,我们还可以简要地讨论一个更高层次的聚合,即不同文化的互动和跨文化理解的梦想。

我们已经看到,休闲可以作为共同创造的共享价值和叙事的交叉领域。本章部分讨论了如何使用休闲元素(节日氛围、富有想象力、共同创造性、注重有意义体验、有趣)来进行社会创新。社会创新项目的主要目标之一,是让各种利益相关者共同参与寻找解决问题的方案,重建利益相关者网络中的关系,以帮助整个系统适应新状况。这在本质上是一个处于不同文化背景下的人进行调整的过程,如不同的社会经济背景、工作文化、生活哲学,或者地理文化,其中每一个差异都可能导致需要在某种相关意义上调整不同的价值体系以达至统一。

正如我们在本章中所讨论的,基于休闲的社会创新努力或休闲本身最有用的可能性之一,是它可以提供调整过程所需的情境。彼得斯(Peters)(2011)强调了基于邻里的不同种族之间调整过程中的作用:第一,休闲为其实践者提供了舒适感,因为人们可以相对自由地选择休闲活动;第二,邻里的休闲活动让人们可以接触到各种各样的人,休闲的舒适气氛降低了相识的门槛,从而能够推动发展新的社交网络;第三,在这样的休闲情境中,跨文化和跨种族界限的互动可以激发出社区意识和共同义务感。

贝纳(Bairner)(2013)进一步强调,全球化和跨文化互动并不意味着一种文化被同化为另一种文化,也不意味着放弃珍视的文化认同特征从而导致某种文化的灭绝。相反,他认为,休闲日益被用来庆祝多样性,并展示任何最能代表文化或国家认同的特质。

通过共享休闲活动促进的"共享叙事",将是涉及共享社会规范和价值观的叙事,同时也认识到组成社区的个人所具有的特定社会/心理/文化要素。像多民族邻里这样的地方所形成的共同社区认同很可能是多面向的,而且明显比个人或同质文化群体的认同更为多样化。然而,如果这个共同创造过程是成功的,那么社会交往方式的相似性和合作建立邻里愉快氛围的意愿,应该成为占主导地位的要素。

正如我们之前,特别是在第四章中讨论的,在个人层面上理解他人是以"心智理论"编码,即人们理解彼此、"解读彼此内心"的能力。回想一下,哈托(2009)指出叙事在编码互动规则方面起着重要作用——将他人概念化为相关故事情境中的一个角色,有助于弥补此人在行为和言语中留下的空白(未表达的意图和未透露的个性特征)。哈托在儿童发展语境中提出了这一假说,但叙事在跨文化对话中起主导地位。

理性地理解他人是一回事,但为了成功地共存,在道德意义上理解他人也是必不可少的。泰勒(Taylor)(1992)说,在多元文化情境中,一个实体(人以及国家或文化)的认同依赖于来自他人的认可。认可始于承认和交流,以及一定程度的相互理解。但是要使这种认可真诚且有效,关键是要满足某些标准。认可不能被强迫执行,也不应该产生于强制的平等中,而应产生于对不同文化差异的承认和尊重中。在本章分析中,我们认为休闲情境具有"隐喻性"力量,可用来创造对新体验、新见解的开放性,并且可以为转换认知做好准备,使这些新见解可以被接受和实现。

这种休闲方式的一个突出例子,也是我们在本章开头提出的关于理想主义的一个例子,就是奥林匹克精神。当然,正如我们在本章开头所提到的,奥林匹克精神的一个重要组成部分是有能力将不同文化的人们聚集在一起的体育赛事,其中包括奥运会和世界杯足球赛等大型体育赛事。

从重要意义上讲,大型活动可成为举办国组织能力、和/或技术实力以及文化遗产的展示平台,以此表达国家的"认同"。如果举办得好,此类重大活动可以以一种使各参与访问的文化和国家间实现互相协调的方式,为国家对外界展示不断发展的认同叙事增色不少。但是,如果大型活动既是文化认同的表达,也是不同文化背景的人互动的机会,这意味着如果这些活动要能推动相互认可的议程,需要达到一定标准。

尼斯贝特(Nisbett)(2003)的研究表明,在许多情况下,东西方之间的差异不仅是意见的分歧,而是对世界的概念化方式存在根本差异。然而,尽管如此,特别是高端体育赛事一再被宣传为跨越文化和/或语言界限的方式。目前对此不太有帮助的是(尽管在一个国家或城市满足举办的经济条件之前可以理解),重大体育赛事到现在为止多是"西方"主导的盛事：20世纪举办的16届国际足联的世界杯比赛中,有10届在典型的西方国家(欧洲或北美)举办,有6届在拉丁美洲国家(拥有非常强大的足球文化)举办,直到2002年才首次在亚洲举办,由韩国和日本承办。从1896年至2016年,共举办了28届国际奥委会批准的夏季奥运会,其中22届在欧洲、北美或澳大利亚举办,只有3届是在人口最多的亚洲大陆举办(1964年东京,1988年汉城,2008年北京)。

尽管如此,人们对体育赛事能突破文化界限仍持有乐观精神。这类赛事也塑造了实际交流的舞台：参与者有充分机会面对面接触,亲身感受自身文化认同与他人展示的认同在何种程度上达成共鸣或发生冲突。在理想情况下,这将播下理解和认可的种子。构建这样一个理想场景需要什么条件呢？我们前文见过一个可实现此目标的机制：儿童发展相邻可能空间,在这个共同合作、游戏和探索情境中,催生成一个认知发展的趋同区域(参见本章前面)。换句话说(Mutatis mutandis),这里的主张是,共享的体育运动故事创造了跨文化的融合区,让所有参与者共同创造道德的成长,以这样的方式共享一个叙事,使彼得斯(2011)所建议的社会网络得以形成,人们可以共同创造一个高效、快乐的社区。或者,即使人们没有形成实际的社区,他们至少也会表现出可能与社区相关的文明举止。

早些时候,我们注意到科尔特(2010)认为,即体育赛事周边的社会互动,可以促成网络的形成,并将良好意图转化为社会实践。的确,所有的社交活动核心仍是体育赛事本身,它通过营造合适氛围来催生这种影响拓展,为人们相聚提供"契机",并制造"节日氛围"以促成各种协议达成。如果我们想深入了解其运行机制,有必要再次回到叙事的概念上来。

不可否认,足球被视为"世界语言"的看法已经深入人心。在安伯托·艾柯(Umberto Eco)的视角中,这一概念远不仅仅是一个隐喻(Trifonas 2001)。足球中符号化的仪轨、球迷的组织形式和行为方式,以及商品和电视转播所构成的产业,如体育场馆被视为圣地,最佳射手成为英雄,球迷间共享的仪式,都在讲述一个贯穿社会与文化阶层的新兴共同体的故事。

这些要素(在体育运动中具有字面意义)通过体育竞技自身的剧情得以体现。在赛场上,观众可以看到运动员们演绎着人类的奋斗和成就、失败和胜利、痛苦和欢乐，这些故事超越了文化界限。我们都能理解这些奋斗，并敬佩其所取得的成就和胜利。正是在这个叙事的关键层面，这些元素为阈限性和共同体的产生奠定了基础。

共同体的产生，是在更宏大的社群协同层次中被激发出来的，即在体育场馆内共同参与、共享对赛事的体验。与其他观众分享体育比赛故事有一种节日气氛和感染力，这种动态体现了一种元层面叙事，即一大群人通过旗帜、服装和呼声来表达自己对特定运动员或团队的支持。所有这一切皆发生在赛事组织者所构建的主题与品牌氛围下，在这个层面上，也有用于表达东道国的文化或自然认同的特定叙事元素的空间。因此，我们看到层层嵌套、相互激荡的叙事与元叙事，其核心仍是一个基本上让所有人都能认同的体育竞技与成就的叙事。

再次重申，大型体育赛事所催生的文化交融和经验分享的理念，能够引发泰勒所描绘的跨文化认同所必需的相互尊重。通过体育和休闲活动在微观层面共创共享的叙事，是在这些复杂、大规模过程中充满希望的启航之步。或许，正是通过这种最乐观的方式运用休闲和参与休闲活动和事件，我们能够为实现亚里士多德的愿景奠定基础。

回顾前文，我们在第五章中把亚里士多德的心盛幸福理念，诠释为自我实现、繁盛和卓越。当这个理念扩展到社群环境，个人的自我提升和道德规范的实践将构建出一个公民社会，这是每个个体以及整个集体追求卓越的社会基础。人们坚信，休闲在创造这样的前提条件方面起到特殊作用：它能助力构建社交网络，用富有意义的、庆祝性的、有趣的叙事和体验赋予这些网络生命力，并激励人们共同创造更美好的生活方式。这就是休闲作为生活艺术的本质意涵。

结语

以休闲为基础的理想确实令人赞叹：它们能激发人们投入大量的时间、精力和财富去创造美好的事物。在本书的探索过程中，我们无疑已经揭示了休闲所能引发的积极乐观影响，并提供了一些引人入胜且富有价值的实例。因而，我们将以一次简洁明了的现实考察来结束本章。

总体而言，我们不能忽视休闲干预旨在改变、转型或提升过程的复杂性，既存系统的僵化性，以及人们和组织对变革可能产生的抵制态度。许多社会问题的解决难度巨大,而许多找到的解决方案,如果有的话,往往是妥协的产物,因此可能不完美,和/或并未获得广泛的支持。我们不应该轻信这些方案:休闲尽管可能是强大的刺激和灵感来源,但它并非魔法。不管我们在遵循奥林匹克精神时希望得到什么,体育并不总能有效地将来自不同文化和民族的人聚集在一起。尽管活动组织者可能会对社区建设的或艺术表达的鼓舞性力量抱有理想,但活动并不总能创造出最佳的社群体验。假定将休闲或休闲相关活动注入一个运行不畅的社会系统会产生显著的积极效果,这种想法极其幼稚。现实世界并非如此,除了休闲行为之外,许多因素还会影响生活质量相关的指标(在广义上理解),如生活满意度、社会包容性、性别平等、抵御逆境的韧性,以及任何人们可能想要明确的其他参数。

此外,休闲干预措施在特定背景下是否有效以及如何产生效用,这是一个需要进行实证研究的问题。寻找合适体验的"最佳点",测试新的干预措施在体验方面的合适度,以及由此产生的(希望)共同创造答案和解决方案,在很大程度上这是一个试错过程。因为需要考虑很多参数,利用休闲来改变社会动态的每一个新事件或每一次新尝试,都可能涉及某种新的溯因的试错过程。什么是最佳点?我们能"按"哪些"按钮"?我们如何知道哪些故事确实有效?哪些理想是正确的(这是一个伦理问题!),并有效地(这是一个组织/政策问题!)激励人们?尤其当处理来自不同背景的人们及其体验和故事时,没有任何保证,也没有什么是一成不变的。

考虑到跨文化情境,这里还有一个问题:在西方语境中,对社会革新方法的需求,或者用休闲活动来促进社会互动的(明显)需要,是否构成一种文化现象?这里的基本假设是,需要采取干预措施(基于休闲或其他方式)来重新激活合作动力,来抵制过度的个性化,如社区和家庭纽带的贬值,这种情况主要是西方社会的特征。在世界各地,通过休闲自下而上地解决社会问题到底是否有必要,或者说有多大效用?这同样是一个实证问题,研究这个问题将具有教育意义。

这里有一个主要的研究任务,那就是要考察休闲基础的生活艺术的细微之处,作为乐观的美学理想主义;我们看到了大量的*理论构想和实证研究*的潜在机会,涉及理想主义和实用主义的最佳比例,哪些(基于休闲的或其他的)干预在给定情境中最有效,甚至哪些理想最值得追求。

然而,总的来说,尽管过往生活并不完美,但我们认为艺术生活态度的本质是不断尝试并保持乐观。将审美理想应用到生活和(社会)环境中,例如使用休

闲活动来提供有意义体验并丰富社群叙事，这可能非常理想主义，但它不一定是
不务实的或不切实际的。

参考文献

Bairner, A. (2013) 'Leisure, national identity and celebrating national difference' in Blackshaw, T. (ed.) *The Routledge Handbook of Leisure Studies*. London/New york: Routledge.

Bate, P. and Robert, G. (2006) 'Experience-based design: from redesigning the system around the patient to co-designing services with the patient'. *Quality and Safety in Health Care*, 15: 307 – 310.

Bevolo, M. (2016) *The role of design in generating urban futures* (unpublished PhD-thesis). Tilburg, the Netherlands: Tilburg University.

Bouwer, J. and van Leeuwen, M. (2013) 'The Meaning of Liquid Leisure' in Blackshaw, T. (ed.) *The Routledge Handbook of Leisure Studies*. London/New york: Routledge.

Chalip, L. (2006) 'Towards Social Leverage of Sport Events'. *Journal of Sport & Tourism*, 11(2): 109 – 127.

Coalter, F. (2010) 'Sport-for-development: going beyond the boundary?'. *Sport in Society: Cultures, Commerce, Media, Politics*, 13(9): 1374 – 1391.

Cohen, J. (1998) 'The Human Mind as an Emergent Phenomenon: The Complicit Coevolution of Intelligence and Extelligence'. Keynote presentation at the 1998 *Organisations As Complex Evolving Systems* (OACES) Conference, Warwick, UK.

DeGrazia, D. (2005) *Human Identity and Bioethics*. New york: Cambridge University Press.

Feio, J. D. B. (2014) *The role of funeral planning in improving one's attitude towards death/dying* (unpublished master's thesis). Breda, the Netherlands: NHTV University of Applied Sciences.

Fischer, H. R. (2001) 'Abductive Reasoning as a Way of Worldmaking'. *Foundations of Science*, 6: 361 – 383.

Fitzgerald, H. and Kirk, D. (2009) 'Identity work: young disabled people, family and sport'. *Leisure Studies*, 28(4): 469 – 488.

Frigg, R. (2010) 'Fiction and Scientific Representation' in Frigg, R. and Hunter, M. (eds) *Beyond Mimesis and Nominalism: Representation in Art and Science*. Berlin and New york: Springer: 97 – 138.

Fulford, R. (1999) *The Triumph of Narrative*. Toronto: House of Anansi Press.

Hutto, D. (2009) 'Folk Psychology as Narrative Practice'. *Journal of Consciousness Studies*, 16(6 – 8): 9 – 39.

McGinn, C. (1997) *Ethics, Evil and Fiction*. Oxford: Oxford University Press.

McNamee, S. (2010) 'Research as Social Construction: Transformative Inquiry'. *Health and Social Change*, 1(1): 9 – 19.

Nijs, D. (2014) *Imagineering the butterfly effect: complexity and collective creativity in business and policy—designing for organizational emergence*. The Hague: Eleven International Publishing.

Nijs, D. and Peters, F. (2002), *Imagineering: Het creëren van belevingswerelden*. Amsterdam: Boom.

Nijs, D. and van Engelen, J. (2014) 'Imagineering as complexity-inspired method for transformative service design' in *ServDes. 2014, (Fourth Service Design and Innovation conference)*, Lancaster, UK: 184 – 193 www. servdes. org/wp/wp-content/uploads/2014/06/Nijs-D-Van-Engelen-Ir-J.pdf. (retrieved on 22 October 2104).

Nisbett, R.E. (2003). *The Geography of Thought—How Asians and Westerners Think Differently . . . and Why*. New york: Free Press.

NK Tegenwindfietsen (2016) in *Facebook* (event promotional webpage) https: // nl-nl.facebook.com/NKtegenwindfietsen (retrieved on 30 July 2016).

Peters, K. (2011) 'Living together in multi-ethnic neighbourhoods—The meaning of public spaces for issues of social integration' (PhD thesis). Wagening, the Netherlands: Wageningen Academic Publishers.

Petrie, H. G. and Oshlag, R. S. (1979) 'Metaphor and learning' in Ortony, A. (ed.) *Metaphor and Thought*. Cambridge: Cambridge University Press.

Plsek, P. E. and Greenhalgh, T. (2001) 'Complexity science—The challenge of complexity in health care'. *BMJ.com*, 323: 625 – 628.

Rademakers, L. (2003) *Filosofie van de Vrije Tijd*. Budel, the Netherlands: Uitgeverij Damon.

Richards, G. (2010) 'Leisure in the network society: from pseudo-events to hyper-festivity?' (oration) www. academia. edu/1271795/Leisure _ in _ the _ Network _ Society (retrieved on 22 April 2016).

Schön, D. A. (1979) 'Generative metaphor: A perspective on problem-setting in social policy' in Ortony, A. (ed.) *Metaphor and Thought*. Cambridge: Cambridge University Press.

Searle, J. (1995) *The Construction of Social Reality*. New york: The Free Press.

Stebbins, R. A. (2007) *Serious leisure: A perspective for our time*. New Brunswick, NJ: Transaction.

Stewart, I. and Cohen, J. (1997) *Figments of Reality: The Evolution of the Curious Mind*. Cambridge: Cambridge University Press.

Tamboer, J. and Steenbergen, J. (2004) *Sportfilosofie*. Budel, the Netherlands: Uitgeverij Damon.

Taylor, C. (1992) 'The Politics of Recognition' in Gutman, A. (ed.) *Multiculturalism and the Politics of Recognition*. Princeton: Princeton University Press.

Trifonas, P. (2001) *Umberto Eco and Football*. Cambridge: Icon Books.

van der Sijde, N. (1998) *Het literaire experiment: Jacques Derrida over literatuur*. Amsterdam/Meppel: Boom.

van Leeuwen, M. (2005) 'Questions for the Dynamicist: The Use of Dynamical Systems Theory in the Philosophy of Cognition'. *Minds and Machines: Journal for artificial intelligence, philosophy and cognitive science*, 15(3 - 4): 271 - 333.

van Leeuwen, M. (2012) 'Vrije Tijd en Zorg'. *Vrijetijdstudies*, 30(4): 31 - 40.

Veno, A. and Veno, E. (1992) 'Managing public order at the Australian Motorcycle Grand Prix'. *American Journal of Community Psychology*, 20: 287 - 308.

Vygotsky, L.S. (1978) Mind in society: *The development of higher psychological processes*. Cambridge, MA: Harvard University Press.

Warner, G., Doble, S. E. and Hutchinson, S. L. (2012) 'Successful aging in transition: contemplating new realities'. *World Leisure Journal*, 54(3): 255 - 268.

World Leisure Board of Directors (2000) *Charter for Leisure* www.worldleisure. org/userfiles/file/charter.pdf. (retrieved on 29 July 2015).

Zipes, J. (1993) *The Trials and Tribulations of Little Red Riding Hood*. New york/London: Routledge.

Zuboff, S. and Maxmin, J. (2004) *The Support Economy: Why Corporations Are Failing Individuals and the Next Episode of Capitalism*. New york: Penguin Books.

余 论

回顾历史上对休闲概念和休闲思想的接受情况时，赫拉克利特的著名箴言"万物皆流"（*panta rhei*）浮现在脑海之中。他用*河流*的形象来说明，如同水在不断流淌，现实也在不断变化。然而，唯一不变的是河流的*概念*，而它的河床和水流则一直在变化（Dietz 2004：60）。本书第一章证实了休闲概念，或者说休闲思想随着时间推移而发生的变化。历史表明，人们对休闲的看法呈周期性变化，始于古希腊哲学中幸福和美好生活的核心地位，经历了健康、崇拜、懒散、快乐、娱乐、游憩、奢侈、游戏、庆典、自我实现和精神性的交替时期，最终又回到了当今时代的福祉、繁荣和幸福。然而，这些思想经常/通常出现在社会结构中，如日常休闲活动，反过来又会引发具有社会意义的体验，在这个意义上，它们表现为人们所期望的行为。话虽如此，当休闲作为名词"活动"（*activities*）的形容词时，我们不免要思考关于"休闲"（*leisure*）的本体论意义和性质。当把休闲设想为一种活动时，它意味着什么？此外，当休闲被视为（可自由支配的）时间、态度、精神状态或存在状态时，它又意味着什么？是否有可能把握休闲思想的本质？哲学分析能否澄清休闲的含义，能否为振兴休闲研究开辟（新的）可能性？这正是本研究的初衷。

布莱克肖认为，关于休闲本质的问题是无法回答的。在创造*流动休闲*概念时，他实质上采纳了赫拉克利特的前苏格拉底的流变思想，而这种思想在现代被鲍曼重新振兴。休闲太过动态变化，其含义又太难捉摸，无法用一个永恒单一的答案来表达它的基本含义。探讨休闲的本质内涵不仅需要考量它的词源学和不同历史时期的维度，还需要考量它的文化语境维度。奇克（Chick）指出，根据人类学研究，许多语言没有"休闲"的直接翻译，但是，其他文化的人们在他们自己的背景下仍能理解休闲的含义（1998：117）。例如，在印度，人们把休闲看作是令人快乐的自由和"一种与幸福和美好生活有关的整体存在状态"，而不是时间或活动(Rauchaudhundri and Samdahl 2005：3)。中文*逍遥*一词含义与希腊词*skholē*可能相关，但直接翻译存在问题。对两个肯尼亚方言词源的比较研究表明，这些词并不是*休闲*的直接等价词，但具有类似含义，如"给人带来幸福、心灵慰藉的行为或活动"和"自由或不受限制的时间"(Chick 1998：117)。奇克的人类学研究，如上所述，即使没有休闲的*概念*，人们也可以很好地体验休闲。他还建议学者们应打破西方对全球休闲研究在概念上的"垄断"(1998：127-128)。

这是一个相当重要的考察，因为其他跨文化研究也证实，在学术和专业文献中主要是从西方视角制定休闲概念。例如，李氏(Lee)等人对两个不同文化背景国家的休闲概念进行了比较实证研究时指出，对美国人来说，个人与工作的关系和感受与休闲高度相关，而韩国人则认为自由感是休闲本质的最重要指标(2001：149)。这一发现与耶林(Gerring)的观点一致，即一个概念在结构上包含一个术语(例如休闲)，这个术语包含需要定义的现象及其属性或特征(1999：357-358)。因此，奇克认为没有概念也能理解内容的主张似乎值得商榷。如果一个人没有休闲的概念，怎么能知道自己体验的就是*休闲*呢？此外，如果在自身文化中将另一个文化个体的某种体验视为休闲体验，这在逻辑、解释学和论证上是否合理？换言之，仅仅因为它在北美被称为休闲现象，就将韩国自由支配时间的现象也称为休闲现象，这是否合理？答案似乎是否定的。概念及其属性和指称对象总是处于特定语境中，或者说嵌入情境之中。如果深入到关于概念理论的基础性讨论，那就太过深奥了，但将范·莱文的激进多元方法(Radicality Manifold)应用于概念本质问题可能会有所启发。这个模型基于一个整体主义的预设，将具身主体描绘成从根本上说是嵌入其所处环境的人(2009：213)。人作为具身存在，与物理和环境因素互动，形成由概念"指引"的行为坐标。他认为："应该可以从概念内部的经验和知识碎片所带来的各种限制和支持，即概念的叙事规约出发来区分概念"(2009：213)。根据范·莱文的理论，概念不仅仅是对象的心智表象；而是源自具身经验，因此具有自己的"故事"，基于特定的经验和理性。这一点在处理不同社会文化语境中出现的概念时尤为重要。那么，尽管被标榜为"普遍的人类现象"，奇克质疑休闲是"主观经验还是存在状态？"(1998：127)。可以补充说："或者两者兼备？"

吉登斯在探讨社会学框架下的休闲理论时，发现休闲"缺乏充分的概念"，因为这一概念本身就在不同含义层面上被使用(1964：84)。因此，重要的是要意识到人们主要将休闲视为一种"工具性活动"，而为了得到某种普遍适用的概念，还应该从特定群体的"整体生活状况"研究休闲(1964：85)，这也证明概念的语境性。然而，吉登斯认为，首先需要厘清工作、休闲和游戏三者之间的相互关系，并将其作为正确理解休闲的基础。但问题是："吉登斯如何理解休闲"？普林顿(Purrington)和希克森(Hickerson)希望寻找明确的休闲概念化，这对理解休闲至关重要。他们认为虽然"不可能有一个本体论上'正确'的或最终的定义"，但应该能够"制定适用并可跨文化比较的操作性定义"(2013：134)。在他们看来，这个定义应该回答两个核心问题，即休闲的本质是什么以及休闲与工作的关系如何？(2013：128)正如本书的间章一所阐释的，斯普拉克伦认为解决休闲悖论的挑战在于处理其工具性和个人选择性。他需要一个与特定时间和地点的休闲意义和目的密切相关的"客观的真理仲裁者"(2011：181)，因此"最终与主体性和身份认同有关"(2011：197)。休闲诠释学—概念的复杂性以及学界试图明确定义的尝试在过去几十年乃至本研究中都造成了困扰。现在，这一点应该很清楚了。

那么，我们是否可以通过溯其本源来正确理解*休闲*概念呢？一些休闲学者表示，古希腊人的观点可能会开辟新的视角，但似乎当代分析休闲的学者并不认同古典整体(*en masse*)休闲观。尽管有学者尝试探索休闲概念的起源，但是例如美国学者坚持把休闲视作时间、活动或心态，而按照一些欧洲休闲学者的观点，他们则更倾向于从游憩而非休闲概念出发来溯其本源。尽管人们从不同视角和不同学科来研究休闲现象，但社会学范式仍然占主导地位。这使得一些学者发现休闲既具有客观维度，如工作和活动的关系，也具有主观维度，如情感、自我表达和感知到的自由。休闲概念观点的多样性促使学者将休闲正式归类为时间、活动、心态和存在状态，但这些观点似乎还未能推动产生新的创造性思考。休闲研究是非常复杂的，休闲学也迫切需要摆脱当前的明显危机。

虽然*休闲*在本质上是一个哲学概念，但如前所述，人们主要从社会科学视角对它进行研究。为了在休闲研究中开辟新的可能性，我们对休闲的基础—历史含义进行(哲学)分析，并通过厘清其定义规定休闲*理想*，来探索休闲的概念深度。像德·格拉齐亚和古德尔这样的学者都认为"休闲的问题"在于"缺少意义"(Hemingway 1988：181)。意义是一个在不同情境和视角下被研究的范畴，但哲学更能深入探讨其基础意义，因为哲学旨在理解概念和传达概念所使用语言背后的一般原理和思想。哲学试图阐释潜在的和现象之间的关系，这种思想分析指出可以在古典休闲观和现代人对存在的兴趣之间进行有趣的类比：

　　　　一个既具备哲学家素养又具备运动员才能的人，在游憩这一复杂的领域中融合道德完善主义、享乐主义以及游戏性的意图和行动，将它们全部视为建立其个性与命运赋予的生活中的幸福、完整、健康乃至神圣所必需的价值。

这种描述体现了"人类自我实现的复杂的古典模式"（Zowislo 2010：70）。人们作为"小小哲学家"的倾向使得沉思——这被亚里士多德认为是休闲生活的一个基本特征，因为它是自我实现的关键，也就是卓越生活的关键（Rauchaudhuri and Samdahl 2005：1）。正如本研究所认为的那样，这种沉思或反思的根本焦点在于创造个体生命中的意义和评估个体生命的意义，这与德·格拉齐亚和古德尔对休闲问题的诊断相符。

　　从本体论角度来看，意义的本质结构已被指出为重要之物。正如在第三章中所阐释的那样，在福特（Ford）看来，意义反过来又是现实最基础的结构。海德格尔认为此在（*Dasein*）是现实的最基本的本体论结构，因为它描述了对人类认同的本质（自我）的探寻，而列维纳斯（Levinas）则通过提出承担责任比寻找任何真理更根本，进而扩大了现实的本体论基础（伦理先于存在），福特则认为，意义和目的甚至比伦理更为基础。创造意义以超越为前提，因为人们创造意义的每一次尝试都预示着，这次尝试将会为他们的生活带来有意义和目的的体验。这与亚里士多德的休闲（*skholē*）概念相呼应，该概念以追求幸福、人类繁盛和福祉的生活为中心。这些理想可被视作人类生活中最重要的理想。思考和寻找重要之物以精神的自由和自由的精神为前提，超越了斯图尔特·穆勒（Stuart Mill）、柏林（Berlin）和泰勒等哲学家所阐述的积极自由和消极自由的概念（Ten Kate 2016：34）。创造重要性预设一种奇异的自由，这种自由无法被置于仆从和主权两极之间，因为它与在世界和人性中寻找想象的空间相关。巴塔耶称自由为一种空虚的体验；它脱离了（社会）现实；它呼唤人们在仆从和主权两个极端之间不断振荡的生活，并创造想象，知道人们既无法完全按两者的规则生活，但又同时具有两者（Ten Kate 2016：50 - 51、53）。这种奇异的自由，这种生活在两难"中"的状态，可以说是对布莱克肖所说的"未知的已知"的可能体现，他认为这是休闲的秘密（2010：141 - 142）。与此同时，休闲也与每个人内心的秘密想象相关，这些想象构成了创造有意义世界的基石。

　　重要之物的概念就像一条金线，贯穿了历史中休闲思想的所有其他不同的组成部分。它不仅涉及意义和自由，还涉及人类的认同和伦理。就身份认同而言：重要之物作为意义的本质结构，可以为人们在流动的现实中寻找自我时给予指引。它就像一枚指南针，通过体验、学习、行动、创造、思考和解释来探索建构个人叙事的不同方式。接触具有超越性意义的事物，为自我创造和自我塑造开辟了道路(Bouwer and Van Leeuwen 2013：589)。这些重要之物也引导人类进行各种"成为"的伟大冒险，并构成了他们对生活目的和实现这些目的的道德方式的预设认知。这意味着关注学习技能，通过学习这些技能，人们可以将重要之物融入自己的生活，从而达到自我关怀和提升智慧的目的。它包含了"生活艺术"的概念，在第五章中已经提到过这一点。除此之外，将自己的生活塑造成一件艺术品，还需要突破罗萨所诊断的现代社会所处的"狂热的停滞"的状态。流动现实的虚幻性侵占了任何可以留给重要之物的时间。另外，以艺术方式引导个人生活，不可避免地要处理许多问题，要放慢生活节奏，重新获得内在的个人时间。在现代社会，"我如何度过我的时间？"已成为伦理问题"我想如何生活？"的时间版本。

作为意义的基本结构，重要之物的概念对休闲的本质有何启示？它是否有助于展示休闲研究的新方向，还是说它只是加剧了休闲概念的混乱？如果在特定(后现代)时期试图解开概念上的纠缠，对诞生于另一个(古代)时间框架和情境的基础概念进行概念分析，而这些概念显然会随着时间推移发展出其他意义内容，这是否是一种有效的方法？改动一个在特定语言领域中被广泛(学术上、专业上和流行上)认可的特定概念的意义，这样做是否有额外价值？

可以说，这些做法具有一定价值，因为追溯一个概念意义的本源和诞生背景，不仅可以从词源学上厘清词义，而且还能以此为基础进行比较分析。此外，进行概念溯源，即推动人们触及可能达到的最根本的(本体论)层面，也可以使概念更加清晰明确。目前为止，亚里士多德关于休闲(skholē)的观点已很明晰。可以说他也是在本体论意义上使用这一概念的，因为它根植于探索人类的现实边界和终极目的的过程中。休闲(Skholē)是人类生活中最重要的理想。因此，在很大程度上，它既是主观体验，也是普遍的人类现象。然而，最重要的是：它构成了其他所有人类活动的内在动力或结构，但并不等同于它们。这意味着休闲(skholē)与游戏、消遣、休息或可自由支配的时间并不相同。索尔姆森(Solmsen)已令人信服地论证道，亚里士多德：

把游戏和严肃工作(或职责)放在同一侧，认为游戏具有缓解无所事事

(àskholía)中紧张情绪的功能，而把 skholē 放在另一侧，仍然忠实于他的信念，即认为休闲(skholē)是目的和目标。

在那里，人们可以追求"人类的卓越和幸福"(1964：214)。此外，索尔姆森认为，休闲(*skholē*)并不像人们普遍认为的那样，是一种只有少数人才能够通过沉思和反思实现他们的终极幸福的哲学活动。由于大多数公民无法从事理论活动——亚里士多德显然意识到了他们的处境——因此休闲(*skholē*)的目的被构思为"公民的私人幸福"和实现美德生活的潜力(1964：219)。

休闲(*Skholē*)完全关乎意义。它关乎生活艺术，是追求生活中重要之物的主观体验，这点可能很清楚。学者试图通过区分休闲可能具有的不同意义来迎合历史上亚里士多德式的区分。例如，彼特拉克(Petrach)描述了两种休闲。一种休闲与"放松、游憩和娱乐"有关，另一种休闲则与"培养思想，强大内在自我"相关(Holba 2007：64)。几个世纪后，在 21 世纪，霍尔巴重新审视了彼特拉克的休闲观，将他的第二种休闲称作"哲学休闲"(2007：64)，并将其与游憩区分开来。尽管在索尔姆森看来，这个概念显然没有完全涵盖亚里士多德赋予休闲(*skholē*)的意义(1964)——霍尔巴仍将哲学休闲类型化为"交往哲学和存在于世的方式"(2010：40)——这一点很重要，是因为它清晰地区分了概念基础与其在个人和社会生活实践中的表现。

对不同类型休闲的区分需要进一步反思和研究，但可以考虑区分第一、二、三模式。那么，第一模式休闲指(生活艺术)意义形成的基础性、个人内在过程，而第二和第三模式的休闲分别是指个人和社会/公共领域进行的与放松、游憩和娱乐相关的活动。换而言之，*休闲*的概念仍然被用来描述在第二和第三模式的"休闲"领域中的活动。从概念上讲，更加合理的做法是保留休闲的传统意义(*skholē*)，并将其他活动分别定义为个人或社会的放松、游憩或娱乐。

总而言之：学者在研究中离不开概念。明确概念的组成部分、属性和经验参照非常重要。考虑到语境的差异和时间的流动，很难准确表达一个概念的确切含义，即使在它被标榜为一种普遍现象的情况下，也很难给出确切含义。这对休闲的概念同样适用。然而，本研究表明，基于休闲的古典本源(*skholē*)，对其本体意义和含义的分析，开辟了一个连接不同文化和情境的个人和社会的视角。休闲从根本上说是对重要之物，以及对生活当中和生活自身意义的追求。这既可能表现为游戏和游憩，也可能表现在工作中，它唤起了这样的目标，即追求美好生活、心盛幸福（eudaimonia）和成为完满的人。对于休闲研究来说，这意味着关注不同概念模式的休闲，即：从最基础的向外延伸到不同层次的（日常）现实（个人或社会/公共），或者在被认为属于休闲的同一领域内，明确区分基础和相邻或重叠的活动。如果指导理念是围绕通过追求重要之物和智慧来实现自我的生活艺术，这可能会开辟新的可能性。

　　希望本研究遵循的哲学方法，能够激发读者对本文进行的分析和提出的未来研究方向，进行一些深入而关键的思考。如果这些方法都不能令人信服，还可诉诸一种最后的启发性表达方式，那就是威尔士诗人威廉·亨利·戴维斯（W. H. Davies）在1911年所作的《休闲》这首诗，它可能会重新抓住人们对休闲的想象，并揭示在个人和社会生活及情境中探索重要之物的奥秘［https：//en. wikipedia.org/wiki/Leisure_(poem)］。

生活会变成什么样，假如整日充满着忧虑，
我们无暇驻足欣赏。
无暇在树枝下伫立，
像牛羊般久久地凝视；
穿越森林时，无暇欣赏，
松鼠将果实珍藏于草丛的何处；
在皎洁月光下，无暇欣赏，
繁星点点的溪流，宛如夜晚的天空；
无暇细想佳人的回眸一瞥，
观赏她的双足起舞翩跹；
无暇等佳人轻启红唇，
笑眸盈盈愈加动人；
生活可悲可厌，倘若它充满着忧虑，
我们甚至无暇驻足欣赏。

参考文献

Blackshaw, T. (2010) *Leisure*. London：Routledge.

Bouwer, J. and van Leeuwen, M. (2013). 'The Meaning of Liquid Leisure' in Blackshaw, T. (ed.) *Routledge Handbook of Leisure Studies*. London/New

York: Routledge: 584 – 596.

Chick, G. (1998) 'Leisure and Culture: Issues for an Anthropology of Leisure'. *Leisure Studies*, 20: 111 – 133.

Davies, W. H. (1911) 'Leisure' in *Songs of Joy and Others* https: //en.wikipedia. org/ wiki/Leisure_(poem) (retrieved on 29 June 2016).

Dietz, K.-M. (2004) *Heraklit von Ephesus und die Entwicklung der Individualität*. Stuttgart: Verlagd Freies Geistesleben.

Gerring, J. (1999) 'What makes a Concept Good? A Critical Framework for Understanding Concept Formation in the Social Sciences'. *Polity*, 31(3): 357 – 393.

Giddens, A. (1964) 'Notes on the Concepts of Leisure and Play'. *Sociological Review*, XII: 73 – 89.

Hemingway, J. L. (1988) 'Leisure and Civility: Reflections on a Greek Ideal'. *Leisure Sciences*, (10): 179 – 191.

Holba, A. (2007) *Philosophical Leisure: Recuperative Practice for Human Communication*. Milwaukee: Marquette University Press.

Holba, A. (2010) 'The Question of Philosophical Leisure: A Philosophy of Communication' in Hany, M. R. and Kline, A. D. (eds) *The Value of Time and Leisure in a World of Work*. Lanham, MD: Lexington Books: 39 – 57.

Lee, J., Oh, S.-S. and Shim, J.-M. (2001) 'The Meaning of Leisure: Conceptual Dif-ferences between Americans and Koreans' in Kyle, G. (ed.) *Proceedings of the 2000 Northeastern Recreation Research Symposium*. *General Technical Report NE – 276*. Newton Square, PA: U.S. Department of Agriculture, Forest Service, Northeastern Research Station: 145 – 149.

Purrington, A. and Hickerson, B. (2013) 'Leisure as a Cross-cultural Concept'. *World Leisure Journal*, 55(2): 125 – 137.

Rauchaudhuri, U. and Samdahl, D. M. (2005) 'Leisure Embodied: Examining the Meaning of Leisure from Greek and Vedic Perspectives'. *Abstract of Paper Presented at the Eleventh Canadian Congress on Leisure Research*. Canadian Association for Leisure Studies http: //lin. ca/sites/default/files/attachments/ CCLR11 – 116.pdf (retrieved on 10 March 2014).

Solmsen, F. (1964) 'Leisure and Play in Aristotle's Ideal State'. *Rheinisches Museum für Philologie*, 107: 194 – 220.

Spracklen, K. (2011) *Constructing Leisure. Historical and Philosophical Debates*. Hampshire/New York: Palgrave Macmillan.

Ten Kate, L. (2016) *De Vreemde Vrijheid*. Amsterdam: Sjibbolet.

van Leeuwen, M. (2009) *Thinking Outside the Box—A Theory of Embodied and Embedded Concepts* (PhD thesis). Nijmegen, the Netherlands: Radboud University Nijmegen.

Zowisło, M. (2010) 'Leisure as a Category of Culture, Philosophy and Recreation'. *Physical Culture and Sport Studies and Research*, L: 66 - 71.

译后记

　　休闲哲学始终保持着将自身构建为真正哲学的期望：就理论方面而言，休闲哲学承担着理论哲学最基本的任务之一，即对"何谓美好生活"这个问题展开追问。这意味着休闲哲学需要对休闲情境下的好之为好、善之为善、幸福之为幸福以及自由之为自由等系列概念进行界定，因此休闲哲学在一定意义上扮演着与伦理学相似的角色；就实践方面而言，休闲哲学探讨实践哲学中最为重要的问题"如何过上美好生活"，分析人类的休闲实践能力、休闲实践行为及其客观条件，她是完全面向人类生活本身的实践哲学。

　　对生命意义的追寻，尤其是对幸福的追寻，是我进入休闲研究的初衷。二十年来，我围绕"休闲与幸福"、"休闲与认同"、"休闲与工作"及"休闲伦理"等议题展开了一些基础研究，也对建构"休闲哲学"的研究框架作了初步探索。衷心期待这些努力能对休闲哲学研究有所推动，而翻译本书正是浙江大学哲学学院休闲学师生对休闲哲学的一次集体探索。

　　七年前，浙江大学休闲学的三位博士生导师庞学铨教授、潘立勇教授和本人以及九位博士研究生于 2017 年 5 月受邀访问荷兰布雷达应用科技大学休闲学院与旅游学院。在为期一周的访问期间，双方教授和博士生均做了高质量学术报告，在最后一天的欢送仪式上，本书作者为我们赠送刚刚出版的新书 *Philosophy of Leisure-Foundations of the Good Life*。

　　这便是我们和作者以及本书的缘分。全书内容与我的前期研究有如此高的契合实在是一件奇妙的事情，所以回国后，我便使用此书作为课程教材，并开始了边教学边翻译的过程。

　　这是一次集体的翻译作业。从获赠这本书之后的 2017 年夏学期把它作为研读的教材开始，十一位同学依次参与了本书的翻译和校对。按时间先后顺序，他们分别是武晓玮、来晓维、周雨、李静、陈献、杨梦杰、彭苑苑、张明晓、谢欣言、阮鑫浩和张心怡。此后,在按照出版社的建议进行最后校稿的过程中,张心怡同学再次陪同我一起数次反复校核全书所有章节。若没有同学们付出的宝贵时间和精力,这本书不可能翻译出来。我深深感谢每位同学!

本书能翻译出版也凝聚着哲学学院师友们的关心、支持和帮助!休闲学科创始人庞学铨教授始终密切关注翻译进度,在繁忙中依然耐心指导并贡献宝贵建议,更亲自为本书精心撰写序言。林玮教授曾在清晨帮助我推敲字词,林志猛教授曾耐心协查英文资料以确定若干专业术语的翻译。我也曾就某些词汇请教过李哲罕、白惠仁、刘环和王玮等老师。所有这些都让我感受到团队的温暖和力量!

衷心感谢上海交通大学俞理明教授、上海交通大学出版社张勇和倪华两位编辑的辛勤努力。他们严谨认真、精益求精的工作态度和卓尔不凡的专业能力,使得本书得以顺利出版。

最后,我想表达对家人的深深感谢,是家人的奉献、关爱和包容,让我能集中精力做自己内心热爱的事情。

此次翻译过程中,我真正体会到了严复的"一名之立,旬日踟蹰"。对照严先生提出的"信、达、雅"标准,译文尚有很大差距。由于本人知识和语言能力的局限,译文错讹之处在所难免。祈望学界同仁与广大读者指教,以便日后有机会时进行修正。

刘慧梅

于西子湖畔

2023 年 12 月 10 日

课题信息

本书系国家自然科学基金面上项目(编号:72274171)的阶段性成果。